明清晋蒙交界区
商业地理研究

徐雪强◎著

中国社会科学出版社

图书在版编目（CIP）数据

明清晋蒙交界区商业地理研究／徐雪强著. —北京：中国社会科学出版社，
2019.8

ISBN 978 - 7 - 5203 - 4629 - 0

Ⅰ.①明… Ⅱ.①徐… Ⅲ.①商业地理—研究—华北地区—明清时代
Ⅳ.①F729.9

中国版本图书馆 CIP 数据核字(2019)第 126122 号

出 版 人	赵剑英	
责任编辑	张 林	
特约编辑	宋英杰	
责任校对	李 莉	
责任印制	戴 宽	

出 版	中国社会科学出版社	
社 址	北京鼓楼西大街甲 158 号	
邮 编	100720	
网 址	http://www.csspw.cn	
发 行 部	010 - 84083685	
门 市 部	010 - 84029450	
经 销	新华书店及其他书店	

印 刷	北京明恒达印务有限公司	
装 订	廊坊市广阳区广增装订厂	
版 次	2019 年 8 月第 1 版	
印 次	2019 年 8 月第 1 次印刷	

开 本	710×1000 1/16	
印 张	17.5	
插 页	2	
字 数	220 千字	
定 价	86.00 元	

目　　录

图表目录

绪　　论

一　选题缘由及意义

本书所选的晋蒙交界区商业地理，属于区域历史商业地理学范畴。历史商业地理学是历史地理学的重要分支学科，它脱胎于商业地理学，是研究历史时期人类商业活动地理现象和规律的学科，即研究历史时期地球表面人类商业活动与各种地理要素相互关系的科学；对解释地域商业格局的成因、区域商品经济的发展程度、地域生态环境的演变等都有十分重大的意义。①

本书选择晋蒙交界区商业地理开展研究，是基于区域历史商业地理研究现状和晋蒙交界区特殊的自然人文环境这两方面特点。

经过前辈学者的努力，中国区域历史商业地理学历经萌芽、发展、确立等三个阶段，作为中国历史地理的分支学科已经建立起来。但在具体研究上，由于种种原因，其呈现两方面特点：其一，研究内容主要集中在商业地理某个要素，如商业市场；其二，研究区域多属地域政治经济核心地带。

固然，商业市场是历史商业地理学研究的重要内容之一，但为了揭示区域商业的整体面貌和综合研究，不应该忽视其他要素的考

---

① 张萍：《历史商业地理学的理论与方法及其研究意义》，《陕西师范大学学报》（哲学社会科学版）2012 年第 4 期。

察。地理学以区域研究为方法，核心—边缘的思想是地理研究的一个重要思考点，区域整体上的结论必须要考虑核心和边缘两个地域特征。对于全国来说，边疆地区是边缘地带，但对于地区而言，也有核心与边缘之分。就地区而言，以往研究多集中在核心地区，正如张萍教授所言，"边缘区的市场研究也是目前学术界关注较少的话题，可以是农牧交错带，可以是两种地貌过渡带，其市场的结构呈现出与中心地带极大的差异。这些研究都会丰富我们对传统市场结构的认识，同时也有助于我们理解地貌条件是如何影响市场发展的"①。

晋蒙交界区不仅是商业地理研究的边缘地带，而且是农牧交错带，其自然人文环境比较特殊。就气候环境而言，交界区属于半干旱半湿润温带季风区，年降水量 300—450 毫米，降水年变率为 15%—30%，大于或等于 10 摄氏度，积温不足 3000 摄氏度。就地形环境而言，该区域属于黄土高原与蒙古高原过渡带，山地、丘陵、盆地、平原相间分布。明清两代，晋蒙交界区人文环境变动较大。明代，该区域地处边疆，不仅是政权交界带，也是民族交错带。正因如此，该区域人文环境，如人口、聚落、农业等，都带有很强的军事色彩。清代，蒙古归附，边墙内外一统，汉民出边谋生，将农耕经济带入边墙以北地区，使晋蒙交界区演变为农牧经济兼营的地带。因此，本书选择明清晋蒙交界区商业地理为题，希望在具体研究区域上扩充历史商业地理学的研究范围，也为商业史方面的研究提供新的思考点，进而推动中国区域历史商业地理学的发展。

二　区域的界定与区域环境特征

（一）时空范围的界定

本选题属于区域历史商业地理学范畴，也是地理学研究内容之

---

① 张萍：《历史商业地理学的理论与方法及其研究意义》，《陕西师范大学学报》（哲学社会科学版）2012 年第 4 期。

一。区域对于地理学研究十分重要，"区域是地理学的基本范畴，地理学考察的主要特征就在于它是区域的，而且只能是区域的"[①]，"地理学的综合研究是通过区域分析来实现的，如果没有区域，也就没有了地理学"[②]。因此本书研究对象不可能脱离区域。本书选择的区域是现今山西省与内蒙古自治区的交界地带，属于行政区划交界地，历史时期也曾是政权交界区。尽管如此，该区域内各州县在自然环境上有相当的一致性，即属于农牧交错带，或称为环境脆弱带。

农牧交错带是一条重要的自然分界线，主要根据降水、气温等自然因素划分。1953年，由赵松乔首先提出农牧交错区这个概念。此后，许多相关学科的学者分别从各自的研究领域对农牧交错带的范围做了界定，但由于使用的理论和标准不同，界定的范围也存在差异。中国科学院研究员赵哈林根据多年来实地考察和研究经验，在充分参考气候区划、种植业区划、沙漠化防治区划的基础上，将我国北方农牧交错带界定于年降水量为300—450毫米，降水年变率为15%—30%，干燥度为1.0—2.0。[③] 赵哈林《北方农牧交错带的地理界定及其生态问题》[④] 一文以自然环境的标准，列举了当今农牧交错带所包括的县市或旗，今天山西省北部的15个县，面积为22714平方公里；内蒙古南部的武川县、化德县、商都县、察哈尔右翼前旗、察哈尔右翼中旗、兴和县、丰镇县、凉城县、和林格尔县、察哈尔右翼后旗、清水县、集宁市、四子王旗，面积为65172公里。

就晋蒙交界区而言，明清时期的降水量与当今的降水量差异不

① 鲁西奇：《历史地理研究中的"区域"问题》，《武汉大学学报》（哲学社会科学版）1996年第6期，第81—86页。

② 邓辉：《试论区域历史地理的理论和方法——兼论北方农牧交错带地区的历史地理综合研究》，《北京大学学报》（哲学社会科学版）2001年第1期。

③ 赵哈林、赵学勇、张铜会、周瑞莲：《北方农牧交错带的地理界定及其生态问题》，《地球科学进展》2002年第5期。

④ 同上。

大，因此赵哈林界定的农牧交错带基本适合明清时期。由于明清以来，晋蒙交界区的行政区划变动较大，研究又不得不落实到区域上，本书以嘉庆二十五年（1820）的行政区划（谭其骧主编《中国历史地图集》第八册，清代）为依据统计，如图0—1所示，晋蒙交界区是指归绥六厅、大同府、朔平府；以县级单位来说，分别为归化厅、绥远城厅、萨拉奇厅、托克托厅、和林格尔厅、清水河厅、镶红旗察哈尔、镶蓝旗察哈尔、宁远厅、右玉县、左云县、平鲁县、朔州、正红旗察哈尔、正黄旗察哈尔、太仆寺右玉牧厂、丰镇厅、阳高县、天镇县、大同县、怀仁县、应州、山阴县、浑源州、广灵县、灵丘县。

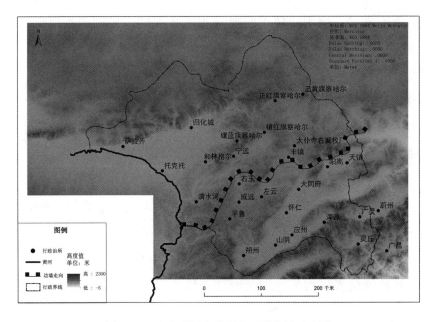

图0—1 本书所界定的明清晋蒙交界区域图

需要指出的是，就气候环境而言，农牧交错带的范围并不因明清行政区划调整而有所改变，但为了论述的需要，某些章节涉及的范围会有所扩大，如蔚州、广昌县。时间范围上，以明清两代约

543 年为论述时段，考虑到问题的完整性，部分章节会旁及民国时期。

(二) 区域环境特征概述

明清时期，晋蒙交界区是一个十分特殊的区域。就气候环境而言，交界区属于农牧交错带。整体上，该区域的年降水量为 300—450 毫米，降水年变率为 15%—30%，大于或等于 10 摄氏度，积温不足 3000 摄氏度。边墙南北稍有差异，南部稍多，边墙以南地区，年降水量为 400—460 毫米，集中在夏秋季节；[①] 边墙以北地区年降水量为 350—450 毫米。[②] 区域内部，因地形的差异，气候环境略有不同。边墙以北地区，西部的土默特平原地区，积温明显要比东部丘陵地区略高。边墙以南地区大同盆地的气候环境比其他地区稍好。但整体上，晋蒙交界区的环境以"天寒早霜，风沙大"为主要特征。

就地形环境而言，晋蒙交界区属于黄土高原与蒙古高原交界区。交界区内，山地、丘陵、盆地、平原间有分布。如图 0—1 所示，晋蒙交界区大致以边墙为界线，北面是蒙古高原，南面是黄土高原北部。边墙以北地区，西部大青山前是土默特平原，地势平坦，海拔较低，大青山后是高原地带；东部是阴山丘陵地貌。边墙以南地区，东南部是大同盆地，兼有浑源、广灵小盆地；西北部是洪涛山，山地谷地相间分布。

晋蒙交界区，地处半干旱向半湿润过渡地带，年降水量不足，农业生产依赖于灌溉水源。区域内河流的分布是影响人文现象的重要因素。晋蒙交界区，分属于黄河与海河两个不同的流域，边墙以北土默特平原属于黄河流域，边墙以南大同盆地属于海河流域，两

---

① 山西省史志研究院：《山西通志》第二卷《地理志》，中华书局 1996 年版，第 186 页。
② 内蒙古自治区气象局编：《内蒙古自治区志·气象志》，气象出版社 2005 年版，第 59 页。

地分别有两大支流，是区域灌溉水源的主要来源。正因为如此，农业经济发达区分别是大同盆地和土默特平原。

明清时期，晋蒙交界区人文环境不仅独特，而且有重大变动。明代，这里是明朝的边疆地带，是与蒙古政权的交界地带，是蒙汉民族交错地带。蒙汉对峙的局面，导致边墙以南大同府的人文环境带有很强的军事性质，无论是人口、聚落，还是农业、商业都与军事密切相关。清代，蒙古归附，边墙内外一统，汉民出边谋生将农耕经济带入边墙以北地区，使晋蒙交界区演变为农牧经济兼营的地带。

三 学术史回顾

（一）区域历史商业地理学学术史

本书选题属于区域历史商业地理学范畴，因而在研究之前梳理区域历史商业地理学这个分支学科的学术脉络是十分必要的。历史商业地理脱胎于商业地理学，是历史地理学的重要分支学科。从中国历史地理学的学科发展史出发，中国区域历史商业地理学的发展大致可以分为以下三个阶段。

1. 萌芽时期

从中国历史地理学诞生到 20 世纪 80 年代，是区域历史商业地理学的萌芽时期。这一时期，区域历史商业地理学长期依附于历史经济地理学分支学科，其研究内容仍在历史经济地理的框架中进行，研究范式仍有很强的商业史性质。

中国历史地理学诞生于 20 世纪 30 年代（1934），诞生之初，主要关注历史政治地理方面，历史经济地理方面的研究少有涉及。50 年代，由于中苏政治关系的影响，中国引进苏联地理学发展模式，历史经济地理成为历史人文地理方面的全部内容，因此中国历史经济地理才得以迅速发展。作为学科意义的历史经济地理是在 50

年代逐渐建立起来的，史念海先生是历史经济地理分支学科的开拓者和奠基人。《河山集》（第1集）①收录了史念海先生在历史经济地理领域取得的部分研究成果。中国历朝以农业为本，农业是关系国计民生的大事业。或许基于此种原因②，史念海先生着力开展历史农业地理方面的研究，先生本人及他的研究生相继在历史农业地理方面做出突出贡献，开辟了历史农业地理学这一分支学科。从历史经济地理学的各部门发展来看，历史农业地理学成为其中的显学，历史工业地理和历史商业地理等方面的研究成果则相对不足。因此，这一时期历史经济地理学的综合成果也以农业地理方面为主，历史商业地理方面的研究始终停留在便于操作的商业市场方面，其研究范式仍是描述性的商业史范式。

2. 发展时期

尽管20世纪30年代中国历史地理学从传统的沿革地理学研究中蜕变出来，但其各分支学科蜕变的进程快慢不一，历史政治地理、历史人口地理、历史农业地理方面完成较早，而历史商业地理则始终没有完全脱离商业史研究范式。80年代，随着地理学理论的引进，历史商业地理学才逐渐形成自身的研究内容和解释方法。

历史地理学，属于地理学的分支，其学科理论应与地理学相一致。地理学新的学术理论的引进是历史地理学发展的主要动力之一。这一时期，区域历史商业地理学的发展得益于地理学经济区位论的引进。

经济区位论是地理学发展较早的理论，自19世纪二三十年代，地理学提出农业区位论，各部门的区位论相继推出，至20世

---

① 史念海：《河山集》（第1集），生活·读书·新知三联书店1963年版。
② 此外，史念海先生承担国家有关农业方面的研究项目，也是原因之一。

纪二三十年代形成多种区位学派。其中，德国地理学家克里斯塔勒在《德国南部中心地原理》一书中提出"中心地"理论，在地理学界引起很大反响，极大地推动了商业地理学的发展。① 首先应用此理论研究中国历史商业的是美国学者施坚雅，他在《中国农村的市场与社会结构》② 一书中，结合"中心地"理论和城市空间理论，并以四川成都平原为例，具体考察了历史时期中国农村市场体系，开创了历史商业市场研究新解释理论。中国引进这一理论是 20 世纪 80 年代，杨吾扬在经济地理学中引入"中心地理论"，地理学者高松凡率先将这一理论运用到历史商业地理研究中，其文《历史上北京城市场变迁及其区位研究》③ 就是以历代北京城商业市场为例，采用"中心地"的分析模式解释其空间分布过程及其区位选择。

随后，历史学者不同程度地采用这一方法，考量中国市场发展过程，尤其在传统的市镇史研究和农村集市研究上取得了突破性进展，成果极为丰富。任放在《二十世纪明清市镇经济研究》一文中梳理了这一时期关于明清市镇的研究特点。他认为这种繁荣体现在三个方面：若干有分量的明清市镇经济的学术专著相继面世；学术论文如雨后春笋般出现，偏重江南一隅的学术格局有所突破，更多区域的市镇经济逐渐纳入研究；众多学者对市镇经济研究的现有成果进行多侧面的学术梳理，力图从学术史的宏观角度确立明清市镇经济研究的学术地位，进而将这一研究向纵深拓展。④ 除此之外，笔者认为这一时期的繁荣还体现在学者们将新的理论运用于实际研究中，运用"中心地理论"进行市场网络体系研究。如：樊树志在

① ［德］克里斯塔勒：《德国南部中心地原理》，常正文等译，商务印书馆 1998 年版。

② 该书 20 世纪 60 年代出版，中国学者史建云、徐秀丽等人翻译成中文，1998 年由中国社会科学出版社出版。

③ 高松凡：《历史上北京城市场变迁及其区位研究》，《地理学报》1989 年第 2 期。

④ 任放：《二十世纪明清市镇经济研究》，《历史研究》2001 年第 5 期。

明清江南农村集市和专业市镇方面做了深入研究，他特别关注市镇网络以及市镇在中国城市化进程中的角色①；单强运用"中心地"理论，对近代江南乡镇市场进行系统研究②；许檀对明清山东商品经济的发展及市场网络进行深入考察③。这一时期，学者们除了在明清时期的市场研究取得成果外，还开始研究近代的市场，只是这方面的成果并不多。乔志强的《近代华北集市变迁略论》④，慈鸿飞的《二十世纪前期华北地区农村商品市场与资本市场》⑤《近代中国镇、集发展的数量分析》⑥，张利民的《论近代华北商品市场的演变与市场体例的形成》⑦，李正华的《乡村集市与近代社会：20 世纪前半期华北乡村集市研究》⑧ 等对近代华北集市的研究，此类成果比较丰富。

　　海港区位论的引入，也给历史商业地理发展带来了新的理论指导。海港区位论最早是由德国地理学家高兹提出的，他在《海港区位论》中，不仅阐述了海港的区位选择，而且提出港口腹地概念。此后，地理学和经济学对此理论都有不同程度的发展，如弗里德曼在 *the Core-periphery or Heartland—hinterland Theory*（"中心—腹地理论"）中，解释区域之间经济发展的不平衡特征。复旦大学吴松弟是将"港口—腹地理论"引入历史商业地理研究中的开拓者，他根据近代中国的国情，对理论中涉及的核心概念进行重新界定，以符

　　① 樊树志：《明清江南市镇探微》，复旦大学出版社 1990 年版。
　　② 单强：《江南区域市场研究》，人民出版社 1999 年版。
　　③ 许檀：《明清时期山东商品经济的发展》，中国社会科学出版社 1998 年版。
　　④ 乔志强：《近代华北集市变迁略论》，《山西大学学报》1993 年第 4 期。
　　⑤ 慈鸿飞：《二十世纪前期华北地区农村商品市场与资本市场》，《中国社会科学》1998 年第 1 期。
　　⑥ 慈鸿飞：《近代中国镇、集发展的数量分析》，《中国社会科学》1996 年第 2 期。
　　⑦ 张利民：《论近代华北商品市场的演变与市场体系的形成》，《中国社会经济史研究》1996 年第 1 期。
　　⑧ 李正华：《乡村集市与近代社会：20 世纪前半期华北乡村集市研究》，当代中国出版社 1998 年版。

合历史时期商业的研究。自 20 世纪 90 年代起,"吴松弟陆续指导
十余名研究生,分别探讨了上海、宁波、广州、天津、香港、汉
口、镇江、芜湖、重庆、连云港、青岛、烟台、大连、丹东、营
口、福州等近 20 个口岸城市的近代进出口贸易、城市发展以及其
腹地的经济互动关系"①,取得一系列成果。

吴松弟将港口—腹地理论引入历史商业地理研究中,旨在以经
济为切入点,进一步探讨近代中国现代化问题。如他及他的研究生
先后出版《港口—腹地和中国现代化进程》②《中国百年经济拼图:
港口城市及其腹地与中国现代化》③《天津与北方经济现代化
(1860—1937)》④ 等著作。毫无疑问,"港口—腹地理论"的应用
属于历史商业地理学范畴,尤其是历史经济地理发展的标志性成果
之一,然而其理论本身决定了其适用的时段范围很难被推广到近代
以前的研究内容。

20 世纪 80 年代至 21 世纪初,是区域历史商业地理学的迅速发
展时期,突出表现为地理学研究理论的引入。

3. 系统学科理论建立

尽管 20 世纪末历史商业地理学引入诸多地理学理论,取得了
丰富的学术成果,呈现出繁荣发展的景象。但就学科发展的角度而
言,区域历史商业地理学始终没有建立起独立的学科体系,如还未
明确学科概念、研究对象、研究内容、研究方法,等等。

21 世纪初,是区域历史商业地理学学科理论的确立时期,其
突出贡献者当推张萍教授。2000 年,张萍在朱士光先生的指导下以

---

① 张伟然等:《历史与现代的对接:中国历史地理学最新研究进展》,商务印书馆 2016 年
版,第 92 页。

② 吴松弟:《港口—腹地和中国现代化进程》,齐鲁书社 2005 年版。

③ 吴松弟:《中国百年经济拼图:港口城市及其腹地与中国现代化》,山东画报出版社
2006 年版。

④ 樊如森:《天津与北方经济现代化(1860—1937)》,东方出版中心 2007 年版。

明清陕西商业地理为题，进行开拓性研究，完成高水平的博士论文《明清陕西商业地理》①。在研究成果中，张萍第一次系统地提出区域历史商业地理学学科概念、学科渊源、研究内容及相关理论，等等。

具体而言，张萍提出了历史商业地理的概念，即"历史商业地理学是历史地理学的重要分支学科，它脱胎于商业地理，是研究历史时期人类商业活动地理现象和规律的学科，即研究历史时期地球表面人类商业活动与各种地理要素相互关系的科学"②。她还提炼了历史商业地理学四大研究内容，即历史时期地域商品生产的空间差异及其变迁、商路与商品运输条件研究，商业市场的地域分布格局、区域商品流通格局与商贸区研究。其中，商路与商品运输条件包括商路与驿路的分离与商业区划问题、商路改变与市场结构性变迁（商业市场的地域分布格局可分为商业中心的地域格局）、城市内部商业区位的选择及其影响因素、边疆区边缘区与过渡地带的市场结构研究、商业中心与城市腹地关系研究、市镇兴衰的诸要素分析、农村市场形态研究。四大研究内容不仅涵盖了商品生产、商品运输、商品交换等商业活动中的三大环节，而且表明了历史商业地理学的区域性研究取向。再则，为了明确历史商业地理学的学科特点，张萍论述了历史商业地理学与商业地理学、商业经济学和商业史等相关学科的关系，进一步丰富了"学科理论"。

基于理论的指导，张萍及其指导的研究生对历史时期西北及其

---

① 张萍：《明清陕西商业地理》，博士学位论文，陕西师范大学，2004 年。在此基础上，2006 年出版《地域环境与市场空间——明清陕西区域市场的历史地理学研究》（商务印书馆），2014 年又出版《区域历史商业地理学的理论与实践——明清陕西的个案研究》（三秦出版社）。

② 张萍：《区域历史商业地理学的理论与实践——明清陕西的个案考察》，三秦出版社 2014 年版，第 3 页。

附近地区进行商业地理方面的研究，取得了丰富的成果。^① 在具体研究上，不仅弄清楚历史时期西北地区商业地理现象的变动过程，而且力图通过商业地理视角进一步探讨区域社会的变化过程。如，商业市场的变动对区域近代社会转型的影响，^② 商业发展对城市形态的影响。^③

综上，中国区域历史商业地理学历经萌芽、发展、确立等三个时期，经过前辈学者的努力，中国区域历史商业地理学作为中国历史地理的分支学科已经建立起来。但在具体研究上，由于种种原因，呈现以下几个方面的特点。

研究内容集中在明清时期商业市场上。诚然，商业市场是历史商业地理学研究的重要内容之一，但为了揭示区域商业的整体面貌和进行综合研究，不应该忽视对其他要素的考察。当然，这可能是研究者精力有限所致，但从学科发展的角度来看，必须从整体上研究。就笔者所见，目前以区域商业地理整体要素为研究对象的论著，除了张萍的《区域历史商业地理学的理论与实践——明清陕西的个案考察》专著外，仅有几篇初步研究性质的硕士学位论文。

研究区域多属地域政治经济核心地带。地理学以区域研究为方

---

① 张萍所带研究生硕士的论文主要有：吴孟显《近代晋南农村市场的发展与社会变迁》，丁德超《近代豫西北农村市场与社会转型》，仝利娟《清代河南商品经济发展的区域差异》，梁坤《民国时期甘肃城乡市场体系研究》，王龙涛《清代北疆地区城镇市场（1759—1911）》，雷琼《清至民国青海地区商贸市场专题研究》，杨方方《北宋西北沿边地区市场发展及区域特征》，吕强《清代甘肃商业市场发展及演变过程专题研究》，袁黎明《唐代丝绸之路演变与西北市场格局的变动》，成广广《民国关中市场研究》，龙小峰《明代陕西行都司市场研究》，周华锋《清代新疆屯田与城镇市场的发展》，魏晔《西北地区花儿会的发展及区域特征》，陈海龙《清朝—哈萨克汗国贸易研究》，杨蕊《清代山西食盐产销问题研究》等。

② 张萍等：《黄土高原村镇市场的发展及近代转型（1860—1949）》，中国社会科学出版社2013年版。

③ 张萍：《城墙内的商业景观：明清西北城镇市场形态及城镇格局的演变》，《民族研究》2013年第3期。

法，核心—边缘的思想是地理研究一个重要的思考点，中国区域商业整体上的结论必须要考虑核心和边缘两个地域特征。对于全国来说，边疆地区则是边缘地带，而对于地区而言，也有核心与边缘之分。就地区研究范围而言，以往研究多集中在核心地区，如江南市镇的研究，河北、河南、山东、陕西等各类市场的研究。边缘地带或过渡地带的商业研究关注较少，目前所见，主要有：张萍对明代陕北民族交错带和关中平原与秦岭山区地貌过渡带进行的研究，揭示了过渡带商业市场发展的特殊性和丰富性；① 樊铧以同官县为考察对象，对渭河谷地与陕北黄土高原之间地貌过渡带的商业市场进行深入的探讨，表明边缘带商业社会具有传统性与现代性。② 以边缘地带或过渡地带的整体商业活动为对象的研究成果还不曾有过，但此类研究对历史区域商业地理学发展有着重要的意义。正如张萍所言，"边缘区的市场研究也是目前学术界关注较少的话题，可以是农牧交错带，可以是两种地貌过渡带，其市场的结构呈现出与中心地带极大的差异。这些研究都会丰富我们对传统市场结构的认识，同时也有助于我们理解地貌条件是如何影响市场发展的"③。

（二）与本选题相关的其他学术成果

基于以上特点，笔者选择明清时期晋蒙交界区商业，从区域历史商业地理的角度考察其商业发展与地理环境之间的关系。诚然，以往研究并没有以区域历史商业地理的角度研究晋蒙交界区，但前人有关此区域的学术积累是本书研究的重要参考，兹将有关的几个方面的主要成果分述于下。

---

①　张萍：《明代陕北蒙汉边界区军事城镇的商业化》（《民族研究》2003 年第 6 期），《山原互动：明清秦岭北麓经济发展与市镇体系的形成》[《陕西师范大学学报》（社会科学版）2013 年第 5 期]。

②　樊铧：《民国时期陕北高原与渭河谷地过渡地带商业社会初探——陕西同官县的个案研究》，《中国历史地理论丛》2003 年第 1 期。

③　张萍：《历史商业地理学的理论与方法及其研究意义》，《陕西师范大学学报》（哲学社会科学版）2012 年第 4 期。

1. 区域社会经济变迁综合研究

涉及本书所选晋蒙交界区的社会经济研究，主要集中在边墙以北地区。着力最多的是中国台湾学者黄丽生，他的博士论文《由军事征掠到城市贸易：内蒙古归绥地区的社会经济变迁（14 世纪中至 20 世纪初）》[①] 中，以归化城所在的前套平原（土默特川）为考察区域，揭示了区域社会经济结构在漫长的历史中由军事征掠型向城市贸易型转变的复杂过程。该著作是从发生机制上深入分析归化城土默特经济社会变迁的力作。

此外，也有不少学者以民国时期的绥远省为研究区域，从移民的角度出发，宏观上考察边墙以北的社会经济变迁。代表性成果有牛敬忠的《近代绥远地区的社会变迁》，[②] 该著作从政区沿革、土地开垦、阶级和阶层结构、物质生活和精神生活、社会问题及治理、灾荒及救济、教育近代化等 7 个方面详细论述了近代绥远地区的社会变迁。闫天灵的《汉族移民与近代内蒙古社会变迁研究》[③]，选择内蒙古为研究区域，与本书所选区域亦有重合。闫天灵从移民角度来研究近代蒙古社会的变迁，并增加了移民对生态环境问题方面的论述。其中"移民的考论"中"移民路线"的研究对笔者梳理移民的空间分布过程有很大的参考价值。王卫东的《融汇与建构：1648—1937 年绥远地区移民与社会变迁》[④] 亦从移民的角度，在移民带来的社会经济文化影响方面作了深入分析，尤其是作者通过地名学复原了移民的来源和地域。色音的《蒙古游牧社会变迁》[⑤]，以整个蒙古为研究区域，从人口变迁、民族构成、生产类

① 黄丽生：《从军事征掠到城市贸易：内蒙古归绥地区的社会经济变迁》，台湾师范大学研究所印 1995 年版。

② 牛敬忠：《近代绥远地区的社会变迁》，内蒙古大学出版社 2001 年版。

③ 闫天灵：《汉族移民与近代内蒙古社会变迁研究》，民族出版社 2004 年版。

④ 王卫东：《融汇与建构：1648—1937 年绥远地区移民与社会变迁》，华东师范大学出版社 2007 年版。

⑤ 色音：《蒙古游牧社会变迁》，内蒙古人民出版社 1998 年版。

型、生活方式和风俗习惯等方面探讨了蒙古社会的变迁。由于选择区域范围太大，跨越的时间过长，因而，论述较为宏观，清前期和近代部分显得较为简略。

目前，边墙以南区域社会经济综合研究成果不曾问世，仅有李心纯、李辅斌和张青瑶对该区域的农牧业经济进行了较为深入的研究。李心纯的《明代山西河北农业地理研究》和李辅斌的《清代河北山西农业地理研究》对边墙以南农作物种类、农业技术、农业生产等方面进行了较为详细的梳理。① 张青瑶的《清代晋北地区土地利用及驱动因素研究》从土地利用的角度论述晋北农牧业经济变迁的过程，以及驱动变迁的自然人文因素。②

除以上区域研究之外，其他的则对区域内的某一个要素进行研究。这些研究虽说不能完全揭示晋蒙交界区的演变机理，但仍有很大的参考价值。

2. 移民和开垦方面

移民和开垦是清代晋蒙交界区发生的显著历史现象，也是导致边外社会经济文化改变的直接因素。商业地理活动的分析，必然离不开这一关键要素，因而有必要梳理这方面的研究。除了以上提及有关蒙古社会变迁著作涉及移民之外，仍有学者专门研究该区域的移民开垦问题。安介生的《山西移民史》③ 中有两节专门论述清代山西移民与北部边疆和土默特地区文化的形成。庄虔友的《清代内蒙古移民概述》④ 亦对蒙古移民做了简要概述。此外，全国范围的移民史著作也涉及了山西与内蒙移民数量，如：田方、陈一筠的

---

① 李辅斌：《清代河北山西农业地理研究》，博士学位论文，陕西师范大学，1992 年。李心纯：《明代山西河北农业地理研究》，博士学位论文，陕西师范大学，1998 年。
② 张青瑶：《清代晋北地区土地利用及驱动因素研究》，博士学位论文，陕西师范大学，2012 年。
③ 安介生：《山西移民史》，山西人民出版社 1999 年版。
④ 庄虔友：《清代内蒙古移民概述》，《蒙古学信息》1992 年第 2 期。

《中国移民史略》①，赵文林、谢淑君的《中国人口史》②，石方的《中国人口迁移史稿》③，曹树基的《中国移民史》（第六卷）④ 等。在开垦方面，学者从开垦政策、开垦过程等各方面进行研究，尤其关注清末放垦问题。李辅斌的《清代直隶山西口外农垦述略》⑤ 一文，从农垦的角度分别考察了清前期和中后期口外的人员流动。但是该文把直隶与山西作为整体范围来考察，而单纯的山西口外农垦区的形成过程尚待研究。王杰瑜的《政策与环境：明清时期晋冀蒙接壤地区生态环境变迁》⑥ 中"土地利用方式的变化"亦涉及晋蒙冀区域的农垦。专门研究内蒙古农垦的著作当属刘海源主编的《内蒙古垦务研究》，⑦ 周清澍的《内蒙古历史地理》⑧ 涉及了清代内蒙古的农垦研究。此外，清末放垦问题有一些专门性论文进行过探讨，如：黄时鉴的《论清末清政府对内蒙古的"移民实边"政策》⑨，白拉都格其的《关于清末对蒙新政同移民实边的关系问题》⑩，汪炳明的《是"放垦蒙地"还是"移民实边"》⑪。以上成果基本是从移民史和开垦史方面进行研究，对笔者研究移民和开垦与区域商业的发展有着很大的参考价值。

3. 行政建置方面

明清时期，晋蒙交界区的行政建置变化颇大，边外地区变化最

---

① 田方、陈一筠：《中国移民史略》，知识出版社 1986 年版。

② 赵文林、谢淑君：《中国人口史》，人民出版社 1988 年版。

③ 石方：《中国人口迁移史稿》，黑龙江人民出版社 1990 年版。

④ 葛剑雄等编著：《中国移民史》，福建人民出版社 1997 年版。

⑤ 李辅斌：《清代直隶山西口外农垦述略》，《中国历史地理论丛》1994 年第 1 期。

⑥ 王杰瑜：《政策与环境：明清时期晋冀蒙接壤地区生态环境变迁》，山西人民出版社 2009 年版。

⑦ 刘海源：《内蒙古垦务研究》，内蒙古人民出版社 1990 年版。

⑧ 周清澍：《内蒙古历史地理》，内蒙古大学出版社 1994 年版。

⑨ 黄时鉴：《论清末清政府对内蒙古的"移民实边"政策》，《内蒙古大学学报》（哲社版）1964 年第 2 期。

⑩ 白拉都格其：《关于清末对蒙新政同移民实边的关系问题》，《内蒙古大学学报》1988 年第 2 期。

⑪ 汪炳明：《是"放垦蒙地"还是"移民实边"》，《蒙古史研究》1989 年第 1 期。

为剧烈。行政区划的调整，很大程度上意味着政治经济资源的重新分配，对区域商业活动有很大影响。因此，弄清行政区划的变动，有助于更好地理解商业活动的地理特征。明清时期，边墙以南地区行政建制略有调整，华国樑的《论雍正年间的政区变动》① 论及了这一变动过程。边外行政建制的调整集中体现为"厅"的设置上，前辈学者在此方面用功较深，取得了显著成绩。较早是周清澍等编著的《内蒙古历史地理》②，宏观上梳理了明清边外行政建置的调整过程。牛敬忠在《近代绥远地区的社会变迁》中用一章的篇幅阐述了"厅"的设置过程。此外，不少学者专门论述厅的性质、建置过程及其影响，多以论文的形式表达。内蒙古大学的乌云格日勒做了诸多研究，相继发表了《略论清代蒙古的厅》③《口外诸厅的变迁与蒙古社会》④ 两文。乌云格日勒从烦琐的史料中，梳理了蒙古地区诸厅的设置年代，考察了部分厅城的设置情况，从制度的角度考察了厅的属官的选派原则和职能。值得指出的是，从制度史的角度考察蒙古设置的厅的研究，应属张永江的《论清代漠南蒙古地区的二元管理体制》一文⑤。张永江不仅梳理了盟旗制度建立的过程以及盟旗设立的原则，而且从农业经济的角度分析了漠南蒙古地区厅的设置。以上研究成果皆为本书从空间上分析商业发展与厅的关系提供重要参考。

4. 商业市场、商人和商路方面

明清时期，晋蒙交界区曾出现各类商业市场，如马市、军镇市场等。对于沿边马市的重要性，前辈学者关注甚多。余同元在

---

①　华国樑：《论雍正年间的政区变动》，《苏州大学学报》（哲社版）1991 年第 3 期。

②　周清澍：《内蒙古历史地理》，内蒙古大学出版社 1994 年版。

③　乌云格日勒：《略论清代蒙古的厅》，《清史研究》1999 年第 3 期。

④　乌云格日勒：《口外诸厅的变迁与蒙古社会》，《山西大学学报》（哲社版）2007 年第 2 期。

⑤　张永江：《论清代漠南蒙古地区的二元管理体制》，《清史研究》1998 年第 2 期。

《明后期长城沿线的民族贸易市场》① 中考察了明代长城沿线民族贸易的历史过程，从宏观上指出明代民族贸易以"隆庆议和"为分界点，"隆庆议和"之后民族贸易频繁，出现大量的马市，形成了农牧经济共生文化带。阿萨拉图的《明代蒙古地区和中原间的贸易关系》② 从贸易关系类型上分析了明代蒙汉民族贸易的发展，指出明代蒙古地区和中原间的贸易关系经历了间歇的"通贡"贸易到"马市"逐渐繁荣的发展过程。黄丽生在《从军事征掠到城市贸易：内蒙古归绥地区的社会经济变迁（14 世纪中至20 世纪初）》③ 中，亦详细论述了马市交易的规模、市法等，揭示归化城贸易转型的过程。以上都是从历史的角度概要阐述了明代马市贸易的发展具体情况。而余同元的《明代马市市场考》④《明代马市市场的设置与分布》⑤ 和侯仁之的《明代宣大山西三镇马市考》⑥ 从地理空间的角度考证了马市的分布及其特征。但马市具体的时空分布以及分布格局和地理环境之间的关系仍需进一步研究。

相较而言，军镇市场、州县市场和厅治市场的研究显得十分不足，唯对规模较大的归化城和大同城的商业关注甚多。许檀在《清代山西归化城的商业》⑦ 中，利用碑刻资料，复原了清代归化城商业市场的整体轮廓。马红杰在《嘉道时期归化城的工商业》⑧ 中，补充梳理了清中期归化城的发展状况。菅佩芬对明清大同城镇进行

① 余同元：《明后期长城沿线的民族贸易市场》，《历史研究》1995 年第 5 期。

② 阿萨拉图：《明代蒙古地区和中原间的贸易关系》，《中国民族》1964 年第 1 期。

③ 黄丽生：《从军事征掠到城市贸易：内蒙古归绥地区的社会经济变迁》，台湾师范大学研究所印，1995 年。

④ 余同元：《明代马市市场考》，《民族研究》1998 年第 1 期。

⑤ 余同元：《明代马市市场的设置与分布》，《第六届明史学术论文讨论会论文集》，1995 年。

⑥ 侯仁之：《明代宣大山西三镇马市考》，《燕京学报》1938 年第 23 期。

⑦ 许檀：《清代山西归化城的商业》，《文史哲》2009 年第 4 期。

⑧ 马红杰：《嘉道时期归化城的工商业》，硕士学位论文，内蒙古大学，2011 年。

考察，梳理了大同从军事城镇向商业城镇发展的过程。① 诚然，有关归化城和大同城商业繁荣的状况为本书研究提供参考，但从整个区域出发，考察两大商业中心演变的背后机理及其区域影响，是值得重新探讨的问题。此外，冯汉卿的《清代大同地区集市发展变迁研究》② 以大同府所辖的 9 个州县的集市为研究对象，从集市的分布格局、集市内部交易情况、集市所承担的功能等三个角度分析，主要采用常用的统计学的技术方法，所得出的结论及其史料都有一定的参考价值。

杀虎口榷关是晋蒙交界区商业活动的重要枢纽，其税额反映了晋蒙农牧区商品流通的规模，是探讨商业活动不可忽视的参考点。正因为榷关的重要性，学者早有专文论述，如：吴凤美的《清代的杀虎口税关》③，李孝聪的《孔道与平台：杀虎口在历史上的地位与作用》④，丰若非、刘建生的《清代杀虎口的实征关税与北路贸易》⑤，张建民的《清代杀虎口税关研究》⑥，等等。以上成果多是以杀虎口榷关为中心，从税收额变动、人事管理、战略地位等方面考察，论述十分详细。

商业市场之外，以往学者有关商业研究的成果，集中体现在商人方面，即旅蒙商和晋商研究。明清时期，晋商是全国有名的商帮之一，清代的晋商更是实力雄厚，控制了全国金融行业。学者对晋商关注甚多，成果很丰富，形成晋商文化研究方向。研究山西商人

---

① 营佩芬：《明清时期大同城镇发展轨迹——从军事重镇向商业城镇的转型》，硕士学位论文，内蒙古大学，2013 年。

② 冯汉卿：《清代大同地区集市发展变迁研究》，硕士学位论文，山西大学，2012 年。

③ 吴凤美：《清代的杀虎口税关》，《山西大学学报》（哲社版）2007 年第 2 期。

④ 李孝聪：《孔道与平台：杀虎口在历史上的地位与作用》，《山西大学学报》（哲社版）2007 年第 2 期。

⑤ 丰若非、刘建生：《清代杀虎口的实征关税与北路贸易》，《中国经济史研究》2009 年第 2 期。

⑥ 张建民：《清代杀虎口税关研究》，硕士学位论文，内蒙古大学，2008 年。

兴衰的专门著作就有好多种，如：日本学者寺田隆信的《山西商人研究》①，张正明、张舒的《晋商兴衰史》②，刘建生、刘鹏生的《晋商研究》③ 等。有关晋商研究的文章非常之多，与本书研究较为相关的成果也不少。如：邵继勇的《明清时代边地贸易与对外贸易中的晋商》④，葛贤慧的《清代山西商人和边地贸易》⑤，梁四宝、武芳梅的《明清时期山西人口迁徙与晋商的兴起》⑥，牛国桢、梁学诚的《张库商道及旅蒙商述略》⑦，吴瑞娟的《人口迁徙在明清晋商发展中的作用》⑧，等等。

　　商路是历史商业地理研究的重要内容，明清晋蒙交界区商路研究成果很少，以往成果集中在与之相关的交通道路方面。或许是历史交通地理发展缓慢的缘故，明清晋蒙交通地理方面的研究成果也并不多见。目前所见，专门性成果只有金峰的《清代内蒙古五路驿站》⑨，张世满的《逝去的繁荣：晋蒙粮油故道》⑩，张宪功的《明清山西交通地理研究——以驿道、铺路为中心》⑪。一些研究成果涉及该区域交通道路，也多有论述。如，周清澍等编著的《内蒙古历史地理》⑫ 和黄丽生的《从军事征掠到城市贸易：内蒙古归绥地区

　　① 寺田隆信：《山西商人研究》，山西人民出版社 1986 年版。

　　② 张正明、张舒：《晋商兴衰史》，山西经济出版社 2010 年版。

　　③ 刘鹏生、刘建生等：《晋商研究》，山西人民出版社 2005 年版。

　　④ 邵继勇：《明清时代边地贸易与对外贸易中的晋商》，《南开学报》1999 年第 3 期。

　　⑤ 葛贤慧：《清代山西商人和边地贸易》，《山西财经学院学报》1994 年第 2 期。

　　⑥ 梁四宝、武芳梅：《明清时期山西人口迁徙与晋商的兴起》，《中国社会经济史研究》2001 年第 2 期。

　　⑦ 牛国桢、梁学诚：《张库商道及旅蒙商述略》，《河北大学学报》1988 年第 2 期。

　　⑧ 吴瑞娟：《人口迁徙在明清晋商发展中的作用》，《菏泽学院学报》2010 年第 1 期。

　　⑨ 金峰：《清代内蒙古五路驿站》，《内蒙古师范学院学报》（哲学社会科学版）1979 年第 1 期。

　　⑩ 张世满：《逝去的繁荣：晋蒙粮油故道研究》，山西人民出版社 2008 年版。

　　⑪ 张宪功：《明清山西交通地理研究——以驿道、铺路为中心》，博士学位论文，陕西师范大学，2014 年。

　　⑫ 周清澍：《内蒙古历史地理》，内蒙古大学出版社 1994 年版。

的社会经济变迁》① 都较为详细地梳理了清代内蒙古驿站的情况。总体而言，前辈学者从史学的角度详细梳理交通变化过程，但在交通道路与商路的关系、交通道路的可视化及其选择的自然人文要素等方面尚缺探讨。

综上所述，以上研究都涉及明清晋蒙交界区社会经济方面，不少著作和论文都有相当的深度和独到的见解，所反映的历史事实和揭示的历史发展特征都是本书进行历史商业地理研究的学术基础。

四　研究方法与创新之处

在研究方法上，人文科学与社会科学、自然科学之间都有很大的差异。结合三者的方法特点，其研究方法大致可分为思维方法和技术方法两类，人文科学注重思维方法，社会科学和自然科学更加注重技术方法。随着学科之间交叉研究的现象增多，他们之间往往通过研究方法的借鉴取得更为突出的成绩。20 世纪二三十年代起，像文史哲这类人文学科逐渐借鉴自然科学的方法，取得了诸多研究突破，某种程度上讲，社会科学就是人文和科学综合的结果。历史地理学，虽然学科性质属于地理学，但其学科特点本身就具有很大的交叉性。本书的选题属于历史地理学的范畴，其研究方法当然也脱离不开历史学方法和地理学方法。历史学方法以史料搜集、考订，文献解读为主体，地理学善于用定量化、地图化分析方法。本书结合以上两方面的优势，主要采取以下几种具体的研究方法。

文献解读方法与地图分析相结合。文献解读是进行历史地理研究的基本功之一，特别是对文献资料的检索、考证是论文写作过程中不可缺少的重要环节。本书的写作，尽可能搜集较多的史料，对史料进行研读。历史地图是一种更为形象的资料，从中提取出来的

---

① 黄丽生：《从军事征掠到城市贸易：内蒙古归绥地区的社会经济变迁》，台湾师范大学研究所印，1995 年。

信息也为分析市场发展变化提供很好的帮助。地图学方法是地理学不可或缺的方法，也是历史地理学分析的重要方法。

定性分析和定量分析相结合。历史学的研究往往以定性为主，而地理学偏向定量分析。尽管历史时期所遗留的资料在量化问题上，与现今量化概念有诸多出入，但利用历史学的方法，确定史料所反映的"量"的真实含义后，结合现今量化思想，或转化为现今量化标准，或创造新的量化标准，从而对历史时期地理问题的解释更加具有说服力。

地理信息技术方法（GIS）与史料相结合。地理信息技术方法引入历史地理学研究中，在20世纪80年代已经开始了。地理信息技术引入历史地理学研究，有三个层次的突破：一是对传统制图技术的革新，所制作地图更加科学；二是空间分析方法的引入，一定程度补充史料的不足，增加研究的说服力；三是思维层次上的革新，为史料的解读和问题的挖掘提供新的思路。本书所绘制地图皆采用地理信息技术方法处理，且在商路分析上，尝试使用 ArcGIS 空间分析之最短路径方法考量商路选择的自然要素影响度。在历史人文地理分支学科研究上，以往地图表达多采取示意图的形式，部分采用地理信息技术的方法也基本停留在第一层次的应用上。笔者尝试将地理信息技术方法引入历史商业地理学研究中，力图在以上三个层次有不同程度的突破，这也是本书在历史商业地理学领域有关研究方法的一个创新。

除了技术方法上的创新以外，本书选取的角度是在思维方法上进行创新。以往历史商业地理研究区域的选择，多以行政区或现代地区概念为主，对交界地区、过渡地带的商业活动与地理环境的关系关注甚少。本书选择晋蒙交界区这一历史时期边疆带、过渡带的商业进行研究，试图揭示其特殊的区域商业特性。

学术研究的突破口只有两个，一是方法上的创新，二是史料的挖掘。本书尽可能地搜集较多的史料。诚然，本区域涉及今蒙古国，蒙文资料的利用应是研究的最大创新，但遗憾的是本书所依赖的资料大多是汉文或蒙文翻译文。但就汉文而言，本书也使用了以往研究不曾注意的史料，如，美国国会图书馆藏《两镇三关通志》残本是国内罕见的资料，其中关于大同地区的记载十分珍贵，本书利用它研究明代商贸，或许称得上是史料的挖掘。

五　研究思路与篇章结构

尽管本书研究的区域属于交界区，但仍是区域历史商业地理学的研究范畴。区域历史商业地理学的主要研究内容有地域商品生产的空间差异及变迁、商路与商品运输条件、商业市场的地域分布格局、区域商品流通格局与商贸区等。① 因此，本书也应对明清时期晋蒙交界区商品生产、商路变迁、市场分布和商品流通等四个方面进行逐一考察。据此，笔者紧紧围绕所研究的内容，对本书篇章结构做如下安排。

绪论部分，由于本书所选区域并非固化的行政区，因而有必要对其加以说明，如区域的界定和区域环境特征等方面。其次，在综述本选题有关的研究基础上，总结以往研究之经验和不足，从而为本研究提供理论与方法上的参考。基于此，下文进一步阐释本书的研究方法和创新之处、研究思路和篇章结构。

第一章"明清晋蒙交界区主要商品生产及其区域特征"，是对交界区内主要生产商品的论述，它是商品流通的前提。鉴于这个特殊区域内商品差异颇大，本书选择几类主要的商品进行研究，力图阐述明清时期交界区商品生产的时空变动过程，以及这种变动与区域环境之间的关系。

---

① 张萍：《历史商业地理学的理论与方法及其研究意义》，《陕西师范大学学报》（哲学社会科学版）2012 年第 4 期，第 28—34 页。

第二章"明清晋蒙交界区商路拓展",是对交界区内商路变动的论述。本章力图论述一个核心问题,即明清晋蒙交界区商路变迁与地理环境之间的关系。前两节分别从明清两代入手,阐述商路变迁的人文环境背景。最后一节,在复原明清商路的基础上,借助ArcGIS空间分析方法,进一步考量商路选择的自然环境要素,从而诠释商路分布与自然环境之间的关系。

第三章"明清晋蒙交界区商贸市场的发展",是对区域商业市场分布的论述。本章论述的核心问题是,晋蒙交界区商业市场变动与区域环境的关系,即各类商业市场是在怎样的自然人文环境下成长起来,又为何沿着不同的发展轨迹发生变化。

第四章"明清晋蒙交界区商贸格局的演变",是对区域商业市场格局的论述,这章集中探讨交界区两个较大商业中心的兴衰,以及其兴衰对整个区域市场格局的影响。就区域商贸市场格局来说,市场层级的变动,尤其是商业中心的变动,是整个区域商贸市场格局演变的重要内容。因此,笔者利用一章内容专门探讨交界区商业中心的变动过程。

第五章"明清晋蒙交界区大宗商品的运销",是对交界区商品流通的论述。商品流通,也称商品运销,是历史商业地理研究的主要内容之一,是窥视区域商业经济发展的重要着眼点。在诸多商品中,布帛(棉布与绸缎)、皮毛牲畜和粮食始终是大宗商品,基本代表了区域商品流通的主流。因此,本章以这三类商品为研究对象,从区域地理环境的角度出发,考察其运销模式的历史变迁过程,以及其在不同时期呈现的特征。

结论部分主要阐述了两方面的内容,一是在总结前文论述的各商业要素发展特点的基础上,概括晋蒙交界区商业地理发展的总体特征,一是从区域历史商业地理学术发展的角度,阐述区域历史商业地理研究中有关区域选择的问题。

第一章

明清晋蒙交界区主要商品
生产及其区域特征

晋蒙交界区，地处农牧交错带，气候环境宜农宜牧，又是民族交错带，是农牧业生产方式相互碰撞的前沿地带。该区域气候寒冷，农业以耐寒的小米、高粱、小麦、糜子等作物为主；牧业以马、羊、驼、牛等大型牲畜为主，兼以鸡、鸭等家畜为辅；矿业以煤炭出名，尤其是南部大同地区。此外，也有森林资源、渔业资源等。该区域商品种类多样，随着农牧产品加工业的发展，种类愈加难以枚举。从商品大类而言，农业主要商品以粮食为主，牧业以牲畜及其皮毛为主。因此，本章以粮食、牧业产品为例，兼及特色矿业——煤炭，论述明清晋蒙交界区商品生产的地域性特征，力图阐述明清地理环境的变动与商品生产之间的复杂关系。

在明朝与蒙古激烈角逐时期，晋蒙交界区筑起了诸多边墙。如图0—1所示，北段边墙将晋蒙交界区分为南北两区，北部是蒙古高原、年降水量在400毫米左右，南部是黄土高原，年降水量在450毫米左右。北段边墙不仅是气候、地形等自然环境的分界线，而且是明代农牧业生产形式的分界线。在此基础上形成的商品生产也同这条分界线密切相关，因此这里以北段边墙为界论述商品生产的情况，南部简称为"边墙以南"，北部则称为"边墙以北"。

第一节　边墙以南主要商品的生产

一　粮食种植业与商品粮

边墙以南地区，地处农牧交错带，自然环境以积温偏低、降水偏少、土壤肥力较低为显著特征。明代，在边墙沿线军事消费和互市的刺激下，军民依靠有限的农业技术，采取扩大粮食种植面积的方式增加粮食产量，促使其地商品粮产量空前膨胀。清初，随着政策因素的消失，加之地方动乱，粮食种植业受到严重削弱。清中期，随着马铃薯等高产作物的引种及本土化的完成，边地粮食种植业出现新的增长点，成为州县内外销售的重要商品粮之一。

（一）明清粮食种植的自然环境和农业技术

边墙以南地区，明代属大同府，清代分属大同、朔平两府，今置大同、朔州两市。就气候类型而言，该区域为暖温带半干旱气候类型，东西部略有差异。[①] 东部地区，光能较为丰富，热量偏低，水资源在全省最少，年均温为 6—7 摄氏度，大于 10 摄氏度的积温为 2700—2900 摄氏度，全年无霜期有 140—160 天，区内秋霜冻来临早，风沙严重，年降水量为 390—430 毫米，集中在夏秋季节，作物生产期内缺水。[②] 西部地区，光能最为丰富，热量在全省最低，年均温为 3.5—5.5 摄氏度，大于 10 摄氏度积温为 2100—2400 摄氏度，全年无霜期有 100—115 天，大风日数多，秋霜冻严重，气温低，年降水量为 400—460 毫米，集中在夏秋季节。[③] 总体而言，光能丰富，热量不足，全年积温偏低，无霜期短，降水量略为不足。

就土壤类型而言，边墙以南地区的基带土壤为干旱草原栗钙

---

① 山西省史志研究院：《山西通志》第二卷《地理志》，中华书局 1996 年版，第 127 页。

② 同上书，第 185 页。

③ 同上书，第 186 页。

土，土壤颗粒粗、砂性大、碱性差、结构差，有机质矿化严重；其垂直地带土壤为山地褐土、山地淋溶褐土、山地黑钙土、山地淋溶黑钙土和山地草原草甸土；因水文和人文改造存在隐匿性土壤。① 总体而言，边墙以南地区土壤肥力偏低，河流地带间有少量肥沃土壤，但大同盆地桑干河、白登河流域和阳高盆地，碱土分布集中。

从现今调查的气候和土壤因素来看，边墙以南地区粮食种植环境并不理想。从史料记载看来，明清时期，该区域农业生产自然环境与之大体相当。由于农业是明清立国之本，是国家赋税的主要来源，地方志中对农业生产环境常有提及。气候环境体现在"天寒早霜，风沙大"。如，万历《山西通志》记载，大同府"风气刚烈，未秋先霜，物早凋瘁，五谷之中亦多难养……今虽胡越一家，收成亦薄乎云尔，即一棘一枣夫且不产，而况于它乎"②。又如，顺治《云中郡志》载，云中"地土沙碛硗薄，寒独早，七月陨霜"③。土壤条件表现为"土壤沙碛，盐碱地"。顺治《云中郡志》载，"云土高亢沙碛"④。万历《应州志》载应州，"大约负郭村庄之地，腴饶者十一，卤薄者十九。春秋苦风旱，秋苦霜早。田仅种一科，不能兼种。不产蚕桑，不种芝棉，无山海利。比之腹里地方，相去甚远"⑤。再如，河谷地带的山阴县，"地脉沙黐，风猛早霜，无一奇产"⑥，

① 山西省史志研究院：《山西通志》第二卷《地理志》，中华书局1996年版，第242—244页。

② 万历《山西通志》卷七《物产》，《稀见中国地方志汇刊》第4册，崇祯二年刻本，中国书店2012年影印本，第79页下。

③ 顺治《云中郡志》卷二《方舆志》，大同市地方志办，据顺治九年刻本重印点校注释本，1988年，第66页。

④ 顺治《云中郡志》卷四《食货》，大同市地方志办，据顺治九年刻本重印点校注释本，1988年，第181页。

⑤ 万历《应州志》卷三，应县县志办重印出版，万历二十七年刻本重印点校本，1984年，第77页。

⑥ 崇祯《山阴县志》卷二，《中国地方志集成》第6册，崇祯二年钞本，凤凰出版社2005年影印本，第12页上。

且"沙薄之地，列于庶邑为下下。嘉靖间岁收不丰，人民穷乏"①。桑干河谷地的州县土壤尚且如此，其余山区州县土壤则愈加不利农业生产。

明清边墙以南地区粮食品种主要有黍、稷、粱、稻、粟、麦、荞麦、豆。粱指高粱，可用于熬粥或酿酒。粟又称谷子，脱粒后称小米。豆有多种，可用于磨粉磨面，作为杂粮食用。如表1—1所示，就方志所记载的粮食品种来看，晋蒙交界区粮食种类不少，以麦、谷子为主，兼有豆类。

表1—1　　　　　　　　　明清边墙以南地区粮食种植品种情况

地方志	粮食品种	备注
正德《大同府志》②	谷属，黍、粱、稻、麦、荞、豆。	麦，皆春麦，豆有黑青黄豌红扁小七种。
雍正《朔平府志》③	谷类，稷、黍、谷、秫、稻、麦、豆。	稻，惟马邑近河地间有之，然天寒霜早，多不能熟。豆，有青豆黑豆扁豆大豆豇豆，俱秋熟，惟豌豆春播夏熟。
乾隆《大同府志》④	稷、黍、谷、稻、高粱、大麦、小麦、莜麦、穬麦、荞麦、豆、玉蜀秫。	谷，亦曰小米，有青红黄白数种。稻，大同所属桑干河一带居民间种植之，然有粳稻，而无糯稻也。小麦，皮薄多麦，有火麦红麦白等多种。春分前种小麦，春分后种大麦。边防兵食。

边墙以南地区，属于农牧交错带，水源、积温和土壤是制约粮食种植的三大因素。为了应对自然环境的制约，边地居民因地制

① 崇祯《山阴县志》卷二，《中国地方志集成》第6册，崇祯二年钞本，凤凰出版社2005年影印本，第13页下。

② 正德《大同府志》卷四，《四库全书存目丛书》史部第186册，正德刻嘉靖增修本，齐鲁社1996年影印本，第252页上。

③ 雍正《朔平府志》卷七，《中国地方志集成·山西府县志辑》第9册，雍正十三年刻本，凤凰出版社2005年影印本，第213页下。

④ 乾隆《大同府志》卷七，《中国地方志集成·山西府县志辑》第4册，乾隆四十七年重校刻本，凤凰出版社2005年影印本，第133页下。

宜，在农作物结构、农业灌溉技术、耕作制度、施肥技术等方面皆有所改善。

为了弥补降水的不足，边地居民在农作物结构和灌溉技术方面做出调整。边地粮食种类有多种，但耐寒耐旱的麦类和谷类粮食占主要，稻类作物只在很少地方种植。如前所述，稻类只有大同桑干河一带和朔州马邑近河一带少有种植。尽管如此，天然降水仍无法满足麦类作物生长，因而居民大多修筑有灌溉设施。

　　大同县，县东康石庄渠，溉田四十八顷五十一亩有奇。玉河滩渠，溉县东田五顷五十亩。十里河沿河各渠，十里河自左云县云冈东流出口，经王家园、平王村、时家庄，又东南经东西十里河村口，泉峪之水西来注之，沿河各村开渠引水，资以灌溉。各灌溉泉，县东有大泉、立泉，西有口泉、于家园泉，南有庞家山泉，孙家港泉。玉河渠，在县东南。

　　山阴县，县北有新庄河，南有黄水河，并资灌溉，西伯渠亦在县南，以泄山水。新庄子河，山阴县北，黄花岭南，诸村资其灌溉。黄水溉田，上则元英、黑疙瘩，下则五伏图、李珠庄，擅利久矣，其近城前后，可引可灌。

　　应州，崞川水，溉州东田，州之南有下社堤、新旧诸渠，以防山水。

　　浑源州，神奚水流合崞川，并资灌溉。资窑峡水旧穿渠入城。神峪之水出其阳，峪之泉以十数，而趵突为最。或者浚而堰之。水既合，湍为碾磨，侧置纸房，池汇麻泉，西引灌溉，其利无穷，流益远，利益大。

　　广灵县，泉水资溉者，县西南有丽雨泉。丽雨泉在县西南五十里直峪山，源从石孔中突出，可溉田数十顷。

　　阳高县，县南桑干河渠二道，溉一村田。县南九十里小石庄，有大同县界西堰头引水，溉地数十顷。西坦坡渠在县南，开山口渠在县北，西山石渠、马官屯渠并在县西，均资灌溉。

天镇县，县南桑干河渠十道，溉南川六村田。河北大石庄渠有阳高小石村北渠接水，河南东太保、西太保小渠六道，溉田不及十顷。小盐场小渠三道，溉田三四顷。又芦子屯、马营堡二村亦开渠引溉。五泉河四渠，溉县南六村田。

朔州，水旧渠在州东南，分水堤在西关外。

左云县，武州川水溉近城田。①

除以上诸渠外，边民还直接引河水灌溉，以滋农业。因为积温偏低，这里粮食作物一年一熟，收成不高。"农人往往清明前后种麦、豆，五月种谷粟、秫稷、荞麦、油麦等项，丰岁亩不满斗。"②

为了保持或提高土壤的肥力，一些边民不仅通过积粪肥提高土壤肥力，还通过引水洗地的方法改良盐碱地。大同县，"其东乡一带农人冬日多积粪，其地颇腴于他乡"，民人甚至购买粪肥改良土壤，"所谓东乡买粪不贫"。③大同知县黎中辅"细察土性，其弃而不耕之地，谓之碱滩，由于山水弥漫携沙带泥渍而成碱，相度土宜必须拦沙护堰，疏沟引水，而后碱性可变，地尽可耕"④。尽管如此，边民提高土壤肥力的做法相当有限，无法改变整个区域土壤肥力偏低的状况。

总而言之，明清边墙以南地区因自然环境的特点，积温偏低、

---

① 光绪《山西通志》卷六十八《水利略三》，据光绪十八年刊本点校本，中华书局1990年版，第10册，第4819—4827页。

② 顺治《云中郡志》卷二《方舆志》，大同市地方志办，顺治九年刻本重印点校注释本，1988年，第66页。

③ 道光《大同县志》卷八《风土》，《中国地方志集成·山西府县志辑》第5册，道光十年刻本，凤凰出版社2005年影印本，第94页下。

④ 道光《大同县志》卷尾《杂志》，《中国地方志集成·山西府县志辑》第5册，道光十年刻本，凤凰出版社2005年影印本，第377页下。

降水偏少、土壤肥力较低，粮食作物种植受到很大限制，尽管当地军民在农业技术方面有所调整，但是依旧无法改变该区域粮食生产粗放性的特点。

（二）明代军事消费和互市带动下商品粮的生产

明代，瓦剌和鞑靼等蒙古部落是明朝北部边疆的安全隐患。为了防御蒙古部落的南掠，明朝派兵驻扎北部边疆，修筑边墙，设置军镇，逐步建立起边墙、墩台、堡、镇相互结合的防御体系。晋蒙交界区，濒临京师，乃京师西北门户，故置大同镇。大量的官兵导致边墙沿线形成庞大的粮食消费带，互市贸易更加扩大了粮食消费的规模。①

在军事消费和互市的带动下，边墙以南生产的粮食很大部分投入市场，甚至出现特殊的商品粮生产形式。明朝粮饷支付方式的转变和商屯的出现，很大程度上揭示了商品粮生产的事实。

粮饷，是维持大同镇军事防御的经济基础。明朝想方设法通过各种形式保障粮食的供应。根据来源方式，粮饷大体可分为屯田粮、民运粮、开中粮、年例银等形式。就粮食来源地而言，大同镇粮食供应来自大同境内和境外两部分，屯田粮和开中粮都是由大同境内供给，而民运粮则来自境外。大同镇民运粮由山西布政司和河南布政司供应。与屯田粮相比，民运粮在数量上毫不逊色，在各镇粮饷中占重要地位，如因某种原因不能及时输纳，或长期拖欠不纳，就会导致边饷筹措体制崩溃。②嘉靖年间，大同镇的民运粮是屯田粮的四倍多。因为路途遥远，粮食运输困难，所以路途消耗很大，"道途之费率六七石而致一石"③。因此，这种直接运输粮食至大同粮仓的形式并没有一直维持下去。宣德年间，明朝责令百姓运

---

① 第二章第一节中"大同镇军事消费和蒙古部落所需"对此有详细论述。

② 寺田隆信著：《山西商人研究》，张正明等译，山西人民出版社1986年版，第31—32页。

③ 《明英宗实录》卷五十五，正统四年五月丁巳，上海书店1982年影印本，第1053页。

输特产至大同后，通过市场交换成粮食后上纳粮仓。《明实录》中便记载了这一政令，"山西岁纳大同、宣府之粮，宜征民间所产有，度边境所宜，若布、绢、棉布、茶、盐、农器等物，估其时值，十分减二，运赴边上，令掌收粮官，辨验酌量，市米上仓"①。宣德以后，明朝在民运粮支付形式上采取纳银的方式。据寺田隆信先生研究，民运粮"部分纳银法是在正统年间开始实行的；全面纳银制则是始自正德年间，有时仍与交纳实物穿插进行"，"大同镇从正统八年开始实行本折兼收，全面实行折纳则是大约六十年以后的正德元年（1506）了"。② 无论是代输易粮，还是折纳银两，都有一个必要的前提，即边墙以南地区有足够的商品粮。换而言之，民运粮支付方式的转变透视出边墙以南地区活跃的商品粮交易现象。

大同边地的军屯和商屯是商品粮的主要来源之一。自洪武年间，明朝就已经利用军士屯田，以达到"且耕且战"的目的。屯军，每军授一分土地，每分50亩，分地数量因地区差异而有所不同，也有30亩或百亩，官府提供牛具种子，等等，屯军须交纳屯田子粒。屯田子粒，是屯军依据承种的田地上纳官府的粮食，分为正粮和余粮等两部分。洪武三十五年（1402）定科，"每军田一分，正粮十二石，收贮屯仓，听本军支用；余粮十二石，给本卫官军俸粮"③。屯军交纳屯田子粒以外，所剩粮食可自由支配，它们往往是商品粮的来源之一。永乐以后，明朝减免屯田子粒数目，减轻了军户的负担。如，洪熙元年（1425），屯田子粒每军户减少余粮6石，只上纳正余粮18石；正统二年（1437），每军户上纳正粮，不征余粮。④ 税粮从原24石降至6石，自然使屯军结余粮食增多，

---

① 《明宣宗实录》卷七十一，宣德五年十月癸酉，上海书店1982年影印本，第1660页。

② 寺田隆信著：《山西商人研究》，张全明等译，山西人民出版社1986年版，第41页。

③ 万历《大明会典》卷十八《户部五》，《续修四库全书》第789册，上海古籍出版社，万历内府刻本，2002年影印本，第315页下。

④ 同上书，第316页上。

很可能被投放边地市场，为商品粮的增加提供了前提。明中后期，虽然军屯逐渐崩溃，但大同粮食生产并不因此而停止。大同镇组织的民屯和商人为逐利而进行的商屯增加了边地粮食生产的数量。

　　商屯，是随着明朝"开中法"而出现的，是明朝补充边饷的重要商业手段。有关"开中法"的来由和实施等问题，学界已经进行了诸多讨论，这里不再赘述。简而言之，商人上纳粮食或银两，换取朝廷的盐引，为了减少运输成本，商人就边地招民垦种，就近上纳粮食。关于商屯的具体过程，如招民性质，耕作之人与商人之间的关系、商人的管理措施等问题，已经基本廓清。可以肯定的是，包括大同镇在内，九边之地商屯规模的确不小。一条经常被学者征引的史料从宏观上说明了商屯的规模之大。"明初，各边开中商人，召民垦种，筑台堡自相保聚，边防菽粟无甚贵之时。"[1] 可见，商屯已经形成一定规模的聚落。大同镇商屯的粮食，主要为了换取官府的盐引，从这种意义上讲，此类粮食生产的确属于专门性商品粮范畴。大同镇商屯的粮食交易规模有多大？《大明会典》记载了各边开中粮饷，"大同……国初，止纳粮草，亦有浙江、福建、山东、河东运盐司并广东提举司等盐。弘治十一年（1498），始令折银，后止派淮、芦"[2]。浙江、福建等多处运盐司在大同镇开中，盐引数不应太少。如，景泰三年（1452），大同开中的淮、浙、长芦盐达334183 引，每引淮盐纳粮五六斗，每引浙盐纳粮三四斗，每引长芦盐纳粮二三斗。[3] 如以平均四斗计算，大同镇盐引交易粮食额约达133673 石。又如，天顺八年（1464），巡抚宣府右副都御史李秉因

---

　　① 《明史》卷八十《食货志》，中华书局 1974 年版，第 1939 页。
　　② 万历《大明会典》卷二十八，《续修四库全书》第 789 册，万历内府刻本，上海古籍出版社 2002 年影印本，第 522 页上。
　　③ 《明英宗实录》卷二百一十九，景泰三年八月丁丑，上海书店 1982 年影印本，第 4735 页。

缺粮上奏请定中盐则例，大同、宣府等粮仓开中盐课共1672291引。[①] 此次开中，大同镇盐引交易粮食应不少于 20 万石。商屯性质的商品粮生产属于政策刺激下产生的特殊商业行为，并非因区域经济发展而形成的，因此未能长久进行下去。学界普遍认为，弘治年间"开中法"的改变，由纳粮报中转为纳银报中，导致商屯渐渐衰微。虽然商屯退出历史舞台，但商屯影响下的部分堡寨并未随之消亡，很可能依旧进行粮食生产。

如前文所言，边地因自然条件的限制，农业生产比较粗放，这似乎与大同镇粮食生产的活跃状况相互矛盾。其实不然，这正是人文因素作用的体现。尽管边地自然环境有限，但"地广人稀"的大同府，可通过扩大农业耕作面积来增加粮食产量。《清代晋北地区土地利用及驱动因素研究》一文，以纳税亩为依据，探讨晋北耕地面积变化趋势，其统计数据表明，边墙以南地区的耕地面积在明代万历年间最大，清初骤减，清中期逐渐上升，但依旧未能恢复到万历时期的规模。[②] 这很大程度意味着，明代大同府官民为了扩大粮食总产量，曾进行过大规模的土地垦殖活动。

（三）清代马铃薯的种植与商品粮结构

虽然边墙以南地区，在明代国家政策的鼓励和推动下，以开垦土地的形式强制或半强制性地增加了粮食生产总量，但随着屯田制的破坏，人口逃亡，粮食生产受到很大的削弱。清初，以大同城为中心掀起的姜镶反清运动，客观上造成了边地人口锐减，大量抛荒，以致造成农业经济萧条的局面。[③] 清中期，马铃薯的引入，给区域粮食生产的恢复提供了新的发展契机。

马铃薯，原产地为南美洲，传入中国后，各地称呼不一，多称

① 《明宪宗实录》卷八，天顺八年八月癸未，上海书店 1982 年影印本，第 178 页。
② 张青瑶：《清代晋北地区土地利用及驱动因素研究》，博士学位论文，陕西师范大学，2012 年，第 119 页。
③ 详细论述，见第三章第三节"姜镶反清运动与经济萧条"。

为"土豆""洋芋""山药蛋""回回山药"等。马铃薯属于茄科草本植物，一年生，生长期短，环境适应性强，特别适宜冷凉干燥的环境，对各种自然灾害的抵抗能力较强。马铃薯地下茎块呈圆或椭圆形，可作粮菜兼用的食物，清代常被民人作为粮食，尤其在荒年发挥很大作用。因为马铃薯的适应性强，产量高，清代几乎全国各地都有种植。

清代马铃薯传入山西北部的时间，学界普遍认为是 18 世纪末至 19 世纪初。张青瑶根据光绪《浑源州续志》的史料记载，将马铃薯传入时间推测得更为具体，即乾隆四十七年（1872），并认为马铃薯传入山西北部途径呈现多元化，由陕南引种和俄国或哈萨克引种是两条重要途径。[①]

马铃薯传入后，无论在品种改良还是种植技术方面都有所改善。正因为马铃薯传入途径的多元化，其品种也并不单一，尤其是光绪年间从海外引进了新品种，使马铃薯愈加高产。"山西从前所种马铃薯，悉系本省土种，外皮粗糙，块根亦小，自清光绪二十年后，有从外国传入之种籽，皮色细致，块根肥大，收量颇多，故现在山西所种植，多为洋种。"[②] 除了马铃薯品种改良外，民人逐渐总结出马铃薯种植栽培方法，并一直流传下来。据民国时期调查，"马铃薯通常与谷子、高粱等轮种"，分夏秋两季马铃薯，"夏马铃薯在清明前后，秋马铃薯在立夏节前后"，"下种时择肥大无伤之根，用利刀顺芽眼削开，一颗可削三四片。削下以后，拌上草木灰，放于通风干燥之地，经三五天稍干，再行下种，可以预防疾病"，"下种方法，随犁点入犁沟，再将肥料撒于种片之上，耙耱平坦。亦有点种以后，不再施肥者。每亩田种约

---

① 张青瑶：《马铃薯引种山西及相关社会经济影响》，《历史地理》2013 年第 27 辑，第214—225 页。

② （民国）实业部国际贸易局：《中国实业志·山西省》第四编《农林畜牧》，实业部国际贸易局，民国二十六年（1937），第 41 页。

七八十斤至一百斤。苗长二三寸时，除草一次。长至一尺上下时，再除草一次，拥土埋根。锄地次数愈多，块根生长愈大。故每伏应除草拥土一二次”，“肥料种类，以牲畜粪、堆肥、草木灰为最佳，每亩用量大概一千斤上下”。[①] 马铃薯品种改良和栽培方法的成熟，反映了马铃薯传入后的本土化过程，其外来痕迹仅仅停留在“洋芋”这一称呼上。

随着品种的改良，种植技术的成熟，马铃薯产量增高，山西边墙地区普遍种植。《山西风土记》载，洋芋种植十分广泛，边地居民作为日常粮食，称为山药蛋，深受喜爱。[②] 虽然这是民国时期的调查，但农作物种植成为风俗，延续性较强，因而对反映清代马铃薯种植情况也有很大的参考价值。民国时期的山西实业调查报告《中国实业志·山西》详细记载了马铃薯种植面积和产量，从中亦可窥视清代山西北部边地马铃薯种植情况。“山西六十八县栽培马铃薯，其面积共计一二三二五七九亩（1232579 亩），平均每县一八一二六亩（18126 亩）。面积最大者为朔县，计一一二八〇〇亩（112800 亩），宁武次之，计一〇七一一九亩（107119 亩），天镇又次之，计九万亩。马铃薯因风土关系，故晋北栽培者较为普遍，晋南甚少种植”，“常年产量，产量最多者是岚县，计七六一〇八八担（761088 担），次为大同，计七五〇〇〇〇担（750000 担），天镇应县，各计五十余万担，朔县宁武右玉，各计四十余万担，灵丘亦有三十余万担”。[③] 可见，山西边墙以南地区是马铃薯种植集中区，也是高产区。

---

① （民国）实业部国际贸易局：《中国实业志·山西省》第四编《农林畜牧》，实业部国际贸易局，民国二十六年（1937），第 42 页。

② 民国《山西风土记》，选自《山西旧志二种》（任根珠点校），中华书局，据民国稿本点校本，2006 年版，第 105 页。

③ （民国）实业部国际贸易局：《中国实业志·山西省》第四编《农林畜牧》，实业部国际贸易局，民国二十六年（1937），第 42—43 页。

　　清代马铃薯的普遍推广，不仅增加了边墙以南地区的粮食产量，而且改变了其商品粮结构。清中期以前，山西北部商品粮主要是麦类、谷类和豆类，以麦和谷类为主。随着马铃薯的种植，以及民人饮食习惯的改变，马铃薯成为区域内外销售的商品粮之一。民国时期马铃薯成为县内行销的重要商品粮，左云县马铃薯远销"忻县、崞县、祁县、太谷和平遥"。

表1—2　　　　　　民国边墙以南各县马铃薯常年产销调查统计①

	县名	种植面积（亩）	总产量（担）	县内销量（担）	县外销量（担）	备注
1	大同县	75000	750000	750000	无	
2	怀仁县	15917	159170	151212	无	
3	山阴县	39500	158000	158000	无	
4	应县	74124	518868	518868	无	
5	天镇县	90000	567000	567000	无	
6	阳高县	7240	72400	72400	无	
7	浑源县	40000	160000	160000	无	
8	灵丘县	40000	320000	320000	无	
9	广灵县	20000	200000	200000	无	
10	平鲁县	35600	163760	163760	无	
11	朔县	112800	441200	441200	无	
12	左云县	50000	250000	210000	40000	销往晋中地区
13	右玉县	80870	404350	404350	无	

　　清代边墙以南地区马铃薯的引种，不仅适宜了边地高寒缺水的自然环境，而且随着马铃薯品种的改良，栽培技术的形成，大大增加了粮食产量。在马铃薯逐渐变成民人日常食物的背景下，广销县

---

　　①　资料来源："山西省各县马铃薯产销统计表"，载《中国实业志·山西省》第四编《农林畜牧》，实业部国际贸易局，民国二十六年（1937），第45页。

内外，成为谷类和麦类之外重要商品粮之一。

二 畜牧业与畜牧商业化趋势

畜牧业，作为大农业经济的另一种形式，是中高纬度地区常见的生产方式。边墙以南地区，自然环境宜农宜牧，居民生活农牧兼营。在农业为本的生产基础上，居民日常畜养牛、羊、马、驴、骡、鸡、鸭、猪等畜禽。明清不同的政治经济环境，导致该区域畜牧业发展方式有所差异。明代，大同镇军事地位的提高和军马需求的增加，促使该区域官方畜牧规模扩大，民间畜牧比重较小。清代，随着军事防御地位的削弱，大同与口外、京师经济联系加强，民间畜牧业逐渐成长起来。无论是官方畜牧还是民间畜牧，都与商业活动密切相关，商业化趋势逐渐加强。

（一）明清畜牧业环境及其种类

畜牧业，是利用畜禽的生理机能，获取肉或畜禽所产物品的大农业范畴内的生产性行业。明清北方地区常常畜养的大型牲畜是牛、羊、马等。就自然环境而言，明清时期牛、羊、马的畜养很大程度上依赖于区域内天然植被。从植被分区上看，山西边墙以南地区属于温带草原地带，天然植被以草原为主，间有森林和灌丛，从地域上可分为晋北盆地、丘陵草原区和晋西北黄土丘陵灌丛草原地区，天然草场分布较多。[①] 明代在此设立多处官用草场，以牧放马匹。"万历二年（1577），以北虏开市议准，大同镇于中路建立六场，西路四场，东路阳和一场……每场养马三百匹，择有水草处随便建置，将每年剩余马匹立群设校，委官管领，如法牧放，阳和另立小场，以牧贡马。"[②]

---

① 山西省史志研究院：《山西通志》第二卷《地理志》，中华书局1996年版，第294页。
② 万历《大明会典》卷一百五十一《兵部三十四》，《续修四库全书》第789册，万历内府刻本，上海古籍出版社2002年影印本，第563页下。

　　自然环境之外，明清政治经济环境对畜牧业生产也有较大的影响。明代，大同镇，作为京师西北屏障，军马的需求促使明朝在边墙以南地区畜养马匹，亦从民间购买马匹。"凡在京在外卫所，俱有孳牧马匹以给官军骑操。在京及南北直隶卫所，属两京太仆寺；在外属各该行太仆寺、苑马寺及都司委官提督。"① 山西边墙以南各卫所牧马，掌管于山西行太仆寺。清代，关内外统一，边墙内外经济往来加强，大同地处山西、京师通往口外交通要道，给大同畜牧业发展带来了经济驱动力，民间畜牧业逐步发展起来。"北路各州县及口外各厅，地多砂碛，宜于畜牧，如骆驼、山羊、骒马之属，均为出境货品之大宗，乡人业此致富者甚多。"②

　　山西边墙以南地区，地处农牧交错带，其气候宜农宜牧。明清时期，该区域的畜牧畜禽种类有牛、羊、马、驴、骡、猪、鸡、鸭等。如表1—3所示，明清方志中，记载了诸多牲畜。因为方志中将这些动物作为物产记载，所以种类繁多。但物产中大多数只是边民所见动物种类，而非养殖业种类，更谈不上纳入商业活动。从畜牧业的角度上看，居民日常畜养的牲畜是牛、羊、马、驴、骡、鸡、鸭、猪等。

表1—3　　　　　　　　　明清边墙以南土产畜禽种类情况表

地方志	畜禽种类
正德《大同府志》③	鹖鸡、半翅、天鹅、鹅、熊、麢、鹿、驒、野猪、野羊、马、牛、羊、完羊（大同丰年山出）、黄鼠

---

　　① 万历《大明会典》卷一百五十《兵部三十三》，《续修四库全书》第789册，万历内府刻本，上海古籍出版社2002年影印本，第550页上。

　　② 民国《山西风土记》，选自《山西旧志二种》（任根珠点校），据民国稿本点校本，中华书局2006年版，第114页。

　　③ 正德《大同府志》卷四，《四库全书存目丛书》史部第186册，齐鲁书社1996年影印本，第252页下。

地方志	畜禽种类
雍正《朔平府志》①	鸡、鹅、鸭、野鸡、半翅、石鸡、沙鸡、野鸽、鸽、雁、燕、雀、鹊、鸦、鸠、鹰、鸥、兔鹘、鹌鹑、蜡嘴（雀类一种）、白翎、啄木、映山红（猴子）、布谷（鸟类，右玉左云有）、鹳（右玉左云马邑有）、鸮（右玉马邑有）、雉（左云朔州马邑有）、画眉（平鲁朔州有）、白鹭、鸳鸯（惟马邑有），牛、马、骡、驴、犬、羊、豕、狼、狐、狸、獐、麚、鹿、兔、猫、鼠、夜猴、熊（朔州马邑有）、虎、獾、黄羊（右玉朔州马邑有）
乾隆《大同府志》②	鹰、鸿鹄、鸟、雁、鸽、雉、鸠、鹅、鸭、鹊、鹌鹑、燕、鸥、鸡、鹊、半翅、鹳、白翎、蜡嘴、应山红、啄木、虎、狼、鹿、麚、豺、狐、狸、骆驼、马、骡、驴、兔、鼠、夜猴、羊、豕、犬、猫、牛

（二）畜牧业的方式与畜牧商业化

明清畜牧业可分为官方畜牧和民间畜牧等两类方式。山西边墙以南地区，明代以官方畜牧为主，清代官方牧场北移口外，民间畜牧成为主流。无论是官方畜牧还是民间畜牧，都存在牲畜交易活动。入清以后，官方畜牧的撤离，民间畜牧因经济利益驱动而渐渐兴盛。明清边墙以南地区畜牧业呈现商业化趋势。

官方畜牧，是指朝廷委派官员驯养马羊等牲畜，以获取战马或肉食等活动。马匹，作为明清军事和交通运输必不可缺的重要物资，明清朝十分重视其养殖和驯养活动。明清时期，兵部下设专管马政的太仆寺或行太仆寺、苑马寺等衙门，并从马匹采购、马料数量到马匹驯养、草场分拨等方面都有诸多规定。明代官方畜牧分为多种方式，主要有民间孳牧、军卫孳牧、京府寄牧等。① 民间孳牧，是指马户向官府领取种马承担畜养义务，有司提调。京府寄牧是官府将民间马匹征调良马至京师，并寄养于京师附近马户，以便快速征解。京府寄牧是正统年间开始施行的制度。无论是民间孳牧，还是京府寄牧，都局限江南和江北直隶，山西北部并无这些畜牧方式。军卫孳牧，是指卫所军士负责畜养马匹的活动。明朝规定，"凡在京在外卫所，俱有孳牧马匹以给官军骑操。在京及南北直隶卫所，属两京太仆寺；在外属各该行太仆寺、苑马寺及都司委官提督。"② 山西边墙以南各卫所牧马，掌管于山西行太仆寺。除马之外，明朝亦孳牧羊群，以供军需。据《大明会典》载，明代卫所中还专门设有养羊小厮等官职，负责畜养羊群。③ 另外，《明实录》记载，沿边屯所大多筑城自保，一遇警事则赶牛羊入城固守待援，④大同镇屯所情形也大致如此，可见边墙沿线屯堡中也畜养许多羊群。

清代官方畜牧可分为两类，一是太仆寺马厂，一是全国八旗驻地的马厂。太仆寺左右翼马厂设于边墙以北，右玉县八旗马厂设于杀虎口以北，边墙以南地区并无官方畜牧。

民间畜牧，是指居民出于自给或交换需求而畜养畜禽的畜牧方式。明代因马政的民间化，边墙以南地区民间畜牧多受限制，常以羊或禽类等为主。清代因官方畜牧的北移，边墙以南无官方牧场，居民亦无马政之累，其畜牧业较之前代有所发展，牲畜多以马、牛、羊及禽类为主，大多输出山西或他省。

---

① 万历《大明会典》卷一百五十《兵部三十三》，《续修四库全书》第 789 册，万历内府刻本，上海古籍出版社 2002 年影印本，第 546—550 页。

② 同上书，第 550 页。

③ 万历《大明会典》卷四十《户部二十七》，《续修四库全书》第 789 册，万历内府刻本，上海古籍出版社 2002 年影印本，第 700 页下。

④ 《明太宗实录》卷三十三，永乐二年八月丙申，上海书店 1982 年影印本，第 593 页。

无论是官方畜牧,还是民间畜牧,其采办或销售都离不开商业活动。明朝各边镇和卫所驿站皆配置马匹,马匹消耗颇大。明朝通过多种方式补充马匹缺额,如官方牧场,民间寄养马匹以及互市贸易。此外,明朝也时常从民间采办马匹。《大明会典》中专门记载了马匹买补的价格规定。军民为了获取高额利润,勾结官员,将"不堪马匹"充于朝廷采买马匹之列。

> 凡大同三路官旗舍人军民人等,将不堪马匹,通同光棍,引赴内外官处,及管军头目,收买私马,诡令伴当人等,出名情嘱各守备等官,俵与军士。通同医兽作弊,多支官银者,俱问罪。官旗军人,调别处极边卫所,带俸食粮差操。民并舍余人等,俱发附近充军。引领光棍,并作弊医兽,及诡名伴当人等,各枷号一个月发落。干碍内外官员,奏请提问。①

据这条史料可知,这类徇私舞弊的官民马匹交易活动应该十分常见,以致朝廷不得不颁布法令禁止。这不仅反映了官民马匹交易的频繁,也折射出民间畜牧业的商业化趋势。

清代,蒙古归降,边墙内外一统,区域间经济往来加强。随着归绥地区的开发,该区域承担了东部与西部、北部之间经济交流的功能。如,大同地区与京师、口外商业往来密切,其民间畜牧业产品多为出境商品。"北路各州县及口外各厅,地多砂碛,宜于畜牧,如骆驼、山羊、骒马之属,均为出境货品之大宗,乡人业此致富者甚多。"②

明清边墙以南地区畜牧业虽有一定规模,但仍旧不及种植上的

---

① 万历《大明会典》卷一百五十二《兵部三十五》,《续修四库全书》第789册,万历内府刻本,上海古籍出版社2002年影印本,第579页上。

② 民国《山西风土记》,选自《山西旧志二种》(任根珠点校),据民国稿本点校本,中华书局2006年版,第114页。

发展规模。明代因军事需求在该区域屯田和孳牧马羊，但屯田始终是主要任务。朝廷明令保护屯田，禁止牧业侵夺屯田。"洪武三十年（1397），定北边牧马草场，自东胜以西至宁忧河西察罕脑儿，东胜以东至大同……凡军民屯田地不许牧放，其荒闲平地及山场腹里，诸王驸马及军民听其牧放、樵采，在边所封之王不得占为己场，妨害军民。"① 清代，随着山西边墙以南地区天然草场的垦殖，农牧交错带垦殖后的抛荒地难以恢复，大规模的草场已经不复存在。尽管清代畜牧业有所发展，但多以家庭饲养业为主，仅仅是居民副业而已。

三　煤炭资源分布与煤炭业

煤炭资源，作为燃料，比木炭、秸秆有着天然的优势，是高寒地区居民生活偏爱的物资之一。山西边墙以南地区有着丰富的煤炭资源，多数州县均有煤炭分布。明清官府对煤炭实施不同的开采与管理政策，促进煤窑商业化趋势增强，商品性煤炭生产有所增加。

（一）煤炭资源的特点与分布

煤炭，是远古时期植物衰亡后埋藏地下，在隔绝空气条件下经过长时间的物理作用和化学反应后，形成的可燃性矿物。因为煤炭的形成周期远远超过人类历史，通常被认为是不可再生资源。中国古代燃料，主要有木材及木炭、秸秆、煤炭等。煤炭，作为燃料使用，历史悠久。先秦时期人类已经发现和使用煤炭，秦汉以后煤炭在冶金业普遍使用，宋以后随着煤炭使用的普及化，煤炭被广泛利用，明清时期煤炭开发利用进入鼎盛阶段。②

尽管在中国古代燃料利用过程中，因为煤炭的开采技术等条件

---

① 万历《大明会典》卷一百五十一《兵部三十四》，《续修四库全书》第789册，万历内府刻本，上海古籍出版社2002年影印本，第562页下。

② 吴晓煜：《中国煤矿史读本》，煤炭工业出版社2013年版，第3—11页。

制约，木材和秸秆很长时期占据燃料结构的主体。但是，就燃料本身而言，与木材、秸秆等燃料相比，煤炭有着很大的优势。在通常情况下，相同质量的燃料，煤炭燃烧释放的热量远远高于木材和秸秆，煤炭燃烧可达的温度几乎是木材的两倍。正因为这方面的优势，煤炭逐渐得到冶金业的青睐。就冶铁而言，"用煤来冶铁，能够提高冶铁炉的温度，加速冶铁进程，提高铁的生产率"，"煤远较木炭耐烧，不像森林那么容易砍光，使冶铁业不至于缺乏燃料而停歇"。[①] 其次，与其他燃料相比，煤炭容易运输且方便储存。明清时期，各大城市，尤其是京城，官民生活多依赖煤炭。明代"京城军民百万之家，皆以石煤代薪"[②]，石煤即石炭，薪乃木炭。万历年间吕坤上疏陈弊，言"京师者，朝廷腹心之地也。祖宗时常徙富者，贫民依以为命者也。今京师贫民，不减百万，九门一闭，则煤米不通。一日无煤米，则烟火即绝"[③]。此外，就作为民用燃料而言，百姓多用其取暖，尤其是北方高寒地区，与木材和木炭相比，无烟煤炭取暖效果更佳。

煤炭资源的诸多优势，使官民颇为偏好。山西边墙以南蕴藏着丰富的煤炭资源，明清以来边民多有开采使用，方志皆将其列入本地土产或物产中。如，正德《大同府志》载，大同府土产"杂类、盐、矾、雕羽、熊皮、豹皮、石炭、瓷器"[④]，石炭即煤炭。又如，顺治《云中郡志》载，大同府出产石炭。[⑤] 雍正年间，原大同府析

① 杨宽：《中国古代冶铁技术发展史》，上海人民出版社2014年版，第163、165页。

② （明）顾炎武：《天下郡国利病书》卷《北直隶备录上·大学衍义补》，上海古籍出版社2012年版，第48页。

③ （明）吕坤：《忧危疏》，选自《中国古代赋税史辑要·言论篇（下册）》，中国税务出版社2004年版，第620页。

④ 正德《大同府志》卷四，《四库全书存目丛书》史部第186册，正德刻嘉靖增修本，齐鲁书社1996年影印本，第252页下。

⑤ 顺治《云中郡志》卷四，大同市地方志办，据顺治九年刻本重印点校注释本，1988年，第180页。

出朔平府，辖左云、右玉、平鲁、朔州、马邑等地。雍正《朔平府志》载，"石炭，即煤也，左云、平鲁、朔州、马邑皆有之"①。乾隆《大同府志》载，"石炭，大同、怀仁西山中出者极多，惟广灵出煨炭，精腻细碎而无烟，埋炉火日夜不减"②。顺治《浑源州志》载，浑源物产中，"炭有肥炭煨炭"③。乾隆《浑源州志》亦载，浑源州产有"煤炭"。④ 从方志中物产所列情况可知，大同、怀仁、浑源、朔州、左云、右玉、平鲁等州县明清时期皆开采煤炭。由于煤炭开采技术的限制，一些深层煤炭并未被广泛开采。实际上，山西边墙以南地区煤炭资源分布更为广泛。

尽管地方志中诸多记载表明了该区域煤炭资源分布较广的事实，但其具体煤炭含量却不见记载。幸运的是，民国时期因编审《中国实业志》需求，派专员进行过调查研究，据此可以窥见该区煤炭含量情况。据翁文灏等人估计，山西省煤矿总量约计1271亿150万吨，全国煤矿储量只有2654亿5500万吨，其总量占全国煤炭含量近一半；根据煤田的分布，山西煤矿可分为七区：平盂潞泽区、汾临煤区、河兴离隰煤区、太原西山煤区、宁武煤区、大同煤区、浑五煤区。⑤ 边墙以南地区煤炭分属于大同煤区和浑五煤区。

大同煤区，分布在大同、朔县之间平原的西北，主要有石炭二叠纪煤田至东北部、石炭二叠纪煤田之西南部和侏罗纪煤田等，分

---

① 雍正《朔平府志》卷七，《中国地方志集成·山西府县志辑》第9册，雍正十三年刻本，凤凰出版社2005年影印本，第216页上。
② 乾隆《大同府志》卷七，《中国地方志集成·山西府县志辑》第4册，乾隆四十七年重校刻本，凤凰出版社2005年影印本，第135页下。
③ 顺治《浑源州志》上卷，《中国地方志集成·山西府县志辑》第7册，顺治十八年刻本，凤凰出版社2005年影印本，第161页上。
④ 乾隆《浑源州志》卷七，《中国地方志集成·山西府县志辑》第7册，乾隆二十八年刻本，凤凰出版社2005年影印本，第349页下。
⑤ （民国）实业部国际贸易局：《中国实业志·山西省》第五编《矿业》，民国二十六年（1937），第2页。上文援引的煤炭总量，是当时估计量，随着勘探技术的提高，煤矿蕴含量远远大于此数据。

别隶属于大同、朔县、左云、怀仁和右玉等，储煤总量约为 96 亿
1742 万吨。[1] 浑五煤区，由众多零星的煤田组成，分别位于浑源、
灵丘、广灵等县，有浑源恒山煤田、浑源银牛沟煤田、灵丘银厂煤
田等等，总储量约计 15 亿 7699 万吨。[2] 据民国调查，边墙以南地
区各县煤矿分布情况如表 1—4 所示。

表1—4　　　　　　　山西边墙以南各县煤矿分布情况表[3]

	县名	煤矿储量（公亩）	煤炭类型	备注
1	大同	379299.85[4]	烟煤	
2	浑源	1634	烟煤	零星分布
3	怀仁	29515.06	烟煤	
4	灵丘	3624	半无烟煤	
5	广灵	82298.88	烟煤	
6	右玉	452447	烟煤	
7	左云	18612	烟煤	
8	朔县	不详	烟煤	

由于大同府部分县份数据的缺失，煤炭分布特征不免受其影
响。就现有的记载而言，如图 1—1 所示，右玉煤矿储量最多，大
同次之，怀仁、广灵、左云等相对较少。

（二）明清煤炭开采与管理

山西边墙以南地区藏有丰富的煤炭资源，明清时期官民以此为
基础发展煤炭业。该区域煤炭业的发展与官府政策息息相关。明清
官府在煤炭开采与管理政策上迥然不同，这体现在煤炭开采与管理

---

① （民国）实业部国际贸易局：《中国实业志·山西省》第五编《矿业》，民国二十六年
（1937），第 2 页。

② 同上书，第 3 页。

③ 同上书，第 9 页。

④ 1 公亩 = 100 平方米 = 0.15 市亩。

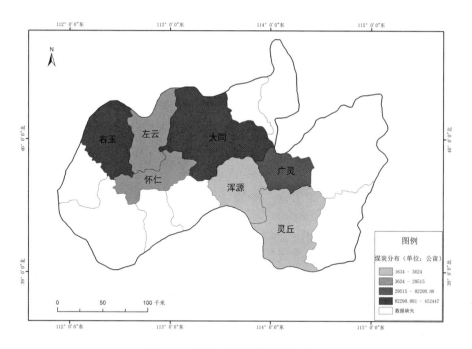

图 1—1　明代大同府煤炭分布情况

方式上。

　　煤炭，明代称之为"石炭"，属于朝廷所谓的"山泽之利"。明代对"山泽之利"控制较为松弛，尤其是明中期以后，"山泽之利，听民采取"。《续文献通考》中载，嘉靖年间"凡山泽之利，除禁例并民业外，其空闲处，听民采取，及入官备振"①。

　　"听民采取"中的"民"主要是明代的煤户。明朝对军民的管理实行分籍管理、户籍世袭制度，煤户，以采煤为生，向明朝缴纳一定量的煤炭，或以煤炭折合成银两。就笔者目前搜略的明代煤户史料，主要有《明实录》记载的历代皇帝赏赐各藩王的煤户或各藩王请赐煤户的相关情况。此外，有一处史料记载了煤户的情况。

───────────

① （明）王圻：《续文献通考》卷二十四《榷征七》，文渊阁四库本，商务印书馆 1936 年影印本，第 3010 页。

请撤采煤内监王朝，并停煤税，拟谕安小民敕旨一道以进。先是，采煤止奏内官监马鞍山、黄树园地方官窑一处。后，王朝蔓将西山一带概行征扰，且私带京营选锋劫掠立威，激变窑民，几至不测。朝恐，遽以欺隐阻挠上闻，邀厂卫扭解之旨。于是，黧面短衣之人，填街塞路，持揭呼冤。辅臣言，煤利至微，煤户至苦，而其人又至多，皆无赖之徒，穷困之辈。今言利者壅蔽圣聪，搜腹太细，不顾叵测之虞。①

京师附近马鞍山、黄树园一带设有官窑开采煤炭，西山一带有煤户打造煤窑采煤。明朝认为"煤乃民间日用之需，若官督开取，必致价值倍增，京城家户何以安生"②，因此并不监管煤炭开采。官员王朝带兵在西山一带民窑强征课税，煤户群起抗争。这场窑民抗争运动，折射出煤户或在官窑，或在民窑谋生。

尽管是"听民采取"，但明朝对民间开采也有诸项限制。明代历朝颁布的煤矿开采相关禁例，主要规定开采地域，以免伤其风水。《大明会典》中记载历朝主要禁例，"窑冶……凿石取煤，具有禁令"，卢沟桥以东及西一带，浑河、大峪山一带，皆禁止开采煤矿，派锦衣卫巡查，违者治以重罪。③

当然，民间开采以外，官方开采是煤炭挖掘的重要部分。明朝在山西边墙以南地区开采煤炭的方式主要分为煤窑开采和军民挖掘。煤窑是煤炭开采的主要方式，煤户是其主要人员，分为官窑和

① 《明神宗实录》卷三百八十，万历三十一年正月丙寅，上海书店 1982 年影印本，第 7153 页。

② 《明神宗实录》卷三百七，万历二十五年二月丙子，上海书店 1982 年影印本，第 5742 页。

③ 万历《大明会典》卷一百九十四《工部十四》，《续修四库全书》第 792 册，万历内府刻本，上海古籍出版社 2002 年影印本，第 330 页下。

民窑。明代官窑，由明朝统一经营，如上文所述京师附近马鞍山、黄树园地方官窑。明代煤矿官窑的开采量必须受到朝廷的监管，如"明万历三十年（1602）十一月，内官奏山西煤窑，每年变价五千两，有旨开取"[①]。明代民窑，由商人在朝廷监管下经营，开采者可能煤户和居民兼有。山西众多州县皆有炭窑分布，如，边墙以南地区大同、怀仁有炭窑。[②] 大同地方煤炭资源丰富，一些煤层分布较浅，除了煤窑开采以外，军民甚至零星挖掘，以资自用。明朝对煤炭行销实行抽分，此类煤炭挖掘边民曾被苛责纳税。正统十二年（1447），有司官员上奏，"大同山西数处产有石炭，军民小户自取烧用亦被巡拦抽分纳课，深为不便"，得旨"军民自取石炭免纳课钞"。[③]

与明朝相比，清朝在煤炭开采与管理政策上有了很大变化，体现在"招商办理"和"领取窑照"等两大措施上。

清朝煤矿资源，官民皆可开采，"清初鉴于明代竞言矿利，中使四出，暴敛病民，于是听民采取，输税于官，皆有常率。若有碍禁山风水，民间庐墓，及聚众扰民，或岁歉谷埇，辄用封禁"[④]。清朝鉴于明朝官窑的弊病，官办煤窑改而采用"招商办理"的办法。清朝全国范围内实行招商办理煤窑，山西、广西、京师附近的官窑皆引商承办。值得指出的是，尽管煤窑"招商办理"，但其所有权依然属于官衙。与此相对的则是民窑，商人自办煤窑，所有权归属商人。

无论是"招商办理"的官窑，还是商人自办的民窑，清朝对其

---

① 雍正《山西通志》卷四十七，《钦定四库全书》第543册，文渊阁四库本，台湾：商务印书馆1983年影印本，第522页上。

② 成化《山西通志》卷六，《四库全书存目丛书》史部第174册，成化十一年刻本，齐鲁书社1996年影印本，第164页上。

③ 《明英宗实录》卷一百五十八，正统十二年九月乙卯，上海书店1982年影印本，第3085页。

④ 《清史稿》卷一二四《志九十九》，中华书局（内部发行）1976年版，第3664页。

都有一整套管理制度。简而言之，开办煤窑的商人，须向官衙提出开办申请，官衙批准发给"照票"，也称窑照、煤照、龙票，等等，商人开办煤窑，并定期向官府交纳课税。《从万历到乾隆——关于中国资本主义萌芽时期的一个论证》一文中，录入了乾隆时期官府发给窑商徐友松的窑照。[①] 窑照主要记载了窑商的基本信息，窑商的义务，煤窑开采地点和范围，煤窑转让手续，等等。需要解释的是，前文所提"听民采取"，并非民间任意采取，而是按照朝廷规定允许民间采取。不经允许，或未获得窑照而开设煤窑的商人，按例受到惩罚。康熙年间，民人徐度忠在陵寝附近私自开煤窑，被责罚充军，煤窑停产。[②] 康熙以后，商人因无照私开煤窑而依律治罪之事，时常有之，《朱批奏折》和《刑科题本》中多有记载。

明代，边墙以南地区煤炭资源"听民开采"，官窑与民窑并存的前提下，官窑开采占据主体，兼有军民零星自取的开采方式。清代，煤炭资源管理较前代相对严厉，尽管"听民采取"，但通过颁发"窑照"等政策，将煤窑纳入管理当中，同时官窑实行"招商办理"的管理方式。明清煤窑经营和管理变化，凸显出管理制度化和煤窑商业化趋势。

（三）煤炭商品性生产的诸侧面

煤炭，作为燃料资源，是明清边民不可或缺的生产和生活物资，寒冬取暖、饮食生活、冶金矿业生产都离不开煤炭。由于山西边墙以南地区煤炭资源丰富，边民或开窑挖掘，或零星自取，清代民窑兴盛。尽管明清存在军民零星自取行为，但办窑生产始终是主要开采方式。由于明清煤炭商品生产史料的缺乏，边墙以南地区煤炭商品性生产规模也很难估计，但煤炭作为商品而流通于市场却是

---

① 窑照全文内容见于邓拓先生的《从万历到乾隆——关于中国资本主义萌芽时期的一个论证》（《历史研究》1956 年第 10 期）。

② 《清圣祖实录》卷一百四十一，康熙二十八年六月戊辰，中华书局 1985 年影印本，第 546 页下。

不争的事实。这里从物产记载、煤炭课税和煤炭交易等诸方面说明煤炭商品化现象。

明清方志中"物产"分类，其中"货属"类，记载了本地物产作为主要商品流通于市面或运销其他区域。因此，某种程度上讲，"货属"类物产代表了地域性商品生产种类。清代，左云、平鲁、朔州、马邑等地所产煤炭，皆记载于"货属"之类。① 道光《大同县志》载，大同县"货属有石炭、礬、盐、碱、靛、红土、包黄、白土、石灰、砂器、磁器、瓦器"②。可见，在许多州县城煤炭作为主要商品流通于市场，也反映煤炭商品性生产的发展程度。

明清煤炭开采需要向朝廷缴纳课税，煤炭课税的记载亦反映煤炭商品性生产的程度。山西边墙以南煤窑亦要按例缴纳课税，称之为煤税。嘉靖三十一年（1552），大同受灾，明朝以煤税等税课预支官军月粮。"（嘉靖）三十一年，令大同全灾卫所，预放官军月粮两月，仍以该镇煤税、盐税等银，及预备仓粮赈济。"③

明代以来，商业市场上存在专门充当买卖双方交易中介的牙人或牙行。牙人，抽取交易中介费，同时向官府缴纳牙税，领有牙帖。尽管朝廷对官牙废置不一，但牙人所承担的商业活动始终存在，直到近代也有商号专门从事牙行活动。明代以来，山西边墙以南地区州县煤炭商业活动频繁，以致形成专门负责煤炭生意的牙人，称之为"炭牙"。

大同城，各种斗牙共310名，"上则牛驴牙共五十七名，上则泥靛补衬牙一名，上则旧棉花牙一名，上则铁牙共六名，上则绒毛

① 雍正《朔平府志》卷七，《中国地方志集成·山西府县志辑》第9册，雍正十三年刻本，凤凰出版社2005年影印本，第216页上。

② 道光《大同县志》卷八，《中国地方志集成·山西府县志辑》第5册，道光十年刻本，凤凰出版社2005年影印本，第105页下。

③ 万历《大明会典》卷十七《户部四》，《续修四库全书》第789册，万历内府刻本，上海古籍出版社2002年影印本，第308页下。

牙共六名，上则旧棉花麻牙一名，上则补衬麻牙一名，下则炭牙共四十九名"[1]。另，大同县所辖各城堡亦有炭牙，如，"聚落城上则斗牙一名，下则炭牙共九名；许堡下则炭牙一名；得胜堡上则斗牙共三名，下则炭牙共六名；安赐堡上则斗牙一名，下则炭牙一名；拒墙堡上则斗牙二名，下则炭牙一名；镇河堡上则斗牙一名，上则油牙一名，下则炭牙二名，下则鞭杖牙一名；镇川堡上则斗牙一名，下则炭牙二名；镇边堡上则斗牙三名，下则炭牙一名"[2]。其他州县市场均有炭牙，炭牙的广泛存在充分说明了大同地区煤炭交易的频繁，也表明该地区煤炭商品性生产的特征。

第二节　边墙以北主要商品的生产

一　明清粮食生产的商品化

边墙以北地区，明代长期属于蒙古部落游牧地，先后统辖于几个部落政权。嘉靖年间，随着俺答部落崛起并经营"板升"地区，其部族游牧于此。清代，随着汉民迁入，清朝在此设厅置官，该区域分别隶属归绥六厅、山西朔平府和大同府。边墙以北地区，地处农牧交错带，气候宜农宜牧，其属土默特地区，地势平坦、灌溉水源充足、土壤较为肥沃，成为粮食生产优选地带。明代，囿于农业劳动力和技术，粮食生产规模有限，基本属于自给性质。清代，随着汉民迁入，官民推行农业开垦，粮食生产量大大提升，土默特地区成为商品粮食输出地。

（一）粮食生产的自然环境与粮食结构

就气候而言，明清时期边墙以北地区，与全国气候变迁特征类

---

① 道光《大同县志》卷八《风土》，《中国地方志集成·山西府县志辑》第5册，道光十年刻本，凤凰出版社2005年影印本，第120页下。

② 同上书，第121页上。

似，进入小冰期，近代以来稍有回暖的趋势，[①] 但是，气候整体特征相差不大。边墙以北地区，属于温带半干旱气候区，可细分为阴山前山丘陵温暖半干旱气候和土默特平原温热半干旱气候区，两者略有差异。"阴山前山丘陵温暖半干旱气候区，年平均气温 3 摄氏度至 5 摄氏度，大于或等于 5 摄氏度的积温 2600 摄氏度至 3200 摄氏度，间日数 170 至 190 天，大于或等于 10 摄氏度积温 2300 摄氏度至 2900 摄氏度，间日数 125 至 150 天，大于 2 摄氏度的无霜期 100 至 120 天，年降水量 350 至 450 毫米。"[②] "土默特平原温热半干旱气候区，包括包头市、土默特左旗、土默特右旗、呼和浩特市大部、托克托县、和林格尔县西部。年平均气温 6 摄氏度至 7 摄氏度，大于或等于 10 摄氏度积温 2900 摄氏度至 2300 摄氏度，大于 2 摄氏度积温无霜期 120 至 140 天，年降水量 350 至 450 毫米。"[③] 可见，土默特平原地区积温较东部丘陵地区高，比较适宜农业生产。

除了气候以外，农业赖以生存的土壤和水源条件在土默特平原与阴山前山丘陵两地差异较大。土默特平原，北靠大青山，南临黄河与黄土高原，由黄河及其支流冲积而成。土默特平原内，河流众多，有黑河（伊克土尔根河）、昆都仑河、五达河、迈达里河、紫河等。河流冲刷带来的淤积黏土、砾石粗沙，"往往积成一厚层，而敷布阴山南麓附近，故有许多表土较薄，地力窳劣之处，但一经深耕，则表土与黏壤之心土混合，即适耕垦矣"[④]。以行政建置厅而言，土默特平原境内土壤情况是：归化城厅约为黄白砂土，黑色卤土，色黑质胶黏，膏腴异常；萨拉齐厅约为砂砾壤土、黄淤土、红

① 内蒙古自治区气象局编：《内蒙古自治区志·气象志》，气象出版社 2005 年版，第 68 页。

② 同上书，第 59 页。

③ 同上书，第 60 页。

④ 绥远通志馆编纂：《绥远通志稿》卷七《土质》，内蒙古人民出版社 2007 年版，第 1 册，第 497 页。

黏土四种，除了少数红土质田地不适于农耕外，其他黑淤土、黄砂土等质皆系最佳之壤土；托克托厅大部分为微黑色夹土，次为红黑黏土与黄砂土，多数土壤性亦肥沃；和林格尔厅大都为黄色细沙壤土，卤土亚之；清水河厅大都为灰色砂砾壤土，东南一角有黏土，性膏腴；宁远厅香火地东部为黄淤土，质性膏腴，淤泥滩一带多为黑淤性黏土，膏腴不亚于香火地。① 阴山前山丘陵境内河谷地带，武川厅、丰镇厅、兴和厅和陶林厅也有部分肥沃土壤分布。总体而言，与阴山前山丘陵相比，土默特平原地势平坦，水源充足，土壤肥沃。

从自然环境上看，边墙以北地区宜农宜牧，明清种植业以粮食为主，粮食结构因环境限制而特征显著。据《古丰识略》中"物产"记载，该区域粮食种类有谷、粱、菽、麦、黍、稷等。② 另外，《绥远通志稿》中也记载了当地粮食结构，高粱、小麦种植面积最广，莜麦、糜子是当地人日常主要的食物，荞麦是补充性重要食物。③ 从以上记载看，明清这里的粮食种植业中，以小米、高粱、小麦、糜子等为主，皆为耐寒耐旱作物。这与边墙以南大同地区的粮食结构十分相似。

（二）明代粮食生产及其自给性

因气候、地形和水源等自然环境的差异，边墙以北地区阴山前山丘陵与土默特平原等两地粮食生产条件悬殊，土默特平原较适宜粮食种植业生产，因此农业开发较早。

嘉靖年间，寄居于归化城土默特平原的汉人已经从事农业生产

---

① 绥远通志馆编纂：《绥远通志稿》卷七《土质》，内蒙古人民出版社 2007 年版，第 1 册，第 499—506 页。

② 咸丰《古丰识略》卷三十九《土产》，选自《中国地方志集成·内蒙古府县志辑》第 6 册，咸丰十年钞本，凤凰出版社 2012 年影印本，第 751—756 页。

③ 绥远通志馆编纂：《绥远通志稿》卷二十《农业》，内蒙古人民出版社 2007 年版，第 3 册，第 98—100 页。

活动，并得到蒙古部落首领的认可与鼓励。嘉靖二十五年（1546），俺答汗见土默特平原已经种植"谷、黍、秫、蜀、糜子"①，为资部民，大力鼓励农业生产。因边外农业生产资料的缺乏，俺答汗多次遣使入贡，请求明朝赐予耕具、种子等物。嘉靖二十六年（1547），俺答汗"大会保只王子、吉囊台吉、把都台吉曰：'吾终欲请入贡，备外臣朝请，请瓯脱耕具及犁楼种子，因归耕，以冀旦莫愉快，幸勿复入寇'"。② 明朝因惧怕俺答部落借机南掠边民，或利用铁制农具再造兵器而拒绝其请求。尽管俺答汗借助通贡索求农业生产资料的企图未能实现，但其发展农业的夙愿在妥善安置汉人的基础上得以完成。

明代，山西汉人逃往土默特地区，多属军事避难，或另有政治企图。嘉靖初年大同兵变，部分官民为避难而逃亡边外；嘉靖三十三年（1554），大同白莲教徒萧芹、丘富等数百人逃往边外，《万历武功录》记载为"先是，俺答渐与小王子不相下，既得汗天子金币，喜扬扬，甚自得，以为持归是可以矜夸小王子矣。行至拾字庄窝西沟，逢萧芹、丘富、吕明镇、闫仓等。芹，故左卫人，而富亦卫舍余也，夙习白莲教，党与几百，并亡于虏，自以为次王，与谋中国"③。这些逃亡而来的汉民不下万人，至隆庆初年"大小板升汉人可五万余人，其间白莲教可一万人，夷二千余人，皆有酋长"④。

对于这些逃亡而来的汉人，俺答汗准许他们寄住其地，并重用"有识之士"，发展农业生产。白莲教徒萧芹、丘富等人，被俺答赏

---

① （明）瞿九思著，薄音湖点校：《万历武功录》卷七《俺答列传上》，选自《明代蒙古汉籍史料汇编》第四辑，内蒙古大学出版社 2007 年版，第 45—46 页。

② 同上书，第 47 页。

③ 同上书，第 59 页。

④ （明）瞿九思著，薄音湖点校：《万历武功录》卷八《俺答列传下》，选自《明代蒙古汉籍史料汇编》第四辑，内蒙古大学出版社 2007 年版，第 82 页。

识，"以为小酋"，确立其头领地位，"丘富教虏以火食屋居，房居之，辄撼有声，不敢入，乃筑板升以处芹等"。① 这批寄居的汉人是土默特农业发展的开拓者，筑造房屋定居，"置农器种禾"②。农业种植的规模，虽然没有直接史料记载，但从数万汉人的寄居情况看，其粮食种植应初具规模。

在蒙古俺答汗的鼓励政策之下，逃亡边外的汉人寄居其地，并将粮食种植业引入土默特平原地区，从而使塞北出现粮食生产地带。尽管土默特平原地区的粮食种植业兴起，但就边墙以北区域人口所消费的总量而言，其生产规模明显不够自给自足。

蒙古部落酋长，在多次请求明朝通贡贸易时，将粮食列入索求的物资之中，这很大程度上表明蒙古部落粮食生产的有限性。如，嘉靖三十年（1551）四月二十五，明蒙互市于大同镇羌镇堡。因交易时间紧迫，双方互相交易的商品为马匹和缎布。蒙古贵族脱脱请求明朝允许以蒙古牛羊交换明朝粮食，即菽和粟。③ 尽管明朝采用延缓之策并未恩准此次请求，但反映出蒙古粮食的短缺，以及蒙古部民对粮食的渴望。

边墙以北地区粮食生产基本属于自给性质，况且其生产数量还不足以满足蒙古部民生活所需，沿边部民的粮食需求仍依赖边墙以南地区的供给。王崇古在《酌许虏王请乞四事疏》中，详细记载了顺义王粮食生产和黄台吉乞求粮食的情况。

> 夫虏中以粟帛为衣食，故捐生抢掠而无忌……今既不敢犯

---

① （明）王士琦：《三云筹俎考》卷一《安攘考》，选自《中华文史丛书》第28册，明万历刻本，台湾：华文书局1968年影印本，第198页。

② （明）瞿九思著，薄音湖点校：《万历武功录》卷七《俺答列传中》，选自《明代蒙古汉籍史料汇编》第四辑，内蒙古大学出版社2007年版，第64页。

③ 《明世宗实录》卷三百七十六，嘉靖三十年八月壬戌，上海书店1982年影印本，第6690页。

边，日无一食，岁无二衣，实为难过。天朝恩泽如海，望乞请给抚赏，以度生命等因。在顺义王臣谕以彼拘留板升被卤万人，种田千顷，岁收可充众食。边方钱粮有限，养军尚不足用，何能兼给万虏。本王亦知自给，尚尔求索。老永二枝，去边隔远，求索亦少。惟黄台吉部落延近住边，素称穷悍无赖，冬时尚恃打猎，春来愈见狼狈，有畜者每次于巡边各口，求官权易。一牛易米豆石余。一羊易杂粮数斗。无畜者或驮盐数斗，易米豆一二斗，挑柴一担，易米二三升。或解脱皮衣，或执皮张马尾，各易杂粮充食，其瘦饿之形，穷困之态，边人共怜之。①

可见，生活于土默特平原地区的顺义王，招民垦田数千顷，尚且仅仅维持自给，沿边其他诸部落更少生产粮食，基本依靠"小市"交换或明朝抚赏获得。明朝为了抚慰酋长，于贡市之际，抚赏诸酋，给以粮米、布帛，并准许开立沿边小市。"其巡边各口，每遇虏酋执书求小市。查照臣原议，听参将守备官准令边外各以牛羊皮张马尾等物，听军民以杂粮布帛，两平易换，量抽税银，以充抚赏，庶虏中贵贱贫富，各遂安生。"②

明前中期，蒙古部民对粮食的获取，主要通过军事掠夺的方式，明中后期俺答汗转变政策，发挥土默特平原宜农宜牧的自然环境优势，利用逃亡而来的汉人，发展粮食种植业。因农业生产资料有限，尤其是农业人口不多，其生产的粮食充其量满足土默特地区民众，其余地区的蒙古部民所需粮食仍然依赖沿边"小市"。可见，明代边墙以北地区的粮食生产仅仅属于自给性质。

---

① 王崇古：《酌许虏王请乞四事疏》，《明经世文编》卷三百十八，中华书局 1962 年影印本，第 4 册，第 3376—3379 页上。

② 同上书，第 3376—3379 页下。

（三）清代农业垦殖与商品粮输出地的形成

清代，边墙内外一统，限制人口流动的政治因素大为削弱，在军事、经济因素带动下，大量汉人出边谋生，掀起了两次人口流动浪潮。[1] 大批迁徙而来的汉人将其农业生活方式带入，极大地拓展了粮食生产面积，大大增加了其地粮食产量。与明代粮食生产相比，清代粮食种植业无论是区域分布，还是粮食总量都有显著的发展。明代粮食种植业主要集中在环境优越的土默特平原，清代土默特以东的丘陵河谷地带也逐渐发展农业。

土默特平原，明代粮食种植业已初具规模，入清以后随着农业人口增多，粮食产量增加，并有富余外销他省。雍正三年（1725），"归化城土默特地方，年来五谷丰登，米价甚贱"[2]。乾隆二十七年（1762），"归化城五厅地方，土肥田广，粮裕价贱。如购买积贮，内地遇有需用，可就近拨济"[3]。乾隆年间，山西米价腾贵，或荒年缺粮，清朝均从土默特平原运粮平粜或赈济。[4] 据张世满先生研究，土默特平原放垦的庄头地、马厂地、大粮地、蒙古人的户口地都是产粮重要来源，"当地所产粮食正常年景可以剩余约 90 万石，能满足 60 万人一年之需"。[5] 尽管这个余粮数量是根据劳动力正常产出数量和消费数量估算而来的，但也足以反映土默特平原已经成为余粮区的事实。清末，土默特平原已基本开垦为农田。如表 1—5 所示，包括归绥、萨拉齐、武川、托克托、清水河、和林格尔等县的土默特平原有 66400 余顷良田，年产粮食约 2477000 石，一些县境粮食远销山西、陕西、京师一带。或许正因为土默特粮食产量多，

---

① 详细论述见于本书第三章第三节中"人口流动与边墙以北人口地域分布"。

② 《清世宗实录》卷三十四，雍正三年七月癸亥条，中华书局 1985 年影印本，第 523 页上。

③ 《清高宗实录》卷六百七十一，乾隆二十七年九月己丑条，中华书局 1985 年影印本，第 505 页下。

④ 详细论述见第二章第二节中"官道拓展与商路新发展"。

⑤ 张世满：《逝去的繁荣：晋蒙粮油故道研究》，山西人民出版社 2008 年版，第 51 页。

所以被誉为"米粮川"。

　　除土默特平原之外，阴山前山丘陵亦出现农业垦种活动，所产余粮供销他省，成为商品粮输出地之一。如表1—5所示，丰镇、兴和、陶林每年皆有大量粮食供外销。据此推算，阴山前山丘陵有农田约45700顷，粮食年产量约110万石，各县都有粮食外销，丰镇、兴和尤甚。

表1—5　　　　　　　清末土默特农田及粮食生产情况表①

名称	田地数	粮食产量状况
归绥县	实种田地14000余顷	农产物年约共产各种谷物70万石。
萨拉齐县	实种田地约18200余顷	农产物谷物以糜、谷、高粱、豆、麦、麻、黍为大宗，全年共产各种谷物约86万石。
武川县	实种田地约8000余顷	农产物谷类年总额约为26万石。各种谷物输出外县者，以莜麦、小麦居多，境西者多运销于归绥，境东者则多在集宁，每年输出约占产额十之三、四。
托克托县	实种农田约8000余顷	各色食粮年约共产23万石，每年有三分之一运销外埠，其余均供县民食用。
清水河县	实种田地10200余顷	农产谷物年约共产12万石，全县每年所产谷物，大部分供境内居民食用，输出境外者仅十分之二也。
和林格尔县	实种田地4000余顷	农产谷物年约共产97000石，各种谷物，仅足供境内居民食用，少输出者。
丰镇县	实种农田约27000余顷	全年共产各种谷物70余万至80万石，输出外省者为数亦巨，计谷子年约三万余石，胡麻约万余石，菜籽一项，本地用途甚少，全数输出，小麦、豆类，平津粮商亦不时入境采买，每年输出亦多。
兴和县	实种田地约12000余顷	各种食粮年约共产20余万石，十之五、六输出外省。
陶林县	实种田地6700余顷	各种谷物年约共产10余万石，大部供境内居民食用，输出境外者为数寥寥也。

---

　　① 绥远通志馆编纂：《绥远通志稿》卷二十《农业》，内蒙古人民出版社2007年版，第3册，第108、114、120、123、132、134、137、139页。

由上可知，清代随着边墙以北农业垦殖规模扩大，粮食生产总量大大增加，边外由明代粮食输入地转变为商品粮输出地。以下几则零星的史料记载也表明了这一历史转变。

光绪初年，发生于华北地区的"丁戊奇荒"，山西多数州县民生交困，而边墙以北地区粮食照常丰收。清朝官商于口外购买商品粮，是山西救灾粮食重要来源地，史载"丁戊，山西大祲，口外丰收，经前北镇张建侯军门在口外买粮，由黄河运至碛口，省南赖以全活者甚众，百姓至今感之"①。光绪十八年（1892），"归化城厅山后粮地各村及茂明安各旗，地方辽阔，纵横几及千里，去年禾麦无收，今年被旱尤甚，人心岌岌"②。清朝除调用土默特各县粮仓库存粮食外，仍"由包头采买市斗杂粮一万九千余石，……托城河口采买谷子市斗二千石、小米市斗一千石、杂粮市斗二百二十石"③。

边墙以北农垦区盛产糜子，"脱皮曰糜米，各县亦均种之，与小米同功，绥西各县出产尤多，亦农村中主要食物，炒熟曰炒米，往年蒙人来绥购运，号为大宗"④。可见，该区域所产商品粮输往北部蒙古地区。不仅如此，东部直隶地区也是该地商品粮输出地。"本省农作物，自以谷物为主要，输出外埠者至巨，而以油料、小麦、小米为大宗，沿平绥线各大站，终年粮袋堆积，运输平津不绝。"⑤虽然这条史料描述的是民国时期的粮食运销情况，但清代边墙以北地区粮食输往北京等地的情况大体相当。

综上所述，边墙以北宜农宜牧地区，清代随着口内汉人的移入，农业垦殖规模进一步扩大，粮食总量大大增加，不仅在

① 光绪《归化城厅志（一）》卷六《济恤》，《中国地方志集成·内蒙古府县志辑》第3册，光绪年间抄本，凤凰出版社2012年影印本，第386页。
② 同上书，第374页。
③ 同上书，第375页。
④ 绥远通志馆编纂：《绥远通志稿》卷二十《农业》，内蒙古人民出版社2007年版，第3册，第100页。
⑤ 同上书，第106页。

境内销售，也时常销往山西、蒙古、直隶地区。这种转变趋势，突破明代以来粮食生产的自给性，演变成为口外商品粮重要输出地。

二 明清牧业衰退与商品化加强

牧业，是北方蒙古族营生的主要方式，也是其赖以生存的经济基础。作为农耕民族与游牧民族相互碰撞的前沿地带，宜农宜牧的自然环境导致边墙地区的牧业发展与该地区的政治联系更为紧密。由于明清两朝，该区域政治环境的变化，使在此居住人群的经营方式发生了很大的变化，因此在不同时期，牧业发展也呈现出完全不同的特点。

(一) 明代牧业的发展

元末明初，明朝依靠强盛的军事力量，统一大江南北，并数次越过边墙打击涣散的北元势力。为巩固边疆，明朝在边墙沿线构建军事防御体系，甚至边墙以外也驻扎卫所军士。但是，这种积极的防御体系随着蒙古势力的强大而渐转消极。自正统以后，山西边墙以北地区基本脱离明朝控制，沦为蒙古部落管辖区。这种政权版图的变动，对两种不同经济文化的族群来说，意味着区域经济类型的转变。这一时期，边墙以北地区牧业经济得到充分发展。

明代该区域的牧业经济发展至何种程度？牧业生产规模有多大？由于缺乏史料记载，难以得知详情。但从该区域蒙古部落驻牧情况可以窥见其牧业经济发展的大致规模。

明朝出于防范蒙古寇边的需要，不仅在沿边筑建城堡，构建大同镇防御体系，而且详细掌握各边堡附近的驻牧部落。大同总兵杨时宁纂修的《宣大山西三镇图说》就保留了当时蒙古部落驻牧情况，如表1—6所示。

表1—6 明代后期山西边墙以北地区蒙古部落驻牧情况表

	边堡	驻牧地区	边堡附近蒙古驻牧部落	数量
1	镇羌堡	边外柳河山海子	黄金榜实部落、威静倘不浪部落	2
2	弘赐堡	边外牛心山	顺义王等部落	1
3	镇边堡	边外海子东岸孤山腰大山一带	毕兔恰部落、独恰部落	2
4	镇川堡	边外威宁海附近	把都尔倘不浪部落、扯布部落	2
5	拒墙堡	边外平山大虫岭	酋首歹成台吉部落、耳六蛇进部落	2
6	阳和城	边外二十里鹅沟	兀慎台吉部落、男朝台吉部落、屹力哥倘不浪部落	3
7	天城城	边外麻地沟	酋首敖卜燕部落	1
8	守口堡	边外威宁海子，黄河套等处	酋首朝库尔倘不浪部落、铁盖部落、都都恰着力部落	3
9	靖房堡	边外柳沟大尖山	酋首把都尔捨金部落、满骨素等部	2
10	镇门堡	边外鹅沟	酋首敖不艾铁木尔部落	1
11	镇口堡	边外乾沙沟	老塞哑失户部落	1
12	镇宁堡	边外野马川回回墓	酋首威敬恰尔部落、克脑歹言倘不浪部落	2
13	新平堡	边外小古城，榆林旧县	边外五路台吉部落、松木尔台吉部落	2
14	平远堡	边外红花林回回墓，头二道兴河，小白海	下石宝部落、成比妓察汉儿比妓部落、哈赖倘不浪部落	3
15	保平堡	边外腰大山	酋首五路台吉	1
16	桦门堡	边外发放牌插沟、旧榆林县	兀慎朝台吉守口夷人部落、羊羔素部落、明暗倘不浪部落	2
17	灭胡堡	边外宁边河、照壁山、黑石崖	酋首威宰生部落、常克尔板布部落	2
18	将军会堡	边外黑青山一带	酋首歹言恰部落	1
19	平虏城	边外汾水河一带	酋首小四台吉部落	1
20	迎恩堡	边外泥河儿一带	大成台吉部落、阿郎捨儿圪炭部落	2
21	败胡堡	边外灰河一带	酋首猛克气部落	1
22	阻胡堡	边外乾河沟一带	酋首以速贵部落	1
23	左卫城	边外威宁海子	酋首狗儿哥耳六部落	1
24	右卫城	边外大松树旧玉林一带	酋首哈喇托托儿扯布部落	1

续表

	边堡	驻牧地区	边堡附近蒙古驻牧部落	数量
25	马营河堡	边外旧玉林城迤西一带	酋首恰台吉长男虎儿害恰下部落、首领抹儿兔部落	2
26	破胡堡	边外大松树山、丰州川、威宁海	酋首黄金吉下首领克丝尔太部落、酋首歹鸦扰尔部落	2
27	杀胡堡	边外归化城、昭君墓	酋首羊羔儿虎儿害部落、恰哑不害恰部落	2
28	残胡堡	边外沙城一带	酋首卜冶素倘不浪部落、歹言恰虎儿恰部落	2
29	马堡	边外昭君墓丰州川	酋首马洪恰海赖部落、把都牙害倘不浪部落	2
30	铁山堡	边外小松山、长沟	酋首一克哈喇兔部落、打克赖恰首领敖托儿气部落	2
31	三屯堡	边外土城一带	酋首兀兰把喇素部落	1
32	助马堡	边外凉城儿一带	酋首黄金榜实部落、摆户恰部落	2
33	堡安堡	边外界牌沟九龙沟玉林城一带	酋首黄鹅儿卜着素孙倘不浪部落	1
34	拒门堡	边外水泉儿滩周家岭一带	酋首黄金榜实卜落气部落	1
35	宁虏堡	边外土城一带、传家岭毡帽山一带	酋首兀兰把喇素部落、宰生倘不浪羊羔儿部落	2
36	灭虏堡	边外丰州云内一带	黄金榜实土骨赤部落	1
37	威虏堡	边外车寺沟花山子齐头山一带	酋首台赖部落、酋首母忽儿火同部落	2
38	威远城	边外泥河儿	酋首海不宛下打喇兔部落	1
39	威胡堡	边外乡水河大营盘一带	酋首海不宛莽禄部落	1
40	云石堡	边外马耳山长沟一带	多罗土蛮部落	1
总计		边墙以北地带		65

备注：倘不浪，蒙语音译，官家女婿之意；舍金，表示某类人身份，可能是倘不浪儿男（忒莫勒：《蒙古语地名"倘不浪"、"设进"、"舍金"来历含义》，《朔方论丛》2013 年第3 辑）。

由表1—6可知，就史料所反映的情况而言，明后期大同边外有65个部落驻牧。如图1—2所示，以上统计部落几乎位于边墙沿线，边墙以北较远地区尚未完全统计在内。如计算边墙以北其他地区，加之史料未载的蒙古部落，其数量远远超过目前统计情况。明中后期蒙古几次大规模犯边的军队数量可以佐证这一事实。正统年间，也先率部众20万人南掠；嘉靖年间，俺答汗先后率部数十万人直抵京城。虽然明朝官军为强调事态严峻而时常过高统计蒙古军数量，但也反映此时期蒙古部民众多的历史事实，保守估计，边外蒙古部民总数应不少于10万人。

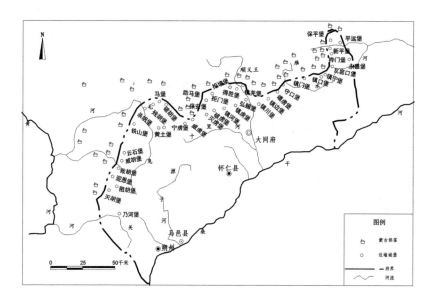

图1—2　明中后期大同边外蒙古部落分布示意图①

边外牧民以牧业为生，生活各种所需皆取于牧业产品，或直接食用，或用其交换其他物资。如嘉靖三十年（1551），脱脱请明朝允许蒙古贫贱部民以牛羊交换粮食等物资。由此推知，即使一户牧

---

① 底图来源为《中国历史地图集·元明时期》，中国地图出版社1982年版，第54—55页。

民所养羊群、马群等也不应占少数。由于史料所限，难以得知当时蒙古畜牧马羊的具体数量。但以前文保守估计的十万蒙古部民推算，其所畜养的马羊数量至少有数十万，甚至多达百万。明中后期，明蒙双方建立长期的马市贸易往来关系。蒙古人在马市上用以交换的马匹仅占其畜牧的少部分，但很大程度上可以反映蒙古牧业生产的繁荣状况。

嘉靖三十年（1551）四月，俺答与明朝先后两次互市于大同镇羌堡，据史道奏言，这两次交易，明朝共得马4771匹。[①]隆庆五年（1571）五月和七月，明朝分别与俺答部、摆腰兀慎、多罗土蛮等部互市于得胜堡、新平堡和水泉营附近马市，官市交易马匹约5000匹，官民市交易牲畜约计20000头。[②]隆庆六年（1572），四月二十九至五月初九，明朝与俺答、多罗土蛮、委兀慎等部落于山西水泉营马市交易，官方交易马共2378匹，商人交易马驴骡牛羊共2209头；八月二十九至九月初九，明朝与俺答部落于得胜堡马市交易，官方交易马为3562匹，商民交易马牛驴羊1197头。[③]据此统计，此次官市交易马约6000匹，官民交易牲畜约计万头。

万历元年（1573），明朝与蒙古山西官市交易马达11000匹；万历二年（1574），其数量为12500余匹。[④]一般而言，商民交易更为普遍，往往多于官市交易量，如将其计算在内，万历时期明蒙牲畜年交易量应超过两万匹。与嘉靖隆庆年间相比，交易量显著增多，这也表明边外牧业生产持续发展的现象。

（二）清代牧业的衰退

入清以后，蒙古内附，以边墙为界的人文政治格局彻底消失，

① （明）瞿九思著，薄音湖点校：《万历武功录》卷七《俺答列传上》，选自《明代蒙古汉籍史料汇编》第四辑，内蒙古大学出版社2007年版，第58页。

② （明）瞿九思著，薄音湖点校：《万历武功录》卷八《俺答列传下》，选自《明代蒙古汉籍史料汇编》第四辑，内蒙古大学出版社2007年版，第93—94页。

③ 同上书，第98—100页。

④ 同上书，第102页。

取而代之的是统一王朝的建立。统一的政治格局，为边墙内外人口流动提供了政治基础。清初以来，以军事物资需求的招垦带动了内地汉民蜂拥出边谋生，形成人口流动的两次高潮。[1] 大量汉民进入，普遍推广农耕方式，甚至一些蒙古人在利益的诱导下转而从事农业生产。这给边墙以北地区牧业生产造成重大影响。

明代，在蒙古人的活动下，边外的牧业生产占绝对优势，零星分布的种植业只是补充，所产粮食尚且不足自给。清代，在朝廷的干预下，种植业逐渐扩展，这种扩展的趋势随着汉民的进入而进一步增强。在种植业排挤下，牧业生产渐渐衰退，主要体现为牧场面积大大缩小和居民营生方式有所转变。

清代边墙以北地区的自然环境宜农宜牧。清初以来，该区域种植业面积逐步扩大，"在清末大规模放垦之前，绥远地区的农业已经有了相当的发展。经过明清以来持续不断的开垦，绥远地区的宜农土地大致已开垦完毕"[2]。种植业面积的扩大是以牧场面积减少为代价的，换而言之，这意味着清初以来牧地面积的锐减。乾隆八年（1743），"土默特两旗蒙古共四万三千五百五十九口，原有地亩、牧场及典出田地共七万五千四十八顷有奇……除牧场地一万四千二百六十八顷有奇外，现在田地多余之人一万六千四百八十七口，耕地亩四万二千八百顷有奇。"[3] 可见，乾隆年间，土默特蒙民的土地已有80%开垦为农田，牧地面积不到20%。清末民国初年，边外大青山前已经鲜有牧场，牧地退移大青山后。"今各县农村，如归、萨、和、托、丰、凉。开辟既久，皆专重农事，牧畜之地已少，中部唯清水河以北山地硗瘠。仍多兼营养羊，以助农获之不足。此外如沿后山一带之陶、武、固，绥西之五、临、安各境内，利用茂草

---

① 详细论述见本书第三章第三节中"人口流动与边墙以北人口地域分布"。

② 牛敬忠：《近代绥远地区的社会变迁》，内蒙古大学出版社2001年版，第42页。

③ 《清高宗实录》卷一百九十八，乾隆八年八月壬子条，中华书局1985年影印本，第543页。

平原之场，孳生羊畜，到处为群，殆仍属农牧并重之区。"① 各县牧业情况如表1—7所示。

表1—7　　　　　　清末民国初年边墙以北地区牧业情况表②

	地区	位置	牧业情况
1	归绥县	山前	地多垦辟，各处草滩，皆作村畜公牧之场。全境内已无广大牧地。故无专营牧畜以为生业者。惟沿北山一带及南境黑河两岸。水草丰美，农家多以养羊为其副业。亦皆孳生有限。
2	萨拉齐县	山前	萨拉齐县与归绥西境相接壤，其垦辟情形亦略同。虽有荒滩数百顷，惟草不畅茂，故全县亦无专以牧畜为业者，间有少数以养羊为副业。多在沿山一带，以其便于牧放也。所养牛、马、驴、骡及猪畜，乃专供耕田、挽车或肉食之用，不以孳生为生。
3	丰镇县	山前	丰镇县为农业发达区，亦无专营牧畜者，仅于荒山水窖附近。农户有成群牧放牛羊者，余多饲养厩圈中，常年供劳作之用。
4	兴和县	山前	兴和县地势高亢，丘岗起伏，河流畅达，居民自昔以牧畜者称。清之季年，设厅之初，正当牧业发达时期，自后十年来，匪患频仍，各村羊、马群皆被掠夺，人有戒心，不敢孳养，牧业遂日渐衰落。近来虽安居乐业，而各农户多无大群，仅养少数，以为副业，专营牧畜已不多见矣。
5	托克托县	山前	托克托县因与归绥县西南境相连，垦辟亦甚早，已为完全农业发达区，阡陌纵横，无广大牧场可供牧畜。一、三两区内，虽有荒地千余顷，皆属盐碱沙滩，草不畅茂，故县民专营牧畜者绝少，农家仅于耕作之外，牧羊少数牛、马、驴、羊、猪各牲畜，以供劳役及肉食之用。
6	清水河县	山前	清水河县产业状况，大致与托克略同。近年已无专营牧畜者，为县境多山，草鸟易得，农田多瘠，收获微薄，居民养羊虽少大群，而大多数皆孳生少量羊只以为副产，补助生活。

---

① 绥远通志馆编纂：《绥远通志稿》卷二十一《牧业》，内蒙古人民出版社2007年版，第3册，第204页。

② 同上书，第231—241页。

续表

	地区	位置	牧业情况
7	和林格尔县	山前	和林格尔县与归绥南境接壤。土地多已垦种，无良好之牧场，惟一、二两区境内多沙瘠不堪耕种之地，居民利用作牧畜场，为农家一种副业也。
8	陶林县	山后	陶林县南境，亦有灰腾梁一段，与集宁境内者一脉连贯，而其气候草场情形，亦略同集宁。每至夏日，草高达二尺，不独本县人资以牧畜，即邻县之大宗牲畜，亦多就牧于此。每年牧马少则二三千匹，多可达万匹。又县北部名后大滩者，放垦较晚，荒地尚多，野草既茂，气候亦佳，附近蒙人且有驱其牛羊马群来滩牧放者。
9	凉城县	山中	凉城县境内有蛮汗山，即所谓九峰山也，长三十里，广二十里，山阴森林颇多，山阳野草畅茂，天然牧场也。附近农民每于农暇时，驱其所养之牲畜牧放于此。
10	集宁县	山中	集宁县辖境宽阔，草地颇多，二东西灰腾梁，尤岗峦起伏，丘壑连绵，野草畅茂，殆为各县之冠。境内挛养牲畜者，多集牧于此。
11	武川县	山后	武川县地居山后，土广人稀，虽已垦辟有年，而山坡荒滩，随处皆是，地势高亢，草茂气爽，极宜牧畜。凡耕凿于境之居民，每农牧兼营，农宜种麦，牧多养羊。

由表 1—7 可知，大青山前，尤其是土默特平原地区，如归绥、清水河、托克托、萨拉齐等地种植业的发展导致了牧场的消失，畜牧业仅成为居民生活的副业。大青山后及阴山前山丘陵地带（察哈尔西部）多山坡荒地，适宜牧业生产，依然保持牧业生产方式。从地域范围来看，清代牧业生产较之明代已大大缩小。从居民营生方式来看，由明代挛牧为生转而农牧兼营、牧业为辅的生产方式。这无不表明该区域清代牧业生产衰退的历史现象。

边墙以北地区的自然环境宜农宜牧，是农耕民族与游牧民族相互碰撞的前沿地带。明代，蒙古政权长期控制边外，蒙古族的营生方式促使该区域牧业生产的蓬勃发展。清代，蒙古归附，边墙内外统一，大量汉民陆续迁入此地，促使该区域农业种植业生产快速发展，直接导致原有牧业的衰退。

（三）明清牧业生产的商品化加强

如前所述，明代在蒙古势力强盛之下，边外牧业有了很大的发展。清代在农业开垦潮流的背景下，牧地面积缩小，居民以游牧为生转为农牧兼营，牧业呈现衰退的景象。与此同时，牧业生产也呈现新的趋势。

明代，边墙以北地区牧业有很大发展，牧放地域范围扩大，牧养牲畜数量增多。牧业产品除自给外，部分产品用以交换明朝粮食、绸布、茶叶、瓷器等生活必需品。明前中期，蒙古人主要通过军事战争获取明朝物资，明中后期则通过通贡贸易来实现其目的。自正统年间，大同初开马市，直到隆庆年间，明蒙双方达成议和，山西沿边开设大小马市约十处。这无不揭示明代边外牧业产品商品化的历史事实。尽管如此，但是限于明蒙政权对峙的格局，农牧产品交换主要依靠沿边马市，牧业生产大多自给。以牧业产品交换农业产品只是补充蒙古人对农耕物资所需。换而言之，蒙古人从事的牧业生产并非专门为了交换，商品化只是被动的补充而已。这种商品化的局限也来自明朝开设马市的动机。从马市开设的历史过程来看，明朝一直担心蒙古人借机南下，开设马市只是一种被迫的羁縻政策，妄想通过控制马市交易实现分化蒙古部落的政治意图。因此，明朝在马市的交易时间、交易商品和交易量等方面都有种种限制。

清代，山西边墙以北地区牧业生产的商品化程度大大提高。边外形成多处农牧产品交易市场，归化城发展成为西北皮毛牲畜交易中心，有专门性交易市场。"归化城牲畜交易约有数处，其马市在绥远城，曰马市；驼市在副都统署前，曰驼桥；牛市在城北门外，曰牛桥；羊市在北茶坊外，曰羊桥；其屠宰牲畜剥取皮革就近硝熟，分大小皮货行，交易在城南门外十字街，俗呼皮十字。"① 境内各厅治所都有交易市场，如清水河厅、萨拉齐厅、和林格尔厅、丰镇厅等。萨拉齐厅所辖包头镇，因为地处东西交通要道，迅速发展成为西北商品集散地。正因为边外市场的勃兴，境内各厅的牧业产品成为市场商品的首要来源。

清代，边外皮毛加工技术的引进与发展，不仅增强了牧业产品的商业化程度，而且促使牧业商品多样化。边外牧业产品虽然丰富，但大多是原料输出，如羊毛、牲畜皮等。其地居民，"皮革不能自韧，绒毛不能自织，亦惟与骨角类俱销于南贾而已。"② 清末民国时期，边外引进皮毛加工技术，如栽绒毛技术，"分为地、炕二种，早年来自新疆，色质胜而织工甚粗，俗谓西营毯，当地有织者，旧多辛集一派，殆清宣统年间，萨县教堂生徒，延师习制宁夏织法成功，渐至归、包各地亦起仿造"③。此外，皮袄、毛毡、马靴、皮革、奶酪等加工技术的成熟，扩大了牧业产品利用效益，牧养牲畜的毛、皮、肉、骨、奶等都是当地市场所需原料商品。边外出现商业性牧业生产活动，其余农牧兼营的居民从事的牧业也大多面向市场，以补充家庭经济收入。

其实，随着区域之间商业联系的加强，尤其是清末世界市场体系的初步形成，该区域牧业生产已经纳入商品市场体系之中。正如表1—8所示，牧业生产的牛羊骡马及其毛绒和皮张，都是远销外地的商品。

---

① 咸丰《古丰识略》卷二十《市集》，《中国地方志集成·内蒙古府县志辑》第6册，咸丰十年钞本，2013年影印本，第184页。

② 光绪《土默特旗志》卷八，《中国地方志集成·内蒙古府县志辑》第3册，光绪三十四年刻本，2013年影印本，第155页。

③ 绥远通志馆编纂：《绥远通志稿》卷十九《工业》，内蒙古人民出版社2007年版，第3册，第2页。

表1—8　　　　　清末民国山西边墙以北各县绒毛皮张商品销量①

	商品名	数量	商品名	数量	销路
归绥县	羊毛	66450 斤	羊绒	12190 斤	销往天津
	驼毛	170000 斤			销往天津
	羊皮	28000 张	牛皮	5500 张	销往平、津
萨拉齐	羊毛	44000 斤	羊绒	1200 斤	运销天津
	羊皮	28000 张			多数销于本县
	牛皮	1300 张			多数运往平、津
包头县	羊毛	70000 斤	羊绒	1200 斤	销往天津
	羊皮	95000 张	牛皮	1000 张	多销平、津
	驼毛	30000 斤			销往天津
丰镇县	羊毛	210000 斤	羊绒	10000 斤	销于天津
	马皮	400 张	驴皮	200 张	销于本县
	羔皮	1000 张			销于平、津
	猾子皮	1000 张			销于天津
	牛皮	2500 张			销于冀、晋
	羊皮	2500			销于天津、本县
托克托县	羊毛	5640 斤	羊绒	700 斤	多销于归绥县
	羊皮	7850 张	牛皮	1300 张	销于本县
清水河县	羊毛	1500 斤	羊绒	250 斤	多销于归绥县
	羊皮	9000 张	牛皮	300 张	本县自用
和林格尔县	羊毛	25000 斤	羊绒	7000 斤	销于归绥、天津
	羊皮	14000 张	牛皮	100 张	销于本县
陶林县	羊毛	4000 斤	羊绒	700 斤	运往丰镇转销天津
	羊皮	23000 张	牛皮	700 张	销丰镇、平、津
凉城县	羊毛	25000 斤	羊绒	5000 斤	运往丰镇转销天津
	羊皮	16000 张	牛皮	700 张	运往丰镇转销天津
兴和县	羊毛	10680 斤	羊绒	1000 斤	销往张家口
	羊皮	3090 张	牛皮	260 张	销往张家口
	马皮	50 张			销往张家口

————————

①　绥远通志馆编纂:《绥远通志稿》卷二十一《牧业》,内蒙古人民出版社2007年版,第 3 册,第 252—257 页。

	商品名	数量	商品名	数量	销路
集宁县	羊毛	6000 斤	羊绒	400 斤	销往张家口、天津
	羊皮	3000 张	牛皮	1200 张	多销往张家口、天津
武川县	羊毛	50000 斤	羊绒	7500 斤	运归绥转运天津
	驼毛	2400 斤			运归绥转运天津
	羊皮	20000 张	牛皮	2500 张	多销往归绥、平、津

由表1—8可知，山西边墙以北地区牧业产品中，只有极少数产品是县境居民自用，如清水河县的羊皮和牛皮，绝大多数产品都作为商品销售，或销于本县，或销往今张家口、北京、天津一带。这很大程度上表明边外牧业生产已经具有商业性特征。

尽管明清不同政治格局导致牧业生产规模呈现缩小的趋势，但牧业经济却呈现新的发展特点。从明代单一的粗放牧业经济，转向清代农牧兼营或专门性牧业经济，其商业化趋势大大加强。这也是边外交易市场兴盛的一个重要因素。

第三节　区域商品生产的特征

一　明清商品生产的时段特征

晋蒙交界区，地处农牧交错带，自然环境宜农宜牧，是农牧文明相互碰撞的前沿地带。区域人文因素成为影响商品生产的关键性因素。明清两代，山西边墙内外政治、经济环境发生重大变动。从明代的政权对峙到清代的内外统一，从明代蒙汉隔离到清代蒙汉共处。与之相应，不仅是农耕与牧放两种不同经济方式的转变，而且是人口所需产品结构的转变。这种转变促使区域商品生产的变动，无论是粮食种植业，还是牧业，都呈现显著的时段特征。

粮食种植业，是农耕居民依靠的物质基础，是游牧居民生活不可或缺的重要补充。明代，粮食种植业集中在边墙以南的大同府，边墙以北归化城地区有零星分布的种植业。由于蒙古人以游牧为生，不事耕作，所需粮食几乎全部来自明朝的马市，边墙以南的大同府则是邻近的供粮地。对于明朝而言，为了防御蒙古南下，明朝建立了大同镇边防体系，配置数十万军户。随之，边墙沿线形成了庞大的军事消费带。当地的粮食种植业是供应军事消费的主要来源，是维系军事体系的经济基础。无论是互市所需，还是明朝军事消费供应，都促进了边墙以南大同府粮食种植业的发展，商品粮生产规模的扩大。清代，在移民浪潮的作用下，粮食种植业向北扩展，边墙以北地区各厅成为商品粮食重要输出地。边墙南北商品粮输出地的转变是明清商品生产的显著变化。

受政治因素的影响，明清牧业商品生产存在很大差异。明前中期，明蒙关系长期处于战争对峙的状态，蒙古牧业虽有所发展，但牧业产品作为商品交易受到很大限制，而明朝为了抵御蒙古南下，牧马的官方化严重限制了民间马匹的商业交易。明中后期，明蒙关系缓和，双方建立长期的贸易关系，边外蒙古通过马市交易窗口，加深了牧业产品商品化程度。但是，蒙古牧业加工技术的缺乏，使牧业产品利用率不高，牧业商品单一，也限制了牧业商品生产的发展。总体而言，明朝中后期，牧业商品化趋势有所加强。边墙以南粮食种植业的发展，以及官方马政的约束，使商品性牧业生产受到很大限制。清代，边墙南北统一，区域之间商业联系加强，边墙以南畜牧商品远销直隶、晋中地区，边墙以北畜牧业虽在地域上有所衰退，但伴随牧业加工业的产生，其商业化程度大大增强。从商品性生产而言，明清牧业商品生产量总体上呈现增长的趋势。

明清山西北部蕴含着丰富的煤炭资源，是高寒地带居民生活必需品之一。煤炭，作为不可再生资源，其产量依赖开采技术和政策。明清两朝不同的管理政策导致煤炭商业性生产有所差异。明代总体上施行"听民采取"的原则，但开采技术和投资成本限制了民众商业性行为。清代改革管理制度，不仅通过颁发"窑照"等政策将煤窑纳入管理，同时官窑实行"招商办理"的管理方式，促使煤炭商业化趋势增强。总体而言，明清大同煤炭的商业性生产虽有所增强，但其发展壮大受到开采技术的制约。近代以来，煤炭开采技术的提高，大机器生产的投入，大同煤炭业产量剧增，远销大江南北，是国内商业煤炭主要来源地之一。

二　明清商品生产的地域特征

明清晋蒙交界区的商品生产不仅具有较为显著的时段特征，更加具有鲜明的地域性特征。这种商品生产的地域性，除了受到自然环境的制约以外，更与人文环境密切相关。随着明清人文因素的变动，其商品生产的地域特征亦稍有调整。

明代，在明蒙隔墙对峙的政治格局下，商品生产呈现出边墙南北相异的地域特征。边墙以南大同府以粮食种植业为主，是边墙南北商品粮重要来源地，其商品性牧业只是居民生活的副业，基本属于小规模的家庭畜养形式。边墙以北地区的粮食种植业零星分布在归化城，蒙古人所需粮食主要来自明朝马市，其牧业生产规模庞大，马羊及其皮毛是明朝牧业商品的重要来源。

清代，在"走西口"的移民浪潮中，区域人口分布发生改变，产业结构也随之变动，促使商品生产的地域分布有所调整。边墙以南地区的粮食和牧业自给自足，有少量输出山西中部和直隶地区，生产方式依旧是以农业为主，农牧兼营。边墙以北地区出现分异，特别适宜发展农业的土默特川地区成为粮食高产区，是商品粮重要输出地；适宜发展牧业的山地或山后地区，成为牧业商品输出地。大规模的汉人出边谋生，将农业技术和农业生活方式移植边外，造就了一个个农业性社会群体。这些农业区域的形成，大大增加了粮食产量，成为商品粮食重要输出地。农业生产条件较好的土默特川，发展成为边外的"米粮川"，所产粮食广销陕西、山西等地。在农业活动的排挤下，原有的牧业成为居民生活的副业，居民农牧兼营。边外阴山前山丘陵地区，以及大青山后地区，是牧业发展集中地带，牧民以游牧为生，是边外市场牧业商品主要来源地。

　　总体而言，明代晋蒙交界区农牧商品生产大致以边墙为界，边墙以南农牧兼营，边墙以北以牧业生产为主。清代，农牧兼营的生产方式随着汉民北移稍向北部平原地带扩展，但并没有改变北部牧业为主、南部农牧兼营的生产局面。

第二章

明清晋蒙交界区商路拓展

　　商路，是商品运销不可或缺的媒介，是区域商业研究的重要内容之一。商路与区域商业经济发展有着密切的联系，商路走向不仅受区域商业经济的影响，反过来也带动了区域经济的发展。因此，商路成为理解区域经济发展的重要切入点，是区域商业地理研究的重要研究内容。晋蒙交界区，明代地处边疆，清代随着政局变动转为内陆地区，其政治、经济环境发生了重大变化。最为显著的变化是边墙的政治军事意义消失，边墙南北之间经济往来加强。这一转变突出体现在商路建设上。可以说，明清晋蒙交界区的商路建设，是随着政治、经济环境的变动而逐步完成的。

　　以往研究集中在商路或官道的基本走向问题上，① 对于商路形成的政治经济环境鲜有讨论。本章从政治、经济环境的角度分析晋蒙交界区商路变动的历史过程，利用地理信息技术复原商路的走向及评估商路的自然环境因素，从而揭示晋蒙交界区商路变动与地理环境之间的关系。

---

① 金峰：《清代内蒙古五路驿站》，《内蒙古师范学院学报》（哲学社会科学版）1979 年第 1 期。周清澍主编：《内蒙古历史地理》，内蒙古大学出版社 1993 年版。张宪功：《明清山西交通地理研究——以驿道、铺路为中心》，博士学位论文，陕西师范大学，2014 年。

第一节　明代官道建设与商业利用

明代，晋蒙交界区逐渐形成以边墙为界的政治格局，明朝与蒙古南北对峙。明朝的官道建设，仅仅局限于边墙以南的大同。在区域商业经济发展的基础上，以官道为基础建立起商路体系的框架。

一　明代官道建设及路线

官道具有传递物资及信息的重要功能，是整个国家运转的重要载体之一。朝廷通过官道与地方发生联系，地方与地方之间也利用驿路相互来往；离开了官道，朝廷难以管理地方，国家机构很可能瘫痪。因此，朝廷十分重视官道的建设。明代官道总体上可分为驿路、铺路两大交通系统。洪武元年（1368），朱元璋诏令，"置各处水马站及递运所、急递铺"①，并且对其相关设置做了详细的规定。明代山西北部地区成为边防要地，明朝初设卫所及山西行都司，后为抵御蒙古部落的南掠而置大同镇。为了沟通政令和转运军需，明廷在山西北部逐渐建立了以大同府为中心的较为完备的官道交通网，有以下四条主要官道。

第一，大同府至太原府官道。明代，山西布政司、都指挥司设于太原府，通过驿路和铺路分别与下级官衙相互来往。大同府至太原府的驿路和铺路走向基本一致，主要路线：从大同府出发南行，经怀仁县、应州、山阴、马邑，入雁门关直达太原府。这条官道是山西布政司与大同府衙沟通的必经之道，也是大同军粮主要运输道路。明代九边边饷由屯粮、民运、盐法和京例形式供给，大同镇的

---

① 《明世宗实录》卷二十九，洪武元年正月庚子，上海书店1982年影印本，第500页。

民运粮主要来自山西和河南。"大同镇，本镇岁如粮料、布花，本镇屯粮屯草及京运年例通共银七十七万五千一百八十八两七钱五分。山西布政司起运，夏税秋粮料二十九万一千四百七十五石，每石折银一两；夏秋税粮折布一十八万二千五百匹，每匹折银叁钱；绵花绒八万，每斤折银八分；马草二百四十四万四千八百五十束，每束折银八分。"① 这些军需民运粮草皆经此道运往大同。明代山西递运所的路线也反映这条官道的重要性。递运所，依附驿路而置，负责较为繁重的粮物运输。成化《山西通志》载，太原至大同共置四处递运所，即临汾递运所、九原递运所、雁门递运所和安银子递运所。这些递运所皆置于此官道上。

第二，大同府至直隶官道。明朝政治中心迁至北京后，山西北部成为明朝的西北屏障，明朝加强对大同府的经营，完善大同至直隶的官道。此段官道可分为三支：北干道从大同府出发东北行，经聚落驿、阳和卫和高山卫、天成卫至直隶怀安卫；中道从大同府出发东行，经浑源州、广灵县、蔚州至直隶美峪所；南干道从大同府出发东南行，经浑源州、灵丘县、广昌县、过紫荆关或倒马关至直隶。北干道是联系京师和大同府的最重要官道，军情奏报和大同镇京例银皆通过此道递运。

第三，大同府经偏头关入陕西官道。大同府至陕西官道可分为南北两道，至偏头关会合，经唐家会堡入陕。北道由大同府西行经大同左卫、大同右卫、威远卫、平鲁卫至偏头关。此道未见驿站，属于军事性官道，其递运差役多由卫所军士承担。为此，余子俊奏"居庸关迤北，自榆林驿起至高山站止，内惟云中驿属有司，余皆军卫应役，其大同左、右、威远、平虏等卫四程俱无驿传，且驿马倒死数多，连岁兵荒，追补不给，缺于走递飞报，乞令兵部选阅顺

---

① （明）魏焕：《皇明九边考》卷五《大同考》，台湾：华文书局 1968 年版，嘉靖年间刻本，第 249 页。

天府寄养四户，马五百匹，分布沿途卫驿，按递为便，从之"①。南道由大同府南行至广武驿后，西经朔州城东驿、井坪所至偏头关。此道是大同府西行驿道，朔州以西山路崎岖难行。

明朝为了加强军事防御，在边墙沿线修筑了很多军事堡垒，为了加强营堡与营堡之间的联系，沿长城内侧开辟了孔道，东起天成卫，西至老营堡所。这条沿边墙而行的军事道路，常被用来运输粮食，"运粮者循边墙而行，骡驮车挽，昼夜不绝"②。

第四，大同府通蒙古道路。成化以后，明朝修筑边墙，边墙以北不再经营，禁止汉人出边。但边墙沿线许多关塞有道路通往蒙古，明朝修筑边堡、墩台驻防。大道有四，分别是大同右卫沿兔毛河出杀虎口道，大同府北行出得胜口道，阳和卫北行出阳和口道，天成卫北行至新平堡道。这四道是明朝与蒙古部落交往的重要道路。

二　大同镇军事消费与蒙古部落所需

大同镇位于边地，天寒地冻，农业人口稀少，其粮食生产能力十分有限。万历年间，梅国桢在奏疏中描述其地理环境状况，"九边之地，无不称穷苦。而至穷至苦，则大同为第一。地滨穷荒，土脉沙瘠，而风气寒冰异常，稼事岁仅一熟。稍遇旱荒，即一熟不可得。自谷、豆、稷、黍之外，百物不产"③尽管该描述只是某一时期大同镇百姓的生活状况，但整个明代大同农业生产环境应该与此相差无几。

---

① 《明宪宗实录》卷二百五十一，成化二十年夏四月辛酉条，上海书店1982年影印本，第4244页。

② 王琼：《北虏事迹》，《中国西北文献丛书》第三辑《西北史地文献》第28卷，兰州古籍书店1990年影印本，第136页上。

③ 梅国桢：《梅客生奏疏》卷一，《明经世文编》卷四百五十二，中华书局1962年影印本，第4973页。

大同农业生产环境不佳，原住人口并不多，但作为明朝北部边疆，自明初以来一直被建设成军事防御区，强制迁徙了大量军户来此屯田戍边，建置卫所都司军事组织。随着大同镇防御体系的建立，军事型边疆政区形成。在明朝政治军事政策的督促下，大同新增了大量军户人口。

据成化《山西通志》统计，大同州县人口约 10 万①；州县人口之外，有大量的卫所军户，"山西行都司所属卫所，在官三千员……实有旗军、舍余共七万三千一百一十五名"②，在行都司基础上形成的专门负责边防的大同镇"官军八万五千七百八十员"③。明代大同镇官军人数虽有变化，但总数约在 10 万人。

如此大规模的军户，虽然加强了明朝北疆军事防御力量，但也成为明朝财政的重大负担。明代都司卫所的军户按制领有俸粮，规定俸粮按月支取，数量依官职和任务不同略有差异，守城马军支二石，守城步军一石，屯田军减半，各朝在支取方式上略有损益。④军户的物资来源，除了军屯以外，主要依靠明朝的边饷。从商业经济因素上看，大同镇庞大的军户人口，意味着大规模消费区的出现，大同镇边饷的供应带动了商业的发展。

大同镇边饷是支撑这 10 万左右官军的物质基础，朝廷通过各种方式来提供边饷。就粮饷来说，大体分为屯粮、民运、盐法和京运年例银等四种形式供应，其比例前后略有差异，大体上前期以屯

---

① "户口，大同府所属州县，洪武二十年户二万一千五百四十，口一十三万九千五百五；永乐十年，户一萬六千五百六十七，口一十一萬四千六百二十九；成化八年，户一萬五千一百二，口一十二萬一千九十三"（成化《山西通志》卷六《户口》），大同府人口虽有所增减，但总体上在 10 万以上。

② 成化《山西通志》卷六，《四库全书存目丛书》史部第 174 册，成化十一年刻本，齐鲁书社 1996 年影印本，第 201 页上。

③ （明）杨时宁：《宣大山西三镇图说》，选自《玄览堂丛书》（初辑第四册），"中央图书馆"出版 1981 年影印本，第 210 页。

④ 《明史》卷八十二《食货志六》，中华书局 1974 年版，第 2004 页。

粮为主；中后期以民运为主，兼以盐引和京运补充。这四种边饷供应形式成为山西北部商业繁荣的社会基础。民运粮，是按朝廷规定，各府州县将夏秋税粮运送到大同边仓缴纳。民运粮主要是民户依靠人拉车、牛车或骡车运输。从山西至大同运粮，路途遥远，耗费甚大，"山西岁运大同、宣府、偏头关三边税粮共一百五十五万二千七百石有奇，道途之费率六七石而致一石"①。因此，民户往往把较容易运输的物资运往大同，换取粮米后交纳，以至于明朝官方都鼓励此方法。山西布政司奏请"转输事宜"，其中规定"山西岁纳大同、宣府之粮，宜征民间所产有，度边境所宜，若布、绢、棉布、茶、盐、农器等物，估其时值，十分减二，运赴边上，令掌收粮官，辨验酌量，市米上仓"②。盐法又称开中法，朝廷出榜招商纳粮到边地指定仓场，给予商人仓钞，商人依此领取盐引后到盐场支盐，并到指定区域行销盐。粮食成为商人行盐的前提，因此商人或在边地召垦屯田，或就地收购大量粮食。弘治后，普遍实行纳银中盐，以及朝廷拨发的京运年例银，使边地货币增多，军户更加依赖市场。粮食以外，绢、棉花和棉布也是大同镇必不可少的军需物资。据寺田隆信先生研究，"北部边塞地区所需的棉花（及棉布），除代纳民运粮那部分而外，其余大部分是靠贩运商人供运的"③。粮食、棉布之外，马匹也是大同镇军事消耗的重要物资。大同镇马匹的主要来源分为官方拨给和民间采买等两种形式。明朝通过互市交易所得的马匹，分拨给军镇。隆庆五年（1571）七月，蒙古与明朝互市于新平市，官市交易马共 726 匹，给官军 720 匹，给商人 6匹，总价约 425 万两。④ 新平堡属大同镇，其互市交易由边镇官员

---

①　《明英宗实录》卷五十五，正统四年五月丁巳，上海书店 1982 年影印本，第 1053 页。

②　《明宣宗实录》卷七十一，宣德五年十月癸酉，上海书店 1982 年影印本，第 1660 页。

③　寺田隆信：《山西商人研究》，张正明等译，山西人民出版社 1986 年版，第 189 页。

④　（明）瞿九思著，薄音湖点校：《万历武功录》卷八《俺答列传下》，选自《明代蒙古汉籍史料汇编》第四辑，内蒙古大学出版社 2007 年版，第 94 页。

采购负责，所得马匹大部分供给大同镇。民间采买，是明朝补充大同镇马匹的辅助方式。《大明会典》中专门记载了马匹买补的各项规定，军民为了获取高额利润，勾结官员，将"不堪马匹"充于朝廷采买马匹中。①

除大同镇军事消费需求外，边墙以北的蒙古部落对中原农耕商品的需求也大大推动了区域商业经济的发展。明代山西边墙以北的蒙古部落，以畜牧为生，逐水草而居，"衣皮毛，食肉酪"②，几乎不从事耕作、纺织和冶铁活动。然而，蒙古人对布匹、茶叶、粮食、盐和铁器等物品十分渴望。蒙古人无论是付诸武力，还是通过贸易方式，其目的是为了获得这些生活生产物资。

自正统十四年（1449），大同马市因"土木堡之变"关闭后，蒙古人连年南下掠夺人口和物资。随着明朝北部防御体系的加强，蒙古与明朝势均力敌，转而改为通贡贸易的方式获得物资。嘉靖二十年（1541）始，俺答部落连年派使者求贡，期望明朝重新开放马市。③ 这表明蒙古人对农耕商品的急切渴望。明朝君臣熟知蒙古人求贡的意图，企图通过贡市贸易掌握双方关系的主动权。嘉靖年间，大同沿边马市间断性开放，正是明朝政治意图的尝试。

蒙古部落对明朝商品的需求，是农牧业生产差异导致的，这种物资需求是长期的刚性需求。其物资需求量，虽没有当时的统计史料，但从双方马市交易的规模和种类可窥见总量之大。

马市作为一种民族交易市场，具有官市和私市两种形式。就大市而言，每年开市前夕，蒙古部落将需要交换的商品上报明朝廷，明朝廷将马价银下拨给马市管理者（一般为各路参将或指挥使），他们携商人至内地商品集散地采购所需物资。商品入市前，先要到

---

① 详细论述见第一章第一节中"畜牧业与畜牧商业化趋势"部分。

② 李杰：《论西北备边事宜三》，《明经世文编》卷九十，中华书局1962年影印本，第807页。

③ 详细论述见第三章第三节中"明朝马市的发展"。

指定地点候验。开市期间，首先是蒙古部落酋长与明朝廷双方交易，谓之官市；官市结束后，才允许蒙民与边地汉民交易，称为私市；交易时间每年以一个月为期限。私市后，各商客要将交易的物资上报造册，以便查考。至于小市，则只有私市的存在，每月一次，一次仅两天左右，军民以杂粮、布帛等交换边外牛、羊、皮张等物。

大市与小市，是蒙古社会各阶层与明朝交易的平台，两者在交易规模上稍有差异。大市中，主要是朝廷、内地商人与蒙古部落酋长、蒙古商民进行商品交换，开市时期长达一个月之久。从交易量来看，以隆庆五年（1571）为例，宣大总督王崇古奏报马市交易情况，大同镇羌堡附近马市上，官市交易马 1370 匹，价值为 10545两，私市交易牲畜 6000 头；新平堡附近马市上，官市交易马 726匹，价值为 4253 两，私市交易牲畜 3000 头，共交易牲畜万余头（匹）。① 可见，大市成为蒙古部落与明朝物资交换的主要载体，成为内地商品流入蒙古部落的集散地，也是明朝购买马匹的重要来源之一。

小市，每月开一次，又称月市。小市的交易量并不大，交易的物资多为蒙古民众生活必需品，交易所得主要用于自给，而非转售他人。此点从黄台吉的所为可窥见崖略。隆庆六年（1572），俺答与黄台吉请求明朝赏赐其亲属，明廷一方面晓谕俺答在板升地带开垦千余顷田地产量自给，一方面在沿边开设小市，允许黄台吉部落交换日常物资，其交易量较小，一般米豆不过一石。② 可见，小市主要是蒙古部落民众与边地汉民交换生活所需的媒介。

隆庆议和后，明朝与蒙古建立长期的和平贸易往来关系，双方马市交易比较稳定。如表 2—1 所示，明朝主要获得牲畜及其皮毛

① 《明穆宗实录》卷六一，隆庆五年九月癸未，上海书店 1982 年影印本，第 1492—1493 页。

② （明）瞿九思：《万历武功录》，选自《明代蒙古汉籍史料汇编》（第四辑），内蒙古大学出版社 2007 年版，第 98 页。

等商品，而蒙古人需求种类众多。

表 2—1   蒙汉互市商品比较表①

	商品（出售）
蒙古	马、驴、骡、牛、羊、马尾、马鬃、羊皮、皮袄、材草、盐碱、药材、木材、毡、裘
汉地	缎、绸、缯、梭布、绢、棉花、麻、改机、珍、线索、帽、衣、手帕、鞋、皮革、耳坠、佩物、胭粉、丹青、纸、笔、瓷器、小刀、火石、梳子、羊皮盒、水獭皮、丝巾、凉扇、米、豆、粟、菽、菜、蔬、茶、麦、盐、糖果、烟草、杂粮、铁锅、香炉、砂锅、硼砂

随着明朝在山西大同镇军事防御体系的建立，军户人口大大增加，其生活生产需求，造就沿边军事性消费区。因农牧业生产的巨大差异，边外蒙古部落对农耕商品的巨大需求紧紧依靠边内明朝的物质生产。总之，晋蒙交界区边墙内外产生巨大的商品需求。这种庞大的商品需求，必然促使区域商品经济的发展。尽管军镇粮饷和马市贸易都由明朝官方主导，经营方式或是官府经营，或是民商独揽，抑或是官府控制下的民商操办，但是物资供应的各个环节无不出现商业活动的身影。大同商业的活跃，为商路的形成提供了经济前提。

三 官道商业利用和市场发展

随着晋蒙交界区各类商品需求的出现，无论是官商、还是民商都在利益的诱惑下投身其中，促使商业活动的兴盛。尤其是明中期大同镇的边饷由实物转为货币，极大促进了区域商业发展，商人更加活跃于边地。如景泰年间提督大同军务左副都御史年富奏疏中载

---

① 黄丽生：《由军事征掠到城市贸易：内蒙古归绥地区的社会经济变迁》，台湾师范大学历史研究所，1995 年，第 280 页。

"山西、河南、真定、保定、临清等处军民客商往大同宣府输纳粮草军装及贩马、牛、布、绢、香、茶、器皿、果品……"① 商业的繁荣是商路形成的前提。边墙以南商路的形成很大程度上利用原有的官道。换而言之，在官道基础上，频繁的商业活动造就了山西北部商路的基本格局。

明代新安商人是活跃于边地的重要商帮之一。《一统路程图记》和《士商类要》是新安商人进行商业活动的指南书，其记载的路线里程可谓明代商路的主干道，涉及晋蒙交界区的商路情况如下。

山西布政司至蔚州商路：太原府，八十里成晋驿（属阳曲），七十里九原驿（属忻州），八十里原平驿（崞县），一百里代州、振武卫、雁门关驿，关内东至五台一百四十里，关外西至朔州一百四十里，北六十里广武驿（马邑县），九十里安银子驿（应州），八十里西安驿（怀仁县），八十里大同府（大同县）云中驿，八十里瓮城驿（大同县），五十里上盘铺驿（浑源州），二百二十里蔚州，东南至紫荆关二百五十里。

北京由宣府、大同至偏头关商路：北京出德胜门，五十里榆河驿，五十里居庸关，八里岔道口，北四十二里至延庆州，西六十里至榆林驿站，三十里怀来城……万全左卫……新开口堡，渡口堡，西阳和堡，陈家堡，天成卫……阳和城，六十里至聚落堡，二十里铺，迎恩堡，共四十里大同镇（南至雁门关三百里），石佛堡……共一百二十里大同左卫，六十里威远卫（南至宁武关二百里），西七十里平虏卫……共一百五十里偏头关，禅林堡，楼子堡……唐家会堡……共百四十里至黄河娘娘

---

① 《明英宗实录》卷二百三十六，景泰四年十二月辛亥条，上海书店1982年影印本，第5153页。

滩，九里至陕西黄甫川。①

对比大同府三条主要官道路线和上述主干商路，可知两者走向完全一致，可以说，商人就是利用官道行商的。如，从山西布政司到蔚州行商就是利用太原至大同官道，大同不少商品依靠外地运输，"大同十一州、县军民，铁器，皆仰商人从潞州贩至……"②所经道路就是这条商路。大同府至蒙古道路也是商人参与马市贸易的主要商路。除了主要商路外，"内三关边路"也是商人行商道路。内三关是指居庸关、紫荆关和倒马关，《一统路程图记》记载了从居庸关沿着边墙各口到达紫荆关和倒马关后，进入山西的商路。从北京至紫荆关和倒马关除了"内三关边路"外，沿着直隶驿道也是商人行商的路线。③进入紫荆关和倒马关后，沿着大同至直隶官道中干道或南干道行商。嘉靖三十四年（1555）二月癸酉，户部给事中黄谦因大同镇、宣府镇粮饷缺乏，一方面在代州、紫荆关、居庸关等地设立仓场，便于民运粮上纳；另一方面招商纳粮，"仍各发银七万两招商派枭其纳粟人员，系山陕河南者发代州，系山东江南者发两关，即以附近督粮官董其事……诏可"④。由此可见，商人在居庸关、紫荆关附近贩卖粮食，所利用的商路便是"内三关边路"。

由上可知，山西北部主要商路路线是在官道体系基础上形成的，两者分布格局大体一致。山西北部商路的建设，加强了区域之间的经济联系，反过来促进了区域商业市场进一步发展。

---

① （明）黄汴：《一统路程图记》，杨正泰《明代驿站考增订本》附录，上海古籍出版社2006年版，第237页。

② 《明孝宗实录》卷一百七十八，弘治十四年八月壬申条，上海书店1982年影印本，第3288页。

③ （明）黄汴：《一统路程图记》，杨正泰《明代驿站考增订本》附录，上海古籍出版社2006年版，第235—237页。

④ 《明世宗实录》卷四百十九，嘉靖三十四年二月癸酉条，上海书店1982年影印本，第7261—7262页。

大同镇本是为军事而设，其主要的功能是军事和政治功能。大同镇原是官道的中枢点，随着官道的商业利用，大同镇成为整个商路交通网上的枢纽。在商路的带动下，大同镇的商业极度繁荣。弘治年间《皇明条法事类纂》中载"大同地方，军民杂处，商贾辐辏"①。大同商贾从它地贩运各种货物至大同售卖，使大同成为该地区最大的商品集散中心。从货物来源地看，远及江南的货物也在这里汇集。"大同府……至若陆驮水航之物、藏山隐海之珍，靡不辐辏而至者，大都多东南之产，而转贩之力也。"② 大同繁荣的商业也可从典当铺中窥视一二。通常情况下，典当行业的出现是以繁荣的商业为前提，大同府城的确存在不少典当铺。天启年间，大同驻军因不满朝臣扣减马价而暴动，"毁官署，劫典铺"③。明代大同居民的奢华生活观念也反映出大同商业的繁荣。崇祯年间，"大同……虽涉荒徼，商旅辐辏，以浮靡相炫耀"④。明代大同繁荣的商业市场景象，使世人称"九边如大同，其繁华富庶，不下江南"⑤。

　　大同镇以外，其余重要城堡因位于商路网络结点上，其商业市场亦有很大程度的发展，基本都是商贾辐辏之地。

　　阳和卫和高山卫同驻一城，位于大同通往直隶的商路上，成为塞北一个重要的商品集散地。据明代大同巡抚霍鹏所撰《修阳和城南关记》载，宣大山西三镇总督杨时宁赴任，言"故城之有南关

---

　　① 《皇明条法事类纂》卷四二，《中国珍稀法律典籍集成（乙编）》（刘海年等主编）第5册，科学出版社1994年版，第723页。

　　② 万历《山西通志》卷七《物产》，《稀见中国地方志汇刊》第4册，崇祯二年刻本，中国书店2012年影印本，第79页下。

　　③ 台湾中央研究院历史语言研究所校勘：《明实录》附录《明□宗□皇帝实录》卷四，天启七年十二月，上海书店1982年影印本，第59页。

　　④ 万历《山西通志》卷六《风俗》，《稀见中国地方志汇刊》第4册，崇祯二年刻本，中国书店2012年影印本，第76页下。

　　⑤ （明）谢肇淛：《五杂俎》卷四，《续修四库全书》第1130册，万历四十四年刻本，上海古籍出版社2002年影印本，第419页上。

也，是商贾货财之所凑集，犹外府也；是军校牛马之所芟牧，犹外厩也；夷使贡市往来，私相睥睨。使关不筑城，城不瓮砖，不几与无关等乎？"因而筹建阳和城南关，历时一年多竣工，"商贾持筹而贸易"。① 可见，明代阳和城南关因商业的发展不得不修建关城，这足以表明位于商路大道上的阳和城商业之繁荣程度。

左云城，建于明代永乐年间，位于大同府西北和西南商路必经之处，是大同左卫和云中卫驻扎之地。经由杀胡堡出边的商旅，以及西入陕西的商旅都必经左云城。因为优越的交通地理区位，左云城自明代以来一直是富裕之地，商旅辐辏，市场繁荣。《朔平府志》中载："左云县……明初设卫，卫云西要路，兵道协镇，驻□于斯，粮饷商旅，多所经过，城关接连，室庐相望，颇称富庶。"②

杀胡堡，建于嘉靖二十三年（1544），万历二年（1574）包砖，周长二里，高三丈五尺，有兔毛河直通塞外，川流平衍，虏易长驱。③ 杀胡堡位于山西通往蒙古部落要道上，常常成为蒙古部落南掠山西的首要城堡。明蒙双方和平往来时期，杀胡堡是蒙汉双方进行大规模商品交易的场地。隆庆年间，明蒙达成议和，双方进行长期的贸易往来，杀胡堡附近不仅开设定期交易的马市，杀胡堡本身也成为民族贸易重要市场。万历年间巡按御史周师旦言："虏自献琛以来，汉夷贸迁，蚁聚城市，日不下五六百骑。"④

军事性城堡以外的州县城，原本都设有交易市场，商路的形成更加促进商路要道上州县城市的繁荣。位于大同东南商路要地的蔚

---

① （清）胡文烨撰，许殿玺、马文忠点校：《云中郡志》卷一三，大同市地方志办公室内部出版1988年版，第5087—508页。

② 雍正《朔平府志》卷三《方舆志·风俗》，《中国地方志集成·山西府县辑》第9册，雍正十三年刻本，凤凰出版社2005年影印本，第82页上。

③ （明）杨时宁：《宣大山西三镇图说》，选自《玄览堂丛书》（初辑第四册），"中央图书馆"出版，1981年影印本，第344页。

④ 《明神宗实录》卷五百五十八，万历四十五年六月丙申条，上海书店1982年影印本，第10522页。

州，明代城内已经是"商贾辐辏"①。朔州、应州、浑源州等城情况大体如此。

此外，官道商业利用后，极大促进了沿边马市的发展。沿边马市，是明朝主导的民族交易市场，得胜堡、新平堡、守口堡等附近大马市，都位于军事要地，其官道交通条件良好，其余小市皆有道路通达。在此基础上，现有的官道往往成为商业活动频繁之地。马市上交易的商品，大部分来自域外，"本镇互市应用缎匹、梭布、水獭、狐皮等物，发价银四万余两，委官往各省收买……皮张行湖广"②，它们都是由经商路运至市口。正是由于商路网络的形成，沿边马市所需大量商品才得以运销。

明朝为防御蒙古，巩固边疆，在大同构建以卫所堡寨为基础的军事防御建置。随之，建立起沟通城堡的军事性官道，与行政州县驿道共同构成大同官道交通网。明代官道网络，以大同镇为中心，辐射四周，主干道分别通往直隶京师、太原、陕西、蒙古诸部。由于军事性消费和蒙古部落所需物资基本依靠大同和域外供应，大同商业十分活跃，这为商路的形成提供了经济动力。明代大同商路基本是利用官道建立起来的，鲜有新开辟的商路。商路网络的形成，不仅极大促进了沿途军事性城堡商业市场的发展，而且对商路要道上州县城市的繁荣起到很大推动作用。

第二节　清代归绥开垦与商路拓展

明朝受政治军事格局影响，为了防止蒙古南下修筑边墙，构建九边防御体系，使边疆社会经济带有强烈的军事色彩。交通道路和

---

① 王士琦：《三云筹俎考》卷三《险隘考》，《中华文史丛书》第 28 册，明万历刻本，台湾：华文书局 1968 年影印本，第 382 页。

② 《明神宗实录》卷二一二，万历十七年六月丙戌，上海书店 1982 年影印本，第 3972 页。

商业发展不仅依赖于边镇体系，而且局限于边墙以内。入清以后，边墙内外一统，内地汉民在清朝军事招垦带动下纷纷出边开垦。随着大规模汉民的进入，边外归绥地区社会经济状况发生巨大变化，如，聚落的产生、农业垦区的出现、粮食商品输出地的形成；相反，山西、陕西经常粮食歉收，粮价腾贵，商品运输成为必然。清代山西北路商路发展体现在两个方面，一是随着官道拓展而建立起来的陆路商路，二是黄河水运商道的开通。

一　归绥地区开垦概述

清朝对蒙古族实行盟旗制度和总管旗制度，将内蒙古分为六盟四十九旗，并实行"蒙汉分治"。本书研究的归绥地区包括土默特左旗、土默特右旗、镶红旗察哈尔、镶蓝旗察哈尔、正红旗察哈尔、正黄旗察哈尔。

天聪年间，虽然归绥地区蒙古人归附后金，建立盟旗组织，但并没有改变原有的氏族生活方式，仍以旗为单位进行牧业生活。顺治年间，归绥地区的土地利用方式以牧业为主。康熙雍正年间，因为西北用兵所需军粮，清朝开始招内地汉民开垦土地，庄头地和大粮地属于此类。康熙二十四年（1685），在归绥设立粮庄，召内地人开垦。[1] 雍正十三年（1735），归化城都统丹津请求开垦归绥地方四万余顷牧地，作为产粮地，以供军需。[2] 伴随着补给军粮性质开垦活动的推行，民间逐利性质的开垦亦悄然出现。乾隆十四年（1749）朝廷派遣大臣调查察哈尔旗地，发现"康熙年间，喀喇沁扎萨克等地方宽广，每招募民人，春令出口种地，冬则遣回，于是蒙古贪得租之利，容留外来民人，迄今多至数万，渐将地亩贱价出

---

① 《清朝文献通考》卷五《田赋五》，商务印书馆 1936 年版，第 4895 页。
② 光绪《土默特旗志》卷五《赋税》，《中国地方志集成·内蒙古府县志辑》第 3 册，凤凰出版社 2012 年影印本，第 139 页。

典，因而游牧地窄，至失本业"①。乾隆二十四年（1759），清朝平定准噶尔部和大小和卓叛乱，归绥地区不再因军需粮食而开垦土地；但军需开垦带来的丰厚利益，刺激官民以各种名义放垦土地。官府开垦的对象主要是马场地和台站地。乾隆三十一年（1766），绥远将军和山西巡抚上奏开垦和林格尔厅境内的右卫八旗之五旗马场地；后四年又放垦了右卫八旗的其余马场地。② 归绥其他地方也相继被官府放垦，归化城土默特地区尤为突出。乾隆年间，归化城土默特地区官府组织放垦了大量土地。放垦土地带来的利益，使民间蒙古人也相继效仿，佃出或出售其"户口地"，蒙古贵族更是乘机放垦获利。直接导致蒙民失去土地后沦为贫户，这成为社会稳定的隐患。为此，清朝多次颁布法令，禁止汉民开垦，让蒙民赎回佃出土地。乾隆八年（1743），朝廷对土默特地区蒙古人口及其地亩情况进行了详查，"土默特两旗蒙古共四万三千五百五十九口，原有地亩、牧场及典出田地共七万五千四十八顷有奇。此内，去年查出实无地亩之蒙古二千八百十二口。人多地少至蒙古二千一百五十六口，伊等耕种地亩三百三十四顷有奇。再去年各佐领未经报出今年查出，有田三十二亩以上一顷以下不等之蒙古二万二千一百四口，耕地亩一万三千四百六十五顷有奇，再典给民人地亩四千顷。除牧场地一万四千二百六十八顷有奇外，现在田地多余之人一万六千四百八十七口，耕地亩四万二千八百顷有奇。"③ 可见，乾隆八年（1743），归化城土默特拥有农业用地（包括耕地和牧地）共 75058 顷，被开垦为耕地共有 60780 顷，约占 81%，牧场地只剩 14268

---

① 《清高宗实录》卷三百四十八，乾隆十四年九月丁未条，中华书局 1985 年影印本，第799 页。

② 《晋政辑要》卷十《户制·杂赋十五》，《续修四库全书》第 883 册，光绪年刻本，上海古籍出版社 2002 年影印本，第 467—468 页。

③ 《清高宗实录》卷一百九十八，乾隆八年八月壬子条，中华书局 1985 年影印本，第543 页。

顷。嘉庆年间，归化城土默特地区垦殖活动已经移向大青山后的八旗马场地。

众所周知，光绪二十八年（1902）始，清朝出于多种原因，对内蒙古地区实行了全面放垦政策，派遣兵部左侍郎贻谷总理垦务之事务。但此次开垦活动对归绥地区并没有多大影响，因为"在清末大规模放垦之前，绥远地区的农业已经有了相当的发展。经过明清以来持续不断的开垦，绥远地区的宜农土地大致已开垦完毕"①。

归绥地区的农业开垦者几乎是内地百姓，他们的迁入是开垦的首要条件。也正是内地百姓的迁移，给归绥地区社会、经济和文化方面带来了诸多变化。清朝出于政治管理的考虑，采取"蒙汉分治"，即使官府招内地百姓至蒙地开垦，也采取"春令出口种地，冬则遣回"政策，避免蒙汉杂居。但朝廷的初衷却难以实现，内地汉民以各种名义定居下来。当然，除了开垦性移民以外，还有部分商业移民和军事移民。关于归绥地区汉族移民以及移民带来的社会变迁问题，已经有诸多研究，其中代表性著作有闫天灵的《汉族移民与内蒙古社会变迁》和王卫东的《融汇与建构：1648—1937 年绥远地区移民与社会变迁研究》。据王卫东研究，"估计清宣统三年归化城土默特地区的人口已超过 100 万人，有清一代迁入该地区的汉族移民及其后裔不少于 80 万"，"至 1912 年，绥东地区入籍的移民及其后裔的数量应达 592852 人"。② 大量移民造就了归绥地区新的聚落，以至朝廷不得不设厅管理。雍正至光绪年间，归绥地区陆续设置归化城厅、萨拉齐厅、托克托厅、和林格尔厅、清水河厅、宁远厅和丰镇厅，并修筑城垣，如"丰镇县城……乾隆十五年（1750）裁丰川镇宁卫所，改设厅治……（乾隆）十八年（1753），

---

① 牛敬忠：《近代绥远地区的社会变迁》，内蒙古大学出版社 2001 年版，第 42 页。

② 王卫东：《融汇与建构：1648—1937 年绥远地区移民与社会变迁研究》，华东师范大学出版社 2007 年版，第 40—41 页。

大朔理事通判包明，在今治创建厅城，纯用土质，周五百七十五丈"①。随着移民人口的增多，归绥兴起了众多聚落，这自然意味着边外商品消费区的扩大。

归绥地区，尤其是土默特平原地区，临近黄河，地势平坦，土壤较肥沃，适合谷子、高粱、莜麦、豆类等农作物生长。清初以来的农业开垦，使土默特平原成为余粮区，每年有相当一部分粮油可供外销。据张世满先生研究，土默特平原放垦的庄头地、马厂地、大粮地、蒙古人的户口地都是产粮重要来源，"当地所产粮食正常年景可以剩余约90万石，能满足60万人一年之需"。②尽管这个余粮数量是根据劳动力正常产出和消费估算而来，但也足以反映土默特平原已经成为粮食外销地。雍正乾隆年间，朝廷对当地粮食价格的描述也可以佐证这一事实。雍正三年（1725），"归化城土默特地方，年来五谷丰登，米价甚贱"③。乾隆二十七年（1762），"归化城五厅地方，土肥田广，粮裕价贱。如购买积贮，内地遇有需用，可就近拨济"④。自清初以来，边外农业开垦，使归绥地区成为粮食富余区。除粮食以外，归绥地区也产有丰富的牲畜皮毛等商品。这为南北商业联系提供了经济基础。

二　官道拓展与商路新发展

明清鼎革，清朝沿用前朝官道体系，在全国设立驿传。随着蒙古等藩部归降，清朝疆域空前辽阔，文报、物资转运都依赖于官道，边外官道体系在政治需求下逐步建立起来。这些官道网络往往

---

① 绥远通志馆编纂：《绥远通志稿》卷十七《城市》，内蒙古人民出版社2007年版，第2册，第424页。

② 张世满：《逝去的繁荣：晋蒙粮油故道研究》，山西人民出版社2008年版，第51页。

③ 《清世宗实录》卷三十四，雍正三年七月癸亥条，中华书局1985年影印本，第523页上。

④ 《清高宗实录》卷六百七十一，乾隆二十七年九月己丑条，中华书局1985年影印本，第505页下。

被商人使用，为商路的形成奠定了基础。

顺治年间，蒙古地方物资运输依赖蒙古王公提供，直到康熙前期，古北口和喜峰口外只有"五十家"村设有驿站。康熙三十年（1691），因朝廷赏赐阿禄科尔沁等旗分米谷难以运输，改折银赏给，同时筹议增设驿站，"则贫者咸得生理，而各处亦免苦累"。①次年，康熙差遣内大臣阿尔迪、理藩院尚书班迪等人往蒙古地方办理驿路之事，并言"今设立驿站，虽费国帑，日后于蒙古裨益良多，亦不致迟延误事，最为要紧。特遣尔等料理，务加详慎，必将确然不易，可垂永久之策，筹画而行"。②是年，内大臣阿尔迪等回奏，议政王大臣覆"喜峰口外设立十五站，古北口外六站，独石口外八站，张家口外八站，杀虎口外十二站，每站安丁五十名，量给于马匹牛羊，应如所请……五路设立驿站之事，先于科尔沁、鄂尔多斯两路安设……其余三路，俟来年会议安设"。③山西北部官道拓展体现在张家口外八站和杀虎口外十二站的添设。其路线走向"自张家口至归化城六旗，计程六百余里，应安设六驿，仍为张家口一路。自杀虎口至吴喇忒七旗为一路，计程九百余里，见有二驿，除此二百里应安设七驿。又自归化城至鄂尔多斯二旗，计程八百余里，应安设八驿，仍为杀虎口一路"④。可见，官道以归化城为中心，东至张家口，东南至杀虎口，西南至鄂尔多斯，西至乌拉特等旗，以达伊犁。

杀虎口外官道的拓展，基本奠定了交通运输格局。商业运输也

① 《清圣祖实录》卷一五三，康熙三十年十月丙申条，中华书局1985年影印本，第691页下。

② 《清圣祖实录》卷一五四，康熙三十一年三月丙辰条，中华书局1985年影印本，第705页下。

③ 《清圣祖实录》卷一五五，康熙三十一年六月甲申条，中华书局1985年影印本，第714页下。

④ 乾隆《大清会典则例》卷一百四十《理藩院》，《钦定四库全书》第624册，文渊阁四库本，台湾：商务印书馆1983年影印本，第440页。

是随着交通体系发展活跃起来，直到清末民国时期也没有大的变化。《绥远通志稿》详细记载了清末民国时期以归化城为中心的省内外主要车驼路。商业运输也是依赖车驼路，"往昔中外交易、百货流通，全恃车、驼以为长途运输之具，边区辖境辽阔，又以地域情形各殊，商旅远行，有内地、草地之别，宜车宜驼，未能尽"①。车驼路大致反映了清代商业运输网络，其以归化城为中心，东部有车路，西部有驼路。车路，归化城东行两道，经凉城、丰镇分别至张家口、大同；归化城南行一道，经和林格尔、南入杀虎口，如入山西，至大同、张家口、太原；归化城西南行一道，经托克托、渡河至准格尔旗、十里长滩、渡河至山西河曲县；归化城西行一道，经萨拉齐、包头、磴口至宁夏；归化城至鄂尔多斯、神木和府谷。②驼路主要有古城子路、前营路、后营路、库伦路等。古城子路，经外蒙古达伊犁；前营路、后营路和库伦路皆通向外蒙古。③ 驼路是归化城西部主要商道，"古城子、前营、后营、库伦四路，在昔与本省交通至为频繁，输出货物为茶、糖、杂货，由各地输入者为皮毛、牲畜，皆为大宗。归化商业，即以经营西北贸易者为最发达。清朝二百年，市面号称繁盛者，亦以此也"④。

黄河水运商道的兴起是清代商路又一大发展。黄河水路自宁夏府沿黄河而下，经石嘴山、磴口、包头、萨拉齐、托克托，清水河、偏关、河曲、保德、兴县、至碛口。碛口以下黄河落差大、河道有暗礁，航运风险很大。康熙三十六年（1697），朝廷派遣黄河之前锋统领硕鼐勘察黄河航运条件，硕鼐称"自宁夏至潼关、皆可舟运，但龙王站一处，水势陡绝，湍激不可行船，其间由陆路起剥

---

① 绥远通志馆编纂：《绥远通志稿》卷八十《车驼路》，内蒙古人民出版社 2007 年版，第 10 册，第 75 页。

② 同上书，第 77—80 页。

③ 同上书，第 97—105 页。

④ 同上书，第 107 页。

十里，过水陡之处，即由船运便可直至潼关西安矣"①。硕鼎所言"皆可舟行"，在碛口以下实则冒有很大风险。从自然条件上看，宁夏至碛口有足够的航运条件，清以前曾被官方用来运输物资和传递文报。清代，在区域环境与交通条件转变下，黄河水运商道渐渐形成。

水运商道的兴起与归绥地区的农业开垦、运输方式的改变有密切的联系。如前所述，归绥地区进行农业开垦，至乾隆年间已经成为粮油外销区。山西、陕西常常从归绥地区调运粮食，或应对灾情，或削减市价。康熙三十六年（1697），清朝因山西数州县粮食歉收，米价腾贵，民生困苦，康熙帝用官员私船，"将湖滩河朔积贮米或五千石，或再加多，量行装载，交巡抚倭伦派贤能属员转运，顺流而下至保德州，比时价减粜，于民大有裨益"②。尽管此次运粮由朝廷办理，且带有某种赈济性质，但仍可以看作水运商路之滥觞。雍正三年（1725），"归化城土默特地方，年来五谷丰登，米价甚贱。查黄河自陕西黄甫川界入口，河之两岸，一属山西，一属陕西。应自归化城购买米石，从黄甫川界黄河运至内地。到土拉库处修建仓廒收贮；其归化城、大青山黄河岸口亦建一仓，买米存贮，以便由黄甫川界运至。土拉库处再修造船只运往山（陕）西潼关地方"③。可见，雍正年间，朝廷专设两仓收购粮食以便贩运至山陕地区，归绥地区的外销粮食已经通过黄河水运商路供应山西、陕西两地。除官办商运粮食外，民间商人见利投机，将归绥地区丰富而又廉价的粮油运至粮油不足的山西、陕西牟利。黄河落差较大，

---

① 《清圣祖实录》卷一百五十五，康熙三十六年五月庚戌条，中华书局1985年影印本，第711页下。

② 《清圣祖实录》卷一百八十三，康熙三十六年四月甲戌条，中华书局1985年影印本，第958页下。

③ 《清世宗实录》卷三十四，雍正三年七月癸亥条，中华书局1985年影印本，第523页上。

船只逆流而上只能靠纤夫；因此商人往往将船在碛口变卖，陆路返回河口。乾隆年间，皮筏运输工具的使用极大地削减了运输成本，使水运商道发展起来。乾隆八年（1743），刚到任的山西巡抚刘于义，查山西"虽丰稔之年，米价视别省加贵，一遇歉收，仓石小米即每石至五两六两不等"，去年丰收，"口内至太原、汾州、平阳、蒲州等府，解、绛、隰、吉等州，米价俱自一两七八钱，以至二两余不等"，同时得知"归化城、托克托一代，连年丰收，米价甚贱，荞麦价值不足抵偿收获工价，竟有弃麦于田而不收者"，计划运归绥地区粮食入山西平粜。① 刘于义采用兰州"牛皮混沌运米"之办法进行试验，从保德州买米运至碛口，"不过四日，已至永宁州碛口，自此陆运至汾州，每石较市价可减银四钱，陆运至太原可减银二钱"；成功之后，刘于义"现于归化城广制牛皮混沌，拟于甲子年三月，在托克托城买米直运河津县仓头镇"。② 乾隆帝赞许此种运输方法，并"令其续此妥办"。"牛皮混沌运米"不仅可以安全运输，而且可以通过陆路运回上游再次使用，既降低运输风险又削减运输成本，商人们纷纷效仿。此后，实践中不断改善这种运输方法，制作"羊皮筏子"，更加适应黄河特殊的航运条件。直到民国时期，这种运输方法仍旧使用。③

吉兰泰盐运销区的变化，也是黄河水运商道兴起的重要因素。康熙二十五年（1686），阿拉善厄鲁特部一旗"上书求给牧地"，朝廷"诏于宁夏、甘州边外画疆给之"，吉兰泰盐池划归阿拉善王。④ 据嘉庆十二年（1820）甘肃布政使蔡廷衡勘定吉兰泰盐池范

---

① 《山西巡抚刘于义为筹划将口外之米以牛皮混沌运入内地事奏折》，选自《乾隆朝米粮买卖史料（上）》，《民国档案》1990 年第 3 期。

② 《清高宗实录》卷二百三，乾隆八年十月己卯条，中华书局 1985 年影印本，第 622 页上。

③ 陈志华编著：《古镇碛口》，中国建筑工业出版社 2004 年版，第 38—40 页。

④ 《清史稿》卷七十八《地理志二十五》，中华书局（内部发行）1977 年版，第 2443 页。

围，"吉兰泰盐池东西计一十五六里不等，南北计一十四五里不等"①。清初盐业大多实行商人包销制，政府严格控制盐业行销区，吉兰泰盐仅限于蒙古地区行销。乾隆元年（1736），吉兰泰盐被允许由陆运行销山西北部，正如钦差大臣英和所奏称"山西归绥道属五厅及沿边之大同、朔平两府，向例俱准其就近买食蒙古盐斤"②。乾隆二十八年（1763），抚臣明德因岢岚十一州县土盐不敷，奏请"令土贩持引赴口采买，责成归绥道就近稽查，岁底造册报部"，吉兰泰盐已经行销至山西中部。③乾隆四十五年（1780），因吉兰泰盐侵夺官引而禁止入内地；乾隆四十七年（1782），"前抚臣农起以口盐不通，则土盐价贵，致妨民食，请驰口禁，听民自运"，但是吉兰泰盐运销，"只许肩挑驴驮，零星买运"，并且"不得用大传木筏由黄河运至保德州、临县等处四出私售"。④无论如何，吉兰泰盐已经扩大行销区域，可由陆路行销至山西，具体运输方式是：由磴口水运至托克托河口，转陆运，经和林格尔、杀虎口入朔平，再经官道东达大同，南至太原。但这种运销方式不仅限制数量，而且成本较大，极大地影响了吉兰泰盐销量。正因为如此，"乾隆五十一年（1786），旺沁班巴尔以陆运所销无几，垦请水运"，获准"每年用船五百只，装盐一千四百万斤，自宁夏平罗县边外磴口下船，由黄河运赴山西临县，于碛口地方验照登岸"。⑤吉兰泰盐运销方式由陆路改为水路，商人纷纷由水路运输盐斤。商人选择水路原因有二。一是运输成本较陆路低。尽管运盐船只不得不在下游变

---

① 《甘肃布政使蔡廷衡为划定吉兰泰盐池界址并筹弁兵衙署事宜奏折》，选自《嘉庆十二年河东盐务改归商运档案史料选刊》，《历史档案》1990 年第 2 期。

② 《钦差大臣英和等奏会商河东盐务应禁止口盐水运并招商承办潞引折》，选自《清嘉庆十一年河东盐务改归商业档案史料选辑》，《盐业史研究》1990 年第 1 期。

③ 同上。

④ 同上。

⑤ 《署陕甘总督方维甸奏奉旨查问阿拉善吉兰泰盐池贩运情形折》，选自《清嘉庆十一年河东盐务改归商业档案史料选辑》，《盐业史研究》1990 年第 1 期。

卖，但水运运输量大，成本远远低于陆运。二是容易走私。碛口至碛口水运段，尽管清朝设有稽查地点，但黄河停靠点较多，商人容易靠岸转运至山西或陕西，私自售卖，牟取暴利。在这种正当利益与非法暴利驱动下，大量吉兰泰盐行销至山陕地区，黄河水运商道兴盛起来。随着吉兰泰盐广销内地，逐渐侵夺河东盐行销区，嘉庆十一年（1806）钦差大臣英和等人奏请禁止口盐水运，只许陆路行销。[①] 这从侧面反映了乾隆五十一年至嘉靖十七年期间吉兰泰盐水运销量之巨大。[②] 黄河水运商道上，除了粮油、吉兰泰盐外，甘草、皮毛也是商道上的大宗商品。这两种商品的运销也促进了黄河水运商道的兴盛。

黄河水运商道的兴盛，加强了晋蒙之间的经济联系，催生了商路上许多市镇的兴起。张世满先生的专著《逝去的繁荣：晋蒙粮油故道研究》，研究了这条商道的兴起背景、商品与货源、运输与经营方式以及商路带动下的市镇。存在两百多年的晋蒙粮油故道，促进了晋蒙两地的商品经济发展，成就了一批沿线口岸商业城镇，也带动了口岸附近乡村的经济发展与转型。[③]

与明代相比，清代山西北路商路的变化主要表现在归绥地区商道的建立。这一地区商道的形成与其农业开垦有着密切的关系。农业开垦不仅使归绥成为粮油重要外销区；而且随着人口增多形成新的聚落，成为内地商品消费区。区域间商品交换的需要使陆路商道和水路商道逐渐形成，陆路商道依托官道建立起来，粮油、吉兰泰盐、甘草和皮毛等商品利用黄河顺流而下形成水运商道。与陆路商

---

① 《钦差大臣英和等奏会商河东盐务应禁止口盐水运并招商承办潞引折》，选自《清嘉庆十一年河东盐务改归商业档案史料选辑》，《盐业史研究》1990 年第 1 期。

② 光绪年间，山西巡抚张之洞奏得，吉兰泰盐可水运至河曲，再行销山西，这重新增加了盐斤销量。

③ 张世满：《逝去的繁荣：晋蒙粮油故道研究》，山西人民出版社 2008 年版，第 203—209 页。

道相比，水路商道运输成本较低，加之皮筏运输工具的使用，使水运商道兴盛起来，直到近代公路和铁路的修建才衰落下去。正如牛敬忠所言，"近代以来绥远地区社会的一系列变化都和清初以来土地开垦以及中国的半封建、半殖民地化进程有关"①。牛敬忠从归绥人口、阶层、物质和精神生活、灾荒、教育等多方面得出这一结论，一定程度上也可以用来解释清代归绥商路发展的原因。

第三节　明清商路可视化及其空间分析

明清时期的商路，随着地理环境的变化，尤其是经济环境的变化，发生了很大改变。近现代交通方式与交通建设技术的革新，迫使明清商路衰落下去。这使现在对明清商路不甚清楚，商路复原成为商业研究的一个重要内容。

历史时期商路复原研究，以往学者大多数是以文字描述或示意图形式表达。复原的程度限于商路的大致走向，对宏观层面理解区域经济是可以满足的，但对于中观乃至微观层面的研究却难以实现。《基于 GIS 的明代长城边防图集地图道路复原——以大同镇为例》一文，借助 GIS 技术，通过建立成本模型，复原明代大同镇道路，具有很大的创新性，但研究结果表明此种方法也存在局限性。②本书以传统文献记载为依据，结合地形地貌等因素，复原历史时期商路。商路选择与自然环境之间的关系问题，很少有史料记载，仅仅依靠传统史学方法很难进行研究。现代遥感技术和地理信息技术某种程度上可以弥补传统文献的不足，给这一问题的解决提供新的思路。

---

① 牛敬忠：《近代绥远地区的社会变迁》，内蒙古大学出版社 2001 年版，第 34 页。
② 曹迎春等：《基于 GIS 的明代长城边防图集地图道路复原——以大同镇为例》，《河北农业大学学报》2014 年第 2 期。

一　商路可视化思路与 GIS 技术

明清商路是在官道基础上形成的，其主干道分别以大同城和归化城为中心，向四周辐射。目前，历史文献记载商路的方式，是描述道路所经站点和里程，如《一统路程图记》载，"太原府，八十里成晋驿（属阳曲），七十里九原驿（属忻州），八十里原平驿（崞县）……"① 据此，利用历史文献考证的方法，考证出这些站点的当今位置。晋蒙交界区，山河表里，河谷地貌十分显著，商业运输不得不充分考虑地形地貌和水源补给问题。因此，商路复原在考证站点的基础上，遵循地形地貌可通达性原则进行数字化。谷歌地球软件上的影像，可作为数字化复原的图像基础。以史料为基础，充分参考地形地貌和里程，如此复原的商路数据，比较接近明清商路的真实路线。因为商路支路较多，加之史料所限，本书仅就商路主干道进行复原。

GIS 技术，称为地理信息系统技术，是对地理空间信息进行描述、采集、处理、存储、分析和应用的综合系统技术。② 自然环境要素，在地理信息系统中可以得到基本的量化和提取。在历史地形地貌与水文变化不大的前提下，可以利用现今地理信息技术获取其自然环境要素，而这些信息一定程度上可以补充史料记载的缺失。

利用 GIS 技术进行明清商路自然环境要素评价的前提，是选定合适的自然环境要素，设置合理的计算参数，以实现模拟的路径与此前复原的商路相一致。此后，对所选择的自然环境要素进行量化评价。这里所使用的主要技术方法，是地理信息系统空间分析中的距离制图方法。

---

① 黄汴：《一统路程图记》，杨正泰《明代驿站考增订本》附录，上海古籍出版社 2006 年版，第 237 页。

② 汤国安、杨昕：《Arcgis 地理信息系统空间分析实验教程》，科学出版社 2012 年版，第 1 页。

二 明清商路可视化

（一）明代商路考证及可视化

正如前文所述，明代晋蒙交界区的商路，限于边墙以南大同府，最终形成以大同城为中心的商路网。这里以大同府为起点，考究各段商路地理位置。《一统路程图记》记载了明代商路经过地点，因为太原府至雁门关段不属于本书研究区域，故这里不做研究。

大同城通往雁门关商路。该段商路自大同云中驿起，依次经过西安驿、安银子驿、广武驿，至雁门关。另外自广武驿可至朔州城。此段商路各站点考释情况如下。

云中驿，属大同县。据成化《山西通志》，"云中驿……旧在府城内东南宣德街，洪武五年改为本卫儒学，永乐初以县西南坊旧行用钞库改建"①。云中驿建于明大同县城内。明代大同县是大同府附郭县②，大同府城即为大同县城所在地。明代大同府城遗迹尚存，即今大同府故城，"平面近方形，南北长 1820 米，东西宽 1800 米"③。

西安驿，属怀仁县。据成化《山西通志》，洪武三年（1370），明朝在怀仁县东南二十里西安庄建西安驿，"洪武七年徙建大同县鲁溪村，永乐十三年（1415）修，景泰初徙夫县城内，成化初巡抚副都御史王越徙建于县东南疙疸头，缭以土城"。《一统路程图记》

---

① 成化《山西通志》卷四，选自《四库全书存目丛书》史部第 174 册，成化十一年刻本，齐鲁书社 1996 年影印本，第 97 页下。

② 成化《山西通志》卷一（《四库全书存目丛书》史部第 174 册，成化十一年刻本，齐鲁书社 1996 年影印本，第 20 页上）载，"国朝改置大同府……领州县凡十有一，置行都司大同前后二卫守焉，并治大同县"，又《明史》卷四一（中华书局，1974 年，第 967 页）载，"大同府，元大同路，属河东山西道宣慰司。洪武二年为府，领州四、县七，南距布政司六百七十里。大同，倚"，可见明代大同县属于大同府附郭县。

③ 国家文物局编：《中国文物地图集·山西分册（中）》，中国地图出版社 2006 年版，第 76 页。

所指的西安驿，应是成化年间徙建的怀仁县东南的疙疸头。疙疸头，西安堡的别称，"本名西安镇，接应州界，置驿于此"①。明代西安堡的位置，《中国历史地图集》中已经标明，位于桑干河与其支流口泉河汇合处，今怀仁县海北头乡西安堡村内，堡址保存完好。

安银子驿，属应州。洪武八年（1375），明朝在应州西南三十里建置，景泰初年迁至应州城内。②明代应州城，即现在的朔州市应州县城。据《明代驿站考》，安银子驿，在今山西应县城。③据此，安银子驿可定在今山西应县城内。

广武驿，属马邑县。据成化《山西通志》，洪武七年（1374）建广武驿，缭以土城，"属马邑县，在县东南五十里"④。今山阴县张家庄乡新广武村中现存新广武城址属明代遗址，被认定为洪武七年所建广武城。⑤

雁门关，明初在此设关，嘉靖年间重修，万历年间包砖。据《中国文物地图集·山西分册》，明代雁门关城址，位于今山西忻州市代县雁门关乡雁门关村东约100米，尚存关城遗址。⑥

雁门关驿，也称雁门驿，属代州。洪武年间已经设有此驿站⑦。据成化《山西通志》载，"雁门驿，属代州，在州城西关内，洪武

---

① 顾祖禹撰，贺次君、施和金点校：《读史方舆纪要》卷四十四《山西六》，中华书局2005年版，第2019页。

② 成化《山西通志》卷四，选自《四库全书存目丛书》史部第174册，成化十一年刻本，齐鲁书社1996年影印本，第97页上。

③ 杨正泰：《明代驿站考（增订本）》，上海古籍出版社2006年版，第35页。

④ 成化《山西通志》卷四，选自《四库全书存目丛书》史部第174册，成化十一年刻本，齐鲁书社1996年影印本，第97页上。

⑤ 国家文物局编：《中国文物地图集·山西分册（中）》，中国地图出版社2006年版，第168页。

⑥ 同上书，第600页。

⑦ 洪武年间官修的《寰宇通衢》（杨正泰点校，选自杨正泰撰《明代驿站考（增订本）》附，上海古籍出版社2006年版，第156页）明确记载雁门驿。

五年（1372）建"①。明代州西关城遗址至今遗存，据《中国文物地图集·山西分册下》可知，代州西关城址位于今代县西关村②。

朔州城。北齐时期筑，明洪武三年重建，洪武二十年（1387）砖包，万历年间筑外墙七里，高三丈六尺，女墙六尺，阔四丈，门四，清初受战乱影响而有所毁坏。③ 据《中国文物地图集·山西分册》，今尚存朔州故城，即明代重建朔州城址。④

大同城通往蔚州城商路。该商路自大同云中驿起，依次经过大同县瓮城驿、浑源州上盘驿、广灵县城，至蔚州城。该段商路站点考释情况如下。

瓮城驿，也称瓮城口驿，属大同县。据成化《山西通志》，"瓮城口驿……洪武五年（1372）建于县东南一十里杨寨都，景泰三年巡抚都御史年富徙建于西浮都，缭以土城"⑤。正德《大同府志》载，"瓮城口驿，在府城东南七十余里西浮都"⑥，西浮都应作西浮头⑦。嘉庆《大清一统志》亦载："瓮城驿，在大同县东南六十里西浮村，明洪武初置，旧有驿丞，本朝雍正七年裁。"⑧ 今山西大同县吉家庄乡有西浮头村，位于大同东南通往浑源交通要道上，应是瓮城口驿所在地。

---

① 成化《山西通志》卷四，选自《四库全书存目丛书》史部第174册，齐鲁书社1996年影印本，第97页上。

② 国家文物局编：《中国文物地图集·山西分册（下）》，中国地图出版社2006年版，第599页。

③ 雍正《朔平府志》卷四，选自《中国地方志集成·山西府县志辑》第9册，雍正十三年刻本2005年影印本，第94页下。

④ 国家文物局编：《中国文物地图集·山西分册（中）》，中国地图出版社2006年版，第145页。

⑤ 成化《山西通志》卷四，选自《四库全书存目丛书》史部第174册，成化十一年刻本，齐鲁书社1996年影印本，第97页下。

⑥ 正德《大同府志》卷三，《四库全书存目丛书》史部第186册，正德嘉靖增修本，齐鲁书社1996年影印本，第246页上。

⑦ 李峰：《明〈大同府志〉点校本析误》，《中国地方志》2003年第5期。

⑧ 嘉庆《大清一统志》卷一百四十六《大同府》，上海书店1984年影印本，第28页。

上盘铺驿，也称上盘驿，属浑源州。上盘铺驿建于洪武八年（1375），位于浑源州以南二十里，永乐十二年（1414）修葺。① 成化年后，上盘铺驿应徙建于浑源州东关城，因而正德《大同府志》载"上盘铺驿，在浑源州东关"②。明代浑源州城墙虽无遗迹，但城内永安寺遗存至今，可佐证明浑源州城即今浑源县城内。因此，上盘铺驿可定在今浑源县城。

广灵县城，唐代同光二年（924）始筑，明洪武十六年（1383）重修，万历二年（1574）改建，包以砖石，周三里一百八十步，高三丈六尺，清代多次增修。③ 明清广灵县城，位于今广灵县壶关镇，有清代文庙、城隍庙为证。

蔚州城，北周大象二年（580）建城，洪武五年（1372）德庆侯廖允中奉敕修筑，"周围七里十二步，高三丈五尺，堞高六尺，共四丈一尺，外包以砖"。④ 明代蔚州属山西大同府，清代行政隶属多次变革，今址为河北省张家口市蔚县城内。据《明代驿站考》，明代蔚州城中设有蔚州马驿。⑤

大同城通往直隶商路。该段商路自大同云中驿起，经二十里铺、聚落堡、阳和城，至天镇城。此段商路所经站点情况如下。

聚落堡，"明代弘治十三年（1500）创建，隆庆六年（1572）砖包，周三里三分，高三丈七尺"⑥，大同府城东部重要城堡，曾置

---

① 成化《山西通志》卷四，选自《四库全书存目丛书》史部第 174 册，成化十一年刻本，齐鲁书社 1996 年影印本，第 97 页下。

② 正德《大同府志》卷三，《四库全书存目丛书》史部第 186 册，正德嘉靖增修本，齐鲁书社 1996 年影印本，第 246 页上。

③ 乾隆《广灵县志》卷二《营建》，《中国地方志集成·山西府县志辑》第 8 册，乾隆十九年刻本，2005 年影印本，第 14 页下。

④ 成化《山西通志》卷三，选自《四库全书存目丛书》史部第 174 册，成化十一年刻本，齐鲁书社 1996 年影印本，第 65 页上。

⑤ 杨正泰：《明代驿站考（增订本）》，上海古籍出版社 2006 年版，第 35 页。

⑥ （明）杨时宁：《宣大山西三镇图说》，选自《玄览堂丛书》（初辑第四册），"中央图书馆"出版，1981 年影印本，第 222 页。

守御千户所，处于交通要道位置。今大同县巨乐乡聚落堡村，即明代聚落堡。

阳和城，"洪武三十一年（1398）始筑，高三丈七尺，环九里一分，南有关，累土为之，内设阳和驿，军民商贾云集焉"①，阳和卫和高山卫驻地。据《中国文物地图集·山西分册》，明代阳和城，延及民国时期，即今阳高县城，今尚存阳和卫城残垣。

天城城，创建于洪武三十一年（1398），万历十三年（1585）复包砖修之，高三丈九尺，周九里，天城卫和镇虏卫驻地。② 据《中国文物地图集·山西分册》，明代天城城，即天城卫故城遗址。③

大同城通往偏头关商路。该段商路自大同云中驿起，经高山堡、左云卫城、威远卫城、平虏卫城，至偏头关。此段商路所经站点情况如下。

高山堡，也称高山城，天顺六年（1462）建，嘉靖十四年（1535）改建，万历十年（1582）包砖，周四里三分，高四丈二尺。④ 据《中国文物地图集·山西分册》，明代高山堡，即今山西大同市左云县张家场乡旧高山村中旧高山城址。⑤

左云卫城，永乐七年（1409）始筑，周一十一里三分，万历六年（1578）加修，高共四丈二尺，大同左卫和云川卫驻地。⑥ 据《中国文物地图集·山西分册》，明代左云卫城，即今山西朔州市左

<hr />

① （明）杨时宁：《宣大山西三镇图说》，选自《玄览堂丛书》（初辑第四册），"中央图书馆"出版，1981年影印本，第262页。

② 同上书，第266页。

③ 国家文物局编：《中国文物地图集·山西分册（中）》，中国地图出版社2006年版，第102页。

④ （明）杨时宁：《宣大山西三镇图说》，选自《玄览堂丛书》（初辑第四册），"中央图书馆"出版，1981年影印本，第330页。

⑤ 国家文物局编：《中国文物地图集·山西分册（中）》，中国地图出版社2006年版，第133页。

⑥ （明）杨时宁：《宣大山西三镇图说》，选自《玄览堂丛书》（初辑第四册），"中央图书馆"出版，1981年影印本，第336页。

云县中左云卫故城遗址。①

威远卫城，建于正统三年（1438），万历三年（1575）包砖，周五里八分，高四丈，威远卫驻地。② 据《中国文物地图集·山西分册》，明代威远卫城，即今山西朔州右玉县威远镇威远村威远堡址。③

平虏卫城，"筑于成化十七年（1481），万历二年（1574）砖包，周六里三分，高四丈"④。据《中国文物地图集·山西分册》，明代平虏卫城，即今朔州市平鲁区凤凰城镇平虏卫故城遗址。⑤

老营堡，也称老营城，正统末年建，弘治十五年（1502）展修，万历六年（1578）砖包，周四里零六十二步，高四丈。⑥ 据《中国文物地图集·山西分册》，明代老营堡，即今忻州偏关县老营镇中老营堡址。⑦

八柳树堡，景泰二年建筑，万历十五年（1587）砖包，周二里零一百四步，高三丈五尺。⑧ 据《中国文物地图集·山西分册》，明代八柳树堡，即今忻州偏关县杨家营乡八柳树村中八柳树堡址。⑨

---

① 国家文物局编：《中国文物地图集·山西分册（中）》，中国地图出版社 2006 年版，第 133 页。

② （明）杨时宁：《宣大山西三镇图说》，选自《玄览堂丛书》（初辑第四册），"中央图书馆"出版，1981 年影印本，第 388 页。

③ 国家文物局编：《中国文物地图集·山西分册（中）》，中国地图出版社 2006 年版，第 184 页。

④ （明）杨时宁：《宣大山西三镇图说》，选自《玄览堂丛书》（初辑第四册），"中央图书馆"出版，1981 年影印本，第 322 页。

⑤ 国家文物局编：《中国文物地图集·山西分册（中）》，中国地图出版社 2006 年版，第 160 页。

⑥ （明）杨时宁：《宣大山西三镇图说》，选自《玄览堂丛书》（初辑第四册），"中央图书馆"出版，1981 年影印本，第 488 页。

⑦ 国家文物局编：《中国文物地图集·山西分册（中）》，中国地图出版社 2006 年版，第 684 页。

⑧ （明）杨时宁：《宣大山西三镇图说》，选自《玄览堂丛书》（初辑第四册），"中央图书馆"出版，1981 年影印本，第 486 页。

⑨ 国家文物局编：《中国文物地图集·山西分册（中）》，中国地图出版社 2006 年版，第 682 页。

　　马站堡，正德十年（1515）土筑，隆庆元年展拓之，万历六年（1578）包砖，周四里，高三丈五尺。① 据《中国文物地图集·山西分册》，明代马站堡，即今忻州偏关县陈家营乡马站村中马站堡址。②

　　偏头关，洪武二十三年（1390）建筑，后有所展筑，万历二年（1574）砖包，周五里零三百一十八步，高三丈五尺。③ 据《中国文物地图集·山西分册》，明代偏头关，即今忻州偏关县中偏头关城址。④

　　如图 2—1 所示，明代形成以大同城为中心的四段商路主干道，东通直隶京师，西达陕西，并通过支道与各州县及边外蒙古相通。

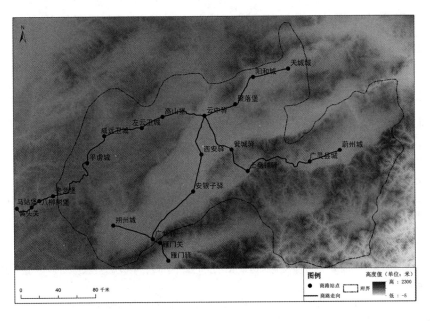

图 2—1　明代晋蒙交界区商路主干道专题图

　　① （明）杨时宁：《宣大山西三镇图说》，选自《玄览堂丛书》（初辑第四册），"中央图书馆"出版，1981 年影印本，第 482 页。

　　② 国家文物局编：《中国文物地图集·山西分册（中）》，中国地图出版社 2006 年版，第 683 页。

　　③ （明）杨时宁：《宣大山西三镇图说》，选自《玄览堂丛书》（初辑第四册），"中央图书馆"出版，1981 年影印本，第 474 页。

　　④ 国家文物局编：《中国文物地图集·山西分册中》，中国地图出版社 2006 年版，第 682 页。

（二）清代商路可视化

清代，晋蒙交界区的商路变化主要体现在边墙以北地区，形成以归化城为中心的商路交通网。边墙以南地区的商路，除了沿用明代以来的商路外，大同城经杀虎堡通归绥的官道演变为一条重要的商路。

归化城通往山西右玉县的商路。此段商路也是清初以来的官道，康熙年间设置的蒙古五路台站之杀虎口外驿道。该段商路自归化城起南行，"经大黑河至沙尔沁七十里，自此出归绥县，入和林境至上土城三十里，以次至和林县二十里，至新店子八十里，至八十家子二十里，入杀虎口至山西右玉县治二十里，由此东转大同、张家口，南转太原，均为孔道"①。商路所经重要站点如下。

归化城，明万历十四年（1586）三娘子筑，周三里许，高三丈余，清代南北两门年久坍塌，与旧城南增设外旗，包东西南三面筑墙置门，东曰承恩，西曰柔远，南曰归化，北曰建威，俱建楼。②民国时期，京绥铁路通达归化城，其城因狭小，不利发展，逐渐被拆除，现今已经不见城墙，但北门遗址仍尚存，即旧城北门。

和林格尔，乾隆二十五年（1760）设抚民通判厅，民国元年改为县。和林格尔设立台站，满文翻译为二十家子站，位于今和林格尔县。新店子，和林格尔厅南境，位于乌兰木伦河北岸③，即今和林格尔县新店子镇新店子村。八十家子站，属于和林格尔厅，与杀虎口是同址，八十家子站是蒙古台站，杀虎口是汉族驿站，即八十家子站位于今杀虎堡附近。④ 右玉县城，明代始筑右玉卫城，据

① 绥远通志馆编纂：《绥远通志稿》卷八十《车驼路》，内蒙古人民出版社2007年版，第10册，第78页。
② 咸丰《古丰识略》卷十一，《中国地方志集成·内蒙古府县志辑》第6册，咸丰十一年钞本，凤凰出版社2012年影印本，第109页。
③ 谭其骧主编：《中国历史地图集·清时期》，中国地图出版社1987年版，第20—21页。
④ 韩儒林：《清代内蒙古驿站的方位》，选自《穹庐集——元史及西北民族史研究》，上海人民出版社1982年版，第240页。

《中国文物地图集·山西分册》，明代右玉县城，即今右玉县右卫镇右玉县故城。[1]

归化城通往张家口商路。该段商路，康熙年间曾设蒙古驿站，雍正年间大多废止，民间商人多经此道。自归化城起，"经大黑河、羊盖板申至黑炭板申六十里，以次西沟门二十里，自此出归绥境入凉城境，沟门至县城六十里，至天成村九十里，出凉城境入丰镇境，至县治九十里，在经集贤庄、大庄科、平顶山出省境至察省张家口三百六十里"，又有分支，从丰镇南行，经得胜口至山西大同一百里。[2]

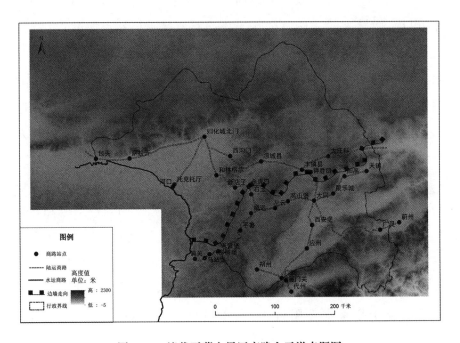

图 2—2 清代晋蒙交界区商路主干道专题图

① 国家文物局编：《中国文物地图集·山西分册（中）》，中国地图出版社 2006 年版，第 184 页。

② 绥远通志馆编纂：《绥远通志稿》卷八十《车驼路》，内蒙古人民出版社 2007 年版，第 10 册，第 77 页。

凉城，即清代宁远厅，雍正十二年（1734）置大朔理事通判，乾隆二十一年（1756）改宁远理事通判厅，民国时期改为凉城县，位于今凉城县。清代丰镇厅，民国时期改为丰镇县，即今丰镇县城。大科庄，在丰镇厅东，即今丰镇县大科庄乡。

自归化城通往宁夏的商路，经萨拉齐、包头、磴口至宁夏。萨拉齐、包头分别位于今萨拉齐县、包头市东河区。另外，自归化城起，经托克托输运河口，经黄河水运达山西、陕西黄河沿线，是晋蒙交界区重要水运商路。

三　商路的最优路径分析及其评价

利用最优路径分析方法，复原历史时期的商路，精确性依赖商路站点的间距。商路站点间距小，则最优路径拟合度越高，商路站点间距大，则最优路径拟合度越低。因为所复原的清代商路站点间距远大于明代，所以本书仅以明代商路为例，做最优路径分析，并评价其自然环境要素的影响度。

（一）自然要素的选择

明清时期，传统的交通工具是牛车、马车、驼、骡等，动力受到很大限制，地形地貌是影响交通路线的主要因素。明清时期的交通主干道基本是沿较为平坦的平原和河谷分布。一般而言，衡量地形地貌的两大重要量化指标是坡度和起伏度。坡度是表示地形单元陡缓的程度，起伏度是描述地表起伏的程度指标。坡度较小，起伏度较小，表示地形平坦，交通通达性较强。因此，坡度和起伏度是路径选择的两大重要因素。

因为传统交通工具以畜力带动，牲畜对水源有很大的依赖性，因此传统交通主干道尽可能接近河流。再则，晋蒙交界区地处农牧交错带，社会经济本身对水源的依赖性就高于湿润地带，较大州县城堡往往靠近河流。因此，通达州县城堡的商路，往往接近河流。

最优路径选择的自然因素，因地区差异而略有不同。以往研究，通常考虑坡度、坡向、距离河流远近、河流跨越度等因子①，但晋蒙交界区河流较小，且多为季节性河流，因此并不需要考虑河流跨越问题。

（二）数据来源

依据上述选择的自然要素，对晋蒙交界区商路进行最优路径分析，需要区域内的地形坡度数据、地形起伏度数据和距离河流里程数据等。地形坡度数据和起伏度数据来源于数字高程模型数据（DEM 数据），距离河流里程数据来源于明清河流数据。

晋蒙交界区，丘陵盆地相间，明清以来地形地貌并无大的变化。因此，数字高程模型数据采用现代测绘数据，来源于中国地理空间数据云②。该开放性平台提供了全球分辨率 30 米和 90 米的数字高程模型数据。这里采取 30 米分辨率的数据作为分析基础数据，其地理坐标是 WGS84 坐标。

明代商路站点数据，依据前文考证明确现今位置，借助 Google-Earth 软件，获取其地理坐标信息。河流数据来源于《中国历史地图集·元明时期》，利用栅格图像矢量化方法获取明代河流数据。

（三）分析过程及结果

1. 成本数据的分析

晋蒙交界区，地处农牧交错带，水源是影响社会经济生活重要因素。一般而言，聚落和交通尽量选择接近河流的平坦地区。因此，距离河流的远近是最优路径分析不得不考虑的成本数据之一。距离河流的远近，采用欧氏距离工具计算。"欧氏距离工具根据直

① 高静静：《清前中期驿递系统存在问题及对策》，硕士学位论文，陕西师范大学，2014年，第 59 页。

② 下载网址：http：//www. gscloud. cn/sources/？ cdataid＝302&pdataid＝10。

线距离描述每个像元与一个源或一组源的关系……欧氏距离给出栅格中每个像元到最近源的距离。"① 依据矢量化的河流数据，采用欧氏距离工具，从而获得距离河流最短直线距离的栅格数据。如图2—3 中左图所示，计算出河流远近数据，最大值是 97.7836 千米。为了进行成本加权计算，距离数据必须要进行重新分类，这里利用"相等间隔"分类法将数据分为 10 类，分别赋予 1—10 等级数值。第 1 类表示距离河流最近，范围在 0—9778.360937 米；第 2 类距离范围是 9778.360937—19556.7218 米；依次类推，第 10 类距离范围是 88005.248437—97783.6 米。重新分类后的结果，如图 2—3 中右图所示。

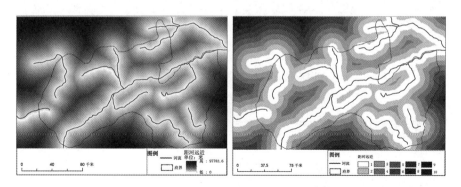

图 2—3　明代大同府距离河流远近数据专题图（左为分类前，右为分类后）

　　正如前文所言，晋蒙交界区，山地、河谷、盆地相间分布，地形是影响商路走向的一大重要因素。因此，成本数据不得不考虑地形因素。坡度和起伏度是地形的两个重要的量化指标。该区域坡度成本数据的分析过程是：在 DEM 数据的基础上，借助 ArcGIS 空间分析工具之坡度分析工具，得到大同府坡度数据。从坡度数据来看，

---

①　牟乃夏等编著：《ArcGIS10 地理信息系统教程——从初学到精通》，测绘出版社 2012 年版，第 331 页。

最大坡度是 70.5538 度。为了进行成本加权计算,借助 ArcGIS 重分类工具,将坡度数据进行重新分类,这里利用"相等间隔"分类方法将数据分为 10 类,分别赋予 1—10 等级数值。第 1 类表示地形最为平坦,范围在 0—7.055379 度;第 2 类坡度范围是 7.055379—14.110757 度;依次类推,第 10 类坡度范围是 63.498409—70.553787度。重新分类后的结果,如图 2—4 中右图所示。

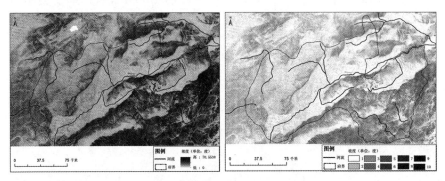

图 2—4　明代大同府坡度数据专题图(左为分类前,右为分类后)

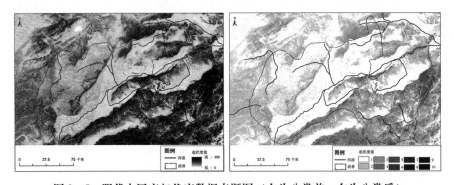

图 2—5　明代大同府起伏度数据专题图(左为分类前,右为分类后)

与坡度数据一样,在 DEM 数据的基础上,借助 ArcGIS 空间分析工具之领域分析工具,得到大同府起伏度数据。从起伏度数据来看,最大值是 496。起伏度数据同样需要进行重新分类,分类操作方法与坡度分析法类似。第 1 类数值范围在 0—49.6;第 2 类数值范围在49.6—99.2；以此类推，第10类数值范围在347.2—396.8。重新分类后的结果，如图2—5中右图所示。

2. 加权成本数据分析与成本数据集

成本距离分析，作为一种分析方法，与欧氏距离稍有不同。"成本距离工具确定的是各像元距最近源位置的最短加权距离。成本距离工具应用成本单位表示的距离，而不是以地理单元表示的距离。"[1] 成本单位的选择，不同的区域有不同的要素权重。处理各成本数据权重，通常利用地图代数之栅格计算器，采用较合适的算法，最终获得成本数据集。因为本研究并非利用分析建模方法达到复原商路的目的，而是通过最短路径分析方法复原"理想意义"上的明代商路，并与通过文献复原道路做对比，从而评价古代商路选择的自然环境要素。因此，这里的成本单位计算采用通常意义的权重比例，河流占40%，坡度和起伏度皆占30%。成本数据集的栅格语句是：$Cost = re\_ qfu * 0.3 + re\_ slope * 0.3 + re\_ river * 0.4$，分析结果如图2—6所示。

3. 最优路径分析及结果

最优路径，也称成本路径，实质是成本最小的路径，它的获取必须充分依据此前计算的加权成本数据集。最优路径的分析，局限于源和目标两个或两组对象，对于复杂的路线并不能直接计算，最终分析的结果是两个对象之间的路径。明代大同府的交通路线是以大同为中心向四周辐射的交通网络，商路的走向也大体如此。因此，为了便于进行最优路径分析，这里以大同为源点，分四个方向分别计算最优路径，即东北至天成路径，西南至蔚州路径，南至雁门路径，西至偏头关路径。

最优路径的分析，前提要计算源点出发的成本距离分配和成本

---

① 牟乃夏等编著：《ArcGIS10地理信息系统教程——从初学到精通》，测绘出版社2012年版，第331页。

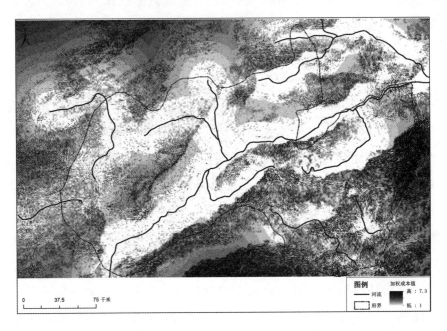

图2—6 明代大同府加权成本数据专题图

距离方向。这里,利用 ArcGIS 空间分析工具之成本距离分析方法,从而计算出成本回溯方向和成本距离分配情况,如图2—7所示,左图是方向分配,右图是距离分配。

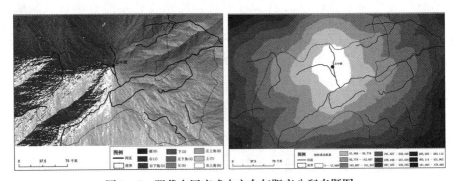

图2—7 明代大同府成本方向与距离分配专题图

以大同云中驿为中心,分别计算四个方向的最优路径,计算方法则是利用 ArcGIS 中距离分析工具中成本路径分析方法，并采用 Best single 计算方法，从而得出云中驿通往四个方向的最小成本路径。因为计算的数据是栅格形式，故而采取栅格转线的方法，转为矢量路径，如图 2—8 中红色路径。

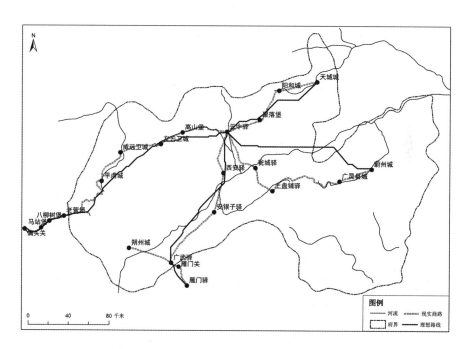

图 2—8　明代大同府现实商路与理想路线对比图

（四）评价

首先需要指出的是，历史时期商路分布已经是既定事实，只能依赖文献记载去尽可能地复原其走向，试图通过某个理想的模型去精准地复原历史时期商路原貌是难以达到的，这也是历史研究与当今资源规划的巨大差异。因此，本研究并非是利用 ArcGIS 功能去分析复原明代商路，而是通过最短路径分析方法计算"理想意义"上的明代商路，并与通过文献复原的道路对比，从而评价古代商路选择的自然环境要素。

　　历史时期的交通路线受到多种因素的影响，地形、水源等自然因素只是其中之一，其影响作用因地域不同而有很大差异。本研究重在考察明代大同这个具体区域，其自然环境因素对区域内商路走向的影响。

　　据图2—8所示，粗线是据文献记载复原的商路，细线是通过成本距离计算的理想商路。宏观上看，从大同云中驿出发的四条商路中，拟合度最低的是云中驿至蔚州的道路，其余三条商路拟合度适中。从微观上看，除了老营堡至偏头关段外，明代大同商路基本没有沿自然条件最优的路径分布。这折射出人文因素对商路分布的影响。州县城镇的分布是影响商路分布的主要人文因素，大同与蔚州城之间有广灵县、浑源县，其城都有商业市场，行商在此可以交易更多的商品，经济因素才是决定商人路径的主要因素。固然，商路的分布是由自然与人文因素综合作用的结果，但自然因素的影响势必通过人文因素起作用。明代大同商路的分布表明，地形、水源等自然环境为商路分布提供基础平台，而非起支配作用，尤其是大同盆地向浑源谷地过渡区。

　　明代边墙以南的官道建设，构建了其地域交通的基本框架。在大同镇军事消费和明蒙互市带动下，区域商业经济超前发展，其商业网络格局也很难脱离明朝军镇体系的影响。依此形成的商路交通与官道有着十分密切的关系。清代，蒙古归附，官道向北拓展。内地汉民出边开垦，逐渐形成新的移民社会，彻底改变了边外牧业单一的经济状况。经济的发展带动新商路的开辟，尤其是黄河水道的利用。清代商路的拓展逐渐摆脱官道体系的制约。

　　明清时期，传统的运输工具是驼、马车、牛车、骡车以及船筏等。地形、水源等自然环境对牲畜运输工具有着很大的影响。无论是官道建设，还是商路走向都十分注重这些因素。但是，自然环境的影响程度因区域不同而有所差异，如河谷地带的商路走向就在很大程度上受制于自然环境的影响。借助 ArcGIS 软件，基于自然要素的成本计算，通过对明代晋蒙交界区商路主干道的构建与对比实际道路的分析，结果表明，在晋蒙交界区，地形、水源等自然环境为商路分布提供了基础平台，而非起支配作用，人文环境是影响商路具体走向的主要因素。

第三章

明清晋蒙交界区商贸市场的
发展

　　商贸市场，作为商品交易场所，是整个商业活动中极为重要的环节。依靠商贸市场，商品价值得以实现，商人和消费者都得其所需，整个商业活动才可以延续。因此，无论历史商业地理学还是商业史，商贸市场都是研究的重要对象。

　　明清晋蒙交界区，作为历经三百年左右的时空地理单元，其政治区位经历了从边疆到内陆的转变过程。伴随着这种过程的转变，交界区人口分布、城镇类型、交通路线等方面都有很大变化。明清时期活跃一时的马市、军事性城堡市场和州县市场，在政治和经济区位剧烈变动下，呈现出不同的发展轨迹。以往学者对归化城或大同城等单个城镇市场的商业发展程度，或马市开设的历史过程关注较多，对各类贸易市场成长轨迹，以及区域内市场空间变动过程关注较少。如，明代马市的空间分布特征及其变动背后的主要影响因素有哪些？明代军事性城镇商业是如何发展起来的？州县治城商业发展显现出何种特征？入清后，在政治经济环境的重大变动下，晋蒙交界区商贸市场呈现怎样的发展态势？这些问题都需要进一步探究。

第一节　明代马市的发展

明代马市是明朝与蒙古部落在政治、军事斗争中相互妥协的产物，也是双方经济、文化交流的重要平台。侯仁之先生最早系统地研究了明代宣府、大同和山西等三镇的马市，其文《明代宣大山西三镇马市考》①考证了明代三镇马市发展始末、堡市建制沿革与市法，不仅廓清了明代三镇马市演变的历史过程，而且揭示了马市交易的具体规则，是马市考证方面最系统最权威的研究成果。此后学者多将马市置于民族贸易研究的理路中，揭示马市的贸易功能及其影响。②马市作为边疆特殊的交易市场，其开市日期、交易商品、开市地点都有严格规定，甚至部分马市旋开旋罢。由于研究角度不同，以往学者对于马市存废的时段性和地点选择关注较少，影响其存废的政治与军事因素分析不够，故本章拟以大同镇马市为例，考察马市存废的时间特征与地点选择，并从政治、经济和地理环境角度探求马市时空变动的影响因素。

一　马市开设与地理位置

大同镇马市开设较晚，"大同马市始正统三年（1438），巡抚

---

① 侯仁之：《明代宣大山西三镇马市考》，《燕京学报》1938 年第 23 期。

② 20 世纪 80 年代有杨余练《明代后期的辽东马市与女真族的兴起》（《民族研究》1980 年第 5 期），林延清《论明代辽东马市从官市到民市的转变》（《民族研究》1983 年第 4 期）、《明代辽东马市性质的演变》（《南开史学》1981 年第 2 期），萧国亮《明代汉族与女真族的马市贸易》（《平准学刊》第 5 辑下册，光明日报出版社 1989 年版），陈祺《明代辽东马市及其历史影响》[《东北师大学报》（哲社版）1987 年第 1 期]，李漪云《从马市中几类商品看明中后期江南与塞北的经济联系及其作用》（《内蒙古师大学报》1984 年第 4 期）等等。与 80 年代相比，90 年代学者开始关注西北和北部的马市，如姚继荣《明代西北马市述略》[《青海民族学院学报》（社会科学版）1995 年第 2 期]，余同元《明后期长城沿线的民族贸易市场》（《历史研究》1995 年第 5 期）、《明代马市市场考》（《民族研究》1998 年第 1 期），吕美泉《明朝马市研究》（《求是学刊》1999 年第 5 期）。

卢睿请令军民平价市驼马，达官指挥李原等通译语，禁市兵器、铜、铁，帝从之"①。此时期马市交易与朝贡紧密结合，随贡蒙古人沿途贸易，交易地点随时设立。直到正统七年（1442），因"使臣及贸易人众，其中有纵酒越分，缘途殴伤军夫"，明朝规定，朝贡之际，"除正副使定数外，凡从人及贸易之人悉留居猫儿庄"。② 自此，马市交易地点大致在猫儿庄，明代镇羌堡以北，今丰镇市区一带。正统十四年（1449），因王振削减也先部落的马价，边官未能控制马市交易中的绸、缯等商品的质量，直接导致了也先部落大规模南侵，最终酿成"土木堡之变"。此后，明朝断绝贡市，增筑城堡，加强边墙防御力量。

蒙古部落对明朝生活物资的天然需求，迫使蒙古部落采取军事掠夺的方式获取物资。明蒙双方各有优劣，因此在边墙沿线展开拉锯式战争。嘉靖年间俺答称雄草原，决定摒弃耗费军力的征掠方式，转而采取通贡贸易的方式来获其所需，因而连年求贡。明朝担心俺答借开市之机南下攻掠，多次拒绝开设马市。嘉靖三十年（1551）三月，俺答部多次来宣府、大同各边请求通贡。为表诚意，抑或抓住明朝叛徒送往明朝廷，抑或留下部族人作为人质。在仇鸾、严嵩等大臣提议开通互市的情况下，最终嘉靖帝下诏于大同五堡边外开立马市，每年两次。③

这次马市的地理位置在明代镇羌堡附近，今大同市新荣区堡子湾乡镇羌堡村北100米④。《三云筹俎考》中多次提及的"得胜市口"，应指镇羌堡附近马市。

据《宣大山西三镇图说·大同巡道北东路总图》（以下简称

① 《明史》卷八十一《食货五》，中华书局1974年版，第1982页。

② 《明英宗实录》卷九十六，正统七年九月庚辰，上海书店1982年影印本，第1933页。

③ 《明世宗实录》卷三七一，嘉靖三十年三月壬辰，上海书店1982年影印本，第6621—6625页。

④ 师悦菊：《明代大同镇长城的马市遗址》，《文物世界》2003年第1期，第33—37页。

《宣图》）所载，得胜堡与镇羌堡北边墙中间位置绘有一处马市，
《宣图》中《得胜堡图说》并没有记载马市，《镇羌堡图说》却明
确指出此堡设有马市，《三云筹俎考·关隘考》中亦有相同记载
（如图3—1所示）。得胜堡建于嘉靖二十七年（1548），位于镇羌
堡南二里。两堡相距二里，绝不可能设置两处马市。因此，得胜市
口其实是设立在镇羌堡附近。

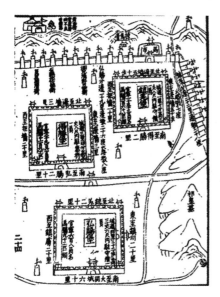

图3—1　镇羌堡附近的马市图

资料来源：左图源于王士琦《三云筹俎考·关隘考》，右图源于杨时宁《宣大山西三镇图
说·大同巡道辖北东路分图》。

为什么官方记载为得胜市口，或奏报马市情况也称得胜堡呢？
这与马市的管理有着密切的联系。在北房入边进贡之后，大同镇边
墙各路参将负责马市交易事项。而大同巡道辖北东路，"参将添设
于嘉靖十八年（1539），初驻扎宏赐堡，嘉靖二十三年（1544）改
移驻扎得胜堡，分辖得胜、镇羌、宏赐、镇川、镇边、镇河、镇

虏、拒墙八堡"①。因而，虽然马市开设于镇羌堡附近，却由得胜堡的参将负责管理和奏报情况，所以将设在镇羌堡附近的马市称为"得胜市口"。

因为明蒙关系并不稳定，尤其是蒙古抢掠之事，使明朝不到一年就关闭了得胜市口。嘉靖三十年（1551），白莲教信徒芹源等人鼓动俺答侵犯明朝边境，俺答部落犯大同右卫。此后，俺答多次犯边，致使明朝下令"三月诏罢马市，并命复言开市者论死"②。至此，大同马市即罢。

自大同马市关闭后，俺答部便失去了与内地和平交易物资的平台，只有通过掠夺来获取物资，经常与明朝发生小规模战争，可谓"三十余年迄无宁日"③。直到隆庆五年（1571），明蒙双方达成友好往来和议。针对议和之事，王崇古上疏"封贡便宜八事"。其中涉及马市的条目为"立互市"条，其云："其互市之规宜如'弘治初北虏三贡例'：虏以金银牛马皮张马尾等物，商贩以缎布疋锅釜等物，择日开市……其大同应于左卫迤北威虏堡边外……如夷情变诈，军门议行责问戒备其各镇，仍袭通虏媚虏夙弊者，重治之。"④

此次开设马市的地理位置，明朝原计划于大同左卫以北威虏堡，但是威虏堡"山高无水"⑤，因此另开他处。六个月后，宣大总督王崇古奏报马市交易情况，言"北虏互市事竣。大同得胜堡：自五月二十八日至六月十四日，官市，顺义王俺答部，马千三百七

① （明）杨时宁：《宣大山西三镇图说》，《玄览堂丛书》（初辑第四册），"中央图书馆"出版，1981 年影印本，第 239 页。

② （明）朱国祯：《皇明大政记》卷二四，《四库全书存目丛书》史部第 16 册，齐鲁书社 1996 年影印本，第 370 页（上）。

③ 《明穆宗实录》卷五九，隆庆五年七月戊寅，上海书店 1982 年影印本，第 1445 页。

④ 《明穆宗实录》卷五四，隆庆五年二月庚子，上海书店 1982 年影印本，第 1336 页。

⑤ （明）瞿九思：《万历武功录》，《明代蒙古汉籍史料汇编》（第四辑），内蒙古大学出版社 2007 年版，第 95 页。

十匹，价万五百四十五两……"① 奏报所指，大同得胜堡，即镇羌堡附近的马市。

随着明蒙友好关系的稳定，为了方便双方交易，蒙古部落请开多处马市。隆庆五年（1571）二月，俺答汗之子黄台吉请于平远堡开设马市，明朝以"平远不便"② 为由，于新平堡开设马市。五月王崇古奏报马市，言"新平堡：七月初三至十四日，官市，黄台吉摆腰兀慎部，马七百二十六匹，价四千二百五十三两……"③ 此处马市位于明代新平堡附近，今大同市天镇西马市村北 30 米④。《宣图》中《新平堡图说》明确记载，新平堡西北设有马市。

隆庆六年（1572），"（扯力克）遂与摆腰、兀慎起，争夺父（黄台吉）部落，父以故深怒之。于是，扯力克惮甚，乃告关吏，愿异市守口堡"⑤。经明朝允可，"其七月，扯力艮（克）台吉、摆腰台吉、兀慎台吉赴守口市"⑥。此处马市位于明代守口堡附近，今大同市阳高县龙泉镇守口堡村北约 300 米⑦。《宣图》中《守口堡图说》明确记载，守口堡北设有马市。

以上三处规模较大的马市分布于大同镇边墙东段，边墙西段地区蒙汉居民交易不便，隆庆六年（1572）明朝为此开设了六处小市，"边外复开小市，听虏以牛羊张马尾易我杂粮布帛"⑧。如宁虏

---

① 《明穆宗实录》卷六一，隆庆五年九月癸未，上海书店 1982 年影印本，第 1492 页。

② （明）瞿九思：《万历武功录》，《明代蒙古汉籍史料汇编》（第四辑），内蒙古大学出版社 2007 年版，第 95 页。

③ 《明穆宗实录》卷六一，隆庆五年九月癸未，上海书店 1982 年影印本，第 1492—1493 页。

④ 师悦菊：《明代大同镇长城的马市遗址》，《文物世界》2003 年第 1 期，第 33—37 页。

⑤ （明）瞿九思：《万历武功录》卷八，《明代蒙古汉籍史料汇编》（第四辑），内蒙古大学出版社 2007 年版，第 122 页。

⑥ 同上书，第 100 页。

⑦ 师悦菊：《明代大同镇长城的马市遗址》，《文物世界》2003 年第 1 期，第 33—37 页。

⑧ （明）瞿九思：《万历武功录》卷八，《明代蒙古汉籍史料汇编》（第四辑），内蒙古大学出版社 2007 年版，第 98 页。

堡附近小市,"款塞以后设有市垣,夷人月赴贸易"①。款塞,即指隆庆议和之事。这些小市都依附于边堡,大多位于边堡附近。这些边堡存留至今,据此可知马市大致位置。助马堡附近的马市,在助马堡北,今大同市新荣区郭家窑乡助马口北;宁虏堡附近的马市,明代宁虏堡,今大同市左云县三屯乡宁鲁堡村东北两公里处;杀胡堡附近的马市,在杀胡堡西北,今朔州市右玉县右卫镇杀虎口村北;云石堡附近的马市,在云石堡西北,今朔州市右玉县丁家窑乡云石堡村西约 500 米;迎恩堡附近的马市,在迎恩堡西北,今朔州市平鲁区阻虎乡迎恩堡村西北;灭胡堡附近的马市,在灭胡堡西,今朔州市平鲁区阻虎乡阻堡西。②

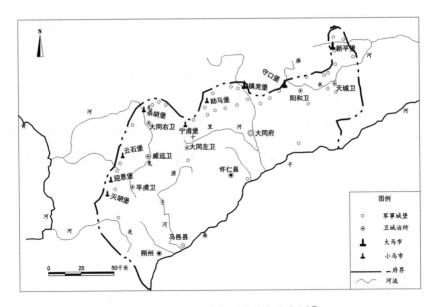

图 3—2   隆庆以后大同镇马市分布图③

---

① (明)王士琦:《三云筹俎考》卷三,《中华文史丛书》第 29 册,台湾:华文书局 1969 年影印本,第 396 页。

② 国家文物局主编:《中国文物地图集·山西分册》,中国地图出版社 2006 年版,第 91、132、160、183 页。

③ 底图来源《中国历史地图集·元明时期》,中国地图出版社 1982 年版,第 54—55 页。

如图 3—2 所示，隆庆议和之后，明朝在边墙适宜位置开设了九处马市，明蒙双方维持了长期稳定的和平关系。直至崇祯三年（1630），边外战事紧张，明朝关闭北路马市，大同镇马市亦罢废。①

二　马市选址的空间变动及其影响因素

明代大同镇马市分为大市和小市，在明蒙双方激烈的角逐下，伴随其数量由少至多的变化，马市空间分布也不断变动，至隆庆年间进入平稳阶段，呈现出显著特点。如前文所言，得胜口市等大市位于边墙东段，而其余六处小市位于西段。这一特征与大同镇经济、军事和地理位置等因素密切相关。

大同镇位于明朝边疆地区，不仅经济发展较为缓慢，而且地域差异悬殊，大同镇城作为区域政治、军事中心优先发展成为商业中心。《宣大山西三镇图说》载："大同镇……地气丰暖，岁常收获，多为他路所仰给，且居民繁庶，商贾辐辏。"② 大同商贾从他地贩运各种货物至大同售卖，使大同成为该地区最大的商品集散中心。从货物来源地看，远及江南的货物也在这里汇集。"大同府……至若陆驮水航之物、藏山隐海之珍，靡不辐辏而至者，大都多东南之产，而转贩之力也。"③ 大同繁荣的商业影响了居民生活观念，至崇祯年间，"大同……虽涉荒徼，商旅辐辏，以浮靡相炫耀"④。明代大同繁荣的商业景象，使世人称"九边如大同，其繁华富庶，不下

---

① 乾隆《口北三厅志》卷一一（选自《中国方志丛书·塞北地方》第 36 号，乾隆二十三年刊本，台湾：成文出版社 1968 年影印本，第 192 页下）记载"崇祯三年，用敖目台吉，北路款市绝"，大同镇马市亦包括其中。

② （明）杨时宁：《宣大山西三镇图说》，选自《玄览堂丛书》（初辑第四册），"中央图书馆"出版，1981 年影印本，第 212 页。

③ 万历《山西通志》卷七《物产》，《稀见中国地方志汇刊》第 4 册，崇祯二年刻本，中国书店 2012 年影印本，第 79 页下。

④ 万历《山西通志》卷六《风俗》，《稀见中国地方志汇刊》第 4 册，崇祯二年刻本，中国书店 2012 年影印本，第 76 页下。

江南"①。大同镇城繁荣的商业为其附近的镇羌堡马市、守口堡马市和新平堡马市提供了充足的货源。这三处大马市交易分为官市和民市两个阶段。官市交易由朝廷派发银两采购交易所需商品，大同镇城商品当然率先被采购，一些稀缺商品还应派官员至南方采购，如万历年间"本镇互市应用缎匹、梭布、水獭、狐皮等物，发价银四万余两，委官往各省收买……毛皮张行湖广"②。民市交易上，商民大多就近收购商品赴市交易。镇羌堡处马市、守口堡马市和新平堡马市之所以形成大市，很大程度上依托于大同镇城繁荣的商业。

对于明朝来说，大同镇马市的开设是朝廷军事失败后妥协的结果。长期以来，明朝把马市当作羁縻政策之一。因此，在马市选址问题上，明朝优先考虑的必然是防止蒙古人进攻。大同镇军事环境成为影响马市空间分布的重要因素之一。大同镇北部形成了以路为基本单位的军事防区，各路设置参将统辖。自东至西，有阳和道新平路、阳和道东路、大同巡道北东路、大同左卫道北西路、大同左卫道中路、大同守道西路、大同守道井坪路。各路参将驻扎的地理位置如表3—1所示：

表3—1　　　　　　大同镇北部各路参将地理位置表

序号	属路名称	参将驻扎地	地理位置
1	阳和道新平路	新平堡	北至本堡边墙7里，西至本堡边墙2里
2	阳和道东路	阳和城③	北至本城边墙15里，北至守口堡15里
3	大同巡道北东路	得胜堡	北至本堡边墙3里，北至镇羌堡2里

① （明）谢肇淛：《五杂俎》卷四，《续修四库全书》第1130册，万历四十四年刻本，上海古籍出版社2002年影印本，第419页上。
② 《明神宗实录》卷二一二，万历十七年六月丙戌，上海书店1982年影印本，第3972页。
③ 据《宣大山西三镇图说》，阳和城嘉靖年间是参将所在地和总督军门所在地，后参将调至天城城，但从军力来看，阳和城有"存散见在官军六千九百二十八员八名……守备所统二卫见在官军二千一百八十一员"；而天城城"所领见在官军一千二十一员"。相比之下，阳和城仍为该路的军事重心，因此不列天城城，而列阳和城。

续表

序号	属路名称	参将驻扎地	地理位置
4	大同左卫道北西路	助马堡	北至本堡边墙8里，西至本堡边墙2里
5	大同左卫道中路	右卫城	西至边墙30里，北至杀胡堡20里
6	大同守道西路	平虏堡	北至边墙40里，西至迎恩堡30里
7	大同守道井坪路	井坪城	西至边墙115里，西至灭胡堡100里

资料来源：（明）杨时宁《宣大山西三镇图说》，部分里程未直接记载，相加得出总数。

由表3—1可见，新平堡、守口堡、镇羌堡等处距离该路军事中心较近，新平堡本为参将所在地，守口堡距离阳和城不过15里。而大同镇其他路参将所在地距离边墙较远，至少超过30里。这表明大马市选择军事防御力较强之地。

镇羌堡处马市依靠大同巡道北东路防御体系。此路参将设于镇羌堡西南二里的得胜堡。据《宣大山西三镇图说》，"本堡设自嘉靖二十七年（1548）……故移弘赐堡参将驻扎于此，极为得策。参将所统应援见在官军二千四百四十八员（按：一般城堡的见在官军只有几百人而已），马骡一千一百八十九匹头。堡与镇羌逼近，紧拆相闻，有警两堡依附，矢镞可及，虏终不能独窥一城以滋跳梁，钧有参将建旌锁钥之顾参将，八堡之援，非本堡所得专也。本处既设专堡，脱或弘赐等堡告急，势必往援堡"①。可见，无论从军力还是城防来说，得胜堡都有较强的军事防御力。

守口堡处马市依托于阳和道东路较为稳固的防御体系。守口堡，"筑于嘉靖二十五年（1546），隆庆六年（1572）砖包……原设操守，万历二年改设守备，所领健在旗军四百六十六名，马四十五匹，市口一处……近设有市场羁縻之而又有靖虏、镇门二堡为之

---

① （明）杨时宁：《宣大山西三镇图说》，选自《玄览堂丛书》（初辑第四册），"中央图书馆"出版，1981年影印本，第242页。

左右，标下两掖营为之弹压，声势相依，可报无虞焉"①。除靖虏堡和镇门堡左右策应以外，守口堡距离阳和城不到 15 里，阳和道东路参将驻城，"左右掖及入卫营共统存散见在官军六千九百二十八员（名），马骡五千八百九十二匹（头），守备所统二卫见在官军二千一百八十一员（名），马骡六十八匹（头）"②。守口堡、靖门堡、镇口堡、阳和城等军事防御力量保障了马市顺利进行。

新平堡处马市有阳和道新平路军事保障。新平路参将驻扎新平堡，分管新平堡、平远堡、保平堡和桦门堡等四堡。距离马市最近的新平堡，"设自嘉靖二十五年（1546），隆庆六年（1572）砖包……原设守备官一员，除援兵外所领见在旗军六百二十三名，马骡五十七匹（头）"③，平远堡、保平堡和桦门堡声势相倚，左右颇可应援。

地理位置也是影响马市空间分布的重要因素之一。对于蒙古部落而言，大马市是其交换商品的重要窗口，为避免长途跋涉当选择部落附近；而对于明朝廷而言，马市是羁縻政策的体现，为便于管控，马市的设置，应选择军队易增援之地。嘉靖年间，蒙古俺答汗崛起，后被明朝敕封为顺义王。俺答汗及其家族部落驻牧于镇羌堡至新平堡一带，顺义王庭设于镇羌堡外。自镇羌堡至新平堡一带，也是明朝重兵防御之地，有大同镇、阳和卫、高山卫、天城卫和镇虏卫等，大同镇和京师援兵也能及时抵达。正因如此，朝贡也由镇羌堡入大同镇，东至京师。因此，大马市位于镇羌堡至新平堡一带，充分考虑了地理位置因素。

从微观角度看，马市空间分布还有另一个特点，即靠近河流。镇羌堡处马市靠近御河，守口堡马市靠近雁门水，新平堡马市靠近

① （明）杨时宁：《宣大山西三镇图说》，选自《玄览堂丛书》（初辑第四册），"中央图书馆"出版，1981 年影印本，第 268 页。

② 同上书，第 263 页。

③ 同上书，第 288 页。

洋河，杀胡堡马市靠近兔毛川，其他马市也都靠近河流。对于农牧交错带来说，水是生产和生活的重要物资，马市选址也不例外。隆庆五年（1571），王崇古拟定大同马市开于威虏堡，但俺答因为威虏堡无水，要求改设于镇羌堡。

三　马市存废及其与蒙古关系

镇羌堡处马市起始于嘉靖三十年（1551），不到一年被迫关闭，直到隆庆五年（1571）复开。隆庆五年（1571）后，明朝相继开设守口堡马市、新平堡马市及各小市，直到崇祯年间因战乱而一并关闭。在此之前，大同镇也曾开市。正统三年（1438），明朝设大同马市，正统十四年（1449），因王振削减也先部落的马价，边官未能控制马市交易中绸、缯等商品的质量，直接导致了也先部落大规模南侵，最终酿成"土木堡之变"。可见，大同镇马市于隆庆五年（1571）前时开时闭，隆庆五年（1571）后不仅马市数量增多而且再无中断，直至明末战乱而关闭。

隆庆五年（1571）成为大同镇马市发展的分界线，前后情况迥然不同。其主要影响因素是明蒙关系。明蒙之间的关系，以"隆庆议和"为分水岭，此前双方战争不断，此后双方和平往来，直到明末都没有发生重大冲突，这已是明史学界共识。明朝开设多处马市是和议的重要内容，此后双方和平往来的政治关系保障了马市正常运行。隆庆以前，马市之所以时开时闭，是因为蒙古部落时常南下抢掠，明蒙关系极不稳定。根据《中国历代战争年表》和《两镇三关通志》统计，如表3—2所示，隆庆以前蒙古部落入寇大同镇集中在嘉靖年间，多达44次，占明代的65.7%，正统年间发生"土木堡之变"。明蒙关系导致大同镇马市于正统年间和嘉靖年间时开时闭。

表 3—2　　　　　　隆庆以前蒙古部落入寇大同府时间分布统计表

年代	蒙古入寇次数	比例（%）	备注
洪武（1368—1401）	4	6.0	
永乐（1402—1423）	0	0	
洪熙（1424—1424）	0	0	
宣德（1425—1434）	0	0	
正统（1435—1449）	2	3.0	正统十四年
景泰（1450—1456）	1	1.5	
天顺（1457—1464）	3	4.5	
成化—弘治（1465—1504）	8	12.0	
正德（1505—1520）	5	7.5	正德九年
嘉靖（1521—1565）	44	65.7	

资料来源：参见中国军事史编写组《中国历代战争年表》上下册，解放军出版社 2003 年版；《两镇三关通志》，十三卷，嘉靖年间刻本，美国国会图书馆藏。

综上所述，正统年间蒙古部落大规模入寇，嘉靖年间战争冲突最为频繁，直到"隆庆议和"后双方进入长期和平往来阶段。明蒙这种政治关系使大同镇马市发展也以"隆庆议和"为界，正统和嘉靖年间时开时闭，而后稳定发展。一定程度上讲，大同镇马市时段特征可谓明蒙关系的一个缩影。

四　结语

大同镇作为明代边疆地区，既是明蒙双方交锋的前沿，也是双方物质交流的地带。明朝为了抵御蒙古人掠夺，开设马市以满足蒙古人对物资的需求。在大同镇，明朝先后开设了镇羌堡处马市、守口堡处马市、新平堡处马市和六处小市。

马市，对于明蒙政权意义迥然不同，蒙古人将其看作获得物质交流的重要窗口，明朝则把它作为羁縻政策之一。在双方利益诉求下，马市的空间分布呈现出地域差异，大马市分布于大同镇边墙东段，小马市分布于边墙西段。这与大同镇经济格局、军事防御体系和地理位置有密切联系。

大同镇马市经历了俺答汗的多次请贡、明朝开市、旋而罢市等曲折的过程。正统和嘉靖年间马市时开时闭，隆庆年间马市发展趋于稳定。正统年间与嘉靖年间是蒙古入寇大同最为剧烈的时段，使马市时常中断；"隆庆议和"后双方长期的和平关系保障了马市顺利运行。换而言之，大同镇马市发展已深深地打上明蒙关系的烙印。

第二节　明代城镇商业的发展

城镇，作为现代概念，通常指代以非农业人口为主且具有一定规模的居民点。人口数量与人口结构作为城镇判断的重要标准，通常规定，非农人口占一半以上，常住总人口在 2000—100000 的县级以上机关所在的聚落，可称为城镇。本章使用的历史时期城镇概念与之略有不同，指代明代的军镇城、堡寨、州县治城等聚落，地位次于商业大都市。明代晋蒙交界区城镇，基本限于边墙以南，其兴起、发展过程受到明代边疆军事因素的影响。

一　大同镇军事城镇商业化

（一）大同防御体系的演变

洪武二年（1369），明朝控制山西，蒙元势力北退，部分残元势力藏匿山西腹地，内外呼应，企图恢复统治。洪武初年，尽管明朝进一步扫荡了山西残存的蒙元势力，但蒙古势力依旧是明朝政权稳定的隐患。正统以后，随着蒙古势力壮大，对明朝采取多次大规模进攻，乃至兵临京城，烧杀掳掠。

大同，地处京师西北，有官道直达京师，有"西北门户"之称。为了稳固边防，明朝初年，不仅主动进攻蒙古军队，而且建立起完整的军事防御体系。以卫所为基础的山西行都司，在洪武年间已经形成，辖区远远超过大同府，不仅包括边墙以外的羁縻卫所区，还囊括大同府以东大片区域。洪武二十五年（1392）八月，"上以山西大同等处宜立军卫屯田守御，乃谕宋国公冯胜、颍国公傅友德等曰：屯田守边，今之良法，而寓兵于农，亦古之令制。与政使司，集有司耆老，谕以朕意"①。与此同时，太祖朱元璋"乃分命开国公常升、定远侯王弼……等往太原等府，阅民户四丁以上者，籍其一为军，蠲其徭役，分隶各卫，赴大同等处开耕屯田"②。朝廷计划"东胜立五卫，大同在城立五卫，大同以东立六卫"③。十二月，宋国公冯胜上奏籍民情况，共籍 16 卫。④ 洪武二十六年（1393）二月，将 16 卫调往戍边，"置大同后卫及东胜左、右卫、阳和、天城、怀安、万全左右、宣府左右十卫于大同之东；高山、镇朔、定边、玉林、云川、镇虏、宣德七卫于大同之西，皆筑城置兵屯守"⑤。不久，山西行都司所辖卫所略有调整。

作为军政体系的山西行都司，掌管军事和行政等事务，任务繁重，权力甚大。明朝为了分割其权，设官镇守。洪武年间，明朝派遣京官镇守大同，至永乐年间，派郑亨任宣府总兵官，朱荣任大同总兵官，节制山西行都司。自此，总兵官成为常制，山西行都司辖区内设有大同和宣府两镇。掌管卫所日常事务的都司和负责军事防卫的镇相辅相成，奠定了大同基本防御体系。

---

① 《明太祖实录》卷二百二十，洪武二十五年八月丁卯，上海书店 1982 年影印本，第 3224—3225 页。

② 同上书，第 3225 页。

③ 同上。

④ 《明太祖实录》卷二百二十三，洪武二十五年十二月壬申，上海书店 1982 年影印本，第 3264 页。

⑤ 《明太祖实录》卷二百二十五，洪武二十六年二月辛巳，上海书店 1982 年影印本，第 3295 页。

建文至永乐初年，明朝激烈的政权争夺，使大同防御体系发生了重大变化。建文末年内乱，发生"靖难之役"，原山西行都司丧失对边墙以外的羁縻卫所的管辖，辖区自然缩小，如《中国行政区划通史·明代卷》所推断，"宣德卫、察罕脑儿卫皆于此间不废而亡，使得行都司北界向南大大收缩"①。永乐初年，为了充实京师军力，将大同相当一部分卫所迁移至京师，削弱了大同防御力量。而后，明朝不断调整山西行都司卫所，并增设万全都司分管其地，大同行都司与大同镇辖区基本吻合。

正统以后，蒙古势力逐渐崛起，时常南下寇边，成为明朝边防一大隐患。土木堡之战，明朝大败，明英宗被俘虏，使明朝不得不加强边防，防范蒙古南掠。成化以后，明朝派遣余子俊修边墙，筑城堡，增强军镇军力，竭力把蒙古人阻挡在边墙之外。嘉靖年间，明蒙冲突日益严重，双方在大同镇边墙沿线展开拉锯式战争。这一时期，明朝竭力经营边镇，大同镇边墙沿线兴筑大量城堡，分路设参将统辖。据《宣大山西三镇图说》统计，嘉靖年间在大同镇边墙沿线筑有 47 个城堡②，形成以边墙为依托的带状防御线。隆庆议和后，明蒙进入长期和平往来阶段，直至明末双方也未发生大规模冲突。

（二）城堡的规模及分布

大同镇自明初建置起，其驻防情况因时而变，迁徙卫所，兴筑城堡，直到嘉靖年间总体上趋于稳定。各城各堡都配有固定旗军和马骡，也负责一定的墩台、边墙等防御事务。大同镇分为大同巡道、大同阳和道、大同守道和大同左卫道，以城或堡构建防御体系。据表3—3统计，大同镇筑有城堡共58座，城有10座，堡有

---

① 郭红、靳润成：《中国行政区划通史·明代卷》，复旦大学出版社 2007 年版，第 271 页。
② （明）杨时宁：《宣大山西三镇图说》，选自《玄览堂丛书》（初辑第四册），"中央图书馆"出版，1981 年影印本，第 209—397 页。

48 座。从统计数据分析，城的规模比较大，小则周三里以上，最大者大同城有十三里之大。堡的规模最小有一里之多，最大者弘赐堡有四里二十二步。明代大同府所辖州县中，最小县城马邑县城规模只有二百七十九丈，最大州城蔚州城周七里十二步，怀仁县城周三里六步，朔州城周七里，应州城周五里八十五步，山阴县城周四里零二十步，浑源州城周四里二百二十步，广灵县城周四里，灵丘县城周三里三百三十步，广昌县城周三里一百八十步。[①] 如表 3—3 所示，与州县城相比，大同镇所辖军卫治城规模远大于州城，如阳和城、天城城、左卫城和右卫城等，其规模达九里之多。堡的规模参差不齐，较大规模的堡与县城规模相当，其余的堡也都比马邑县城大。

据正德《大同府志》统计，正德七年大同府所辖州县中，大同县户数最多，有 3104 户，户数最少的是马邑县，有 564 户，州县平均户数为 1495 户。[②] 这一数据是州县全部户数，州县城中户口数必然少于此数。遗憾的是，大同府州县城中居民户数鲜有记载。明代以农业为本，大同府州县城中人数应该不多，千户以上的州县城已经称得上殷实之地。如此推断，大同府州县城中平均户数很可能在 500 户左右。大同府地处边疆，很大区域并没有州县建制，而是山西行都司和大同镇管辖的城堡建制。据表 3—3 可知，城堡中驻军最少者王家庄堡有 200 员，最多者大同城有 24186 员，大部分城堡驻军达 400 员。明代实行严格的户籍分管制度，军户世袭，驻边军户往往携带家眷驻防，父死子继，以保证充足的兵源。如此计算，驻军人数一定程度上代表户数。大同镇所辖城堡人数动辄四五百户，甚至近万户，实则不低于州县城规模，部分城堡远远超过其

① 正德《大同府志》卷二，《四库全书存目丛书》史部第 186 册，正德刻嘉靖增修本，齐鲁书社 1996 年影印本，第 224 页。

② 同上书，第 253 页。

规模。换而言之，大同镇城堡实则形成了边疆独特的军事型居民群体。

表3—3　　　　嘉靖年间大同镇城堡规模、驻兵情况统计表

堡名	兴筑年代	规模	驻军（名）	马、骡（匹）
大同城	洪武五年	周十三里高四丈二尺	24186	16448
聚落城	弘治十三年	周三里三分高三丈七尺	737	190
王家庄堡	嘉靖十九年	周二里八分高二丈二尺	200	10
许家庄堡	嘉靖三十九年	周三里六十八步高三丈六尺	683	193
弘赐堡	嘉靖十八年	周四里三十二步高三丈六尺	607	92
镇边堡	嘉靖十八年	周三里八十步高四丈一尺	722	82
镇川堡	嘉靖十八年	周二里五分高四丈一尺	679	70
镇河堡	嘉靖十八年	周二里八分高四丈	333	7
镇房堡	嘉靖十八年	周二里九分高四丈	245	47
镇羌堡	嘉靖二十四年	周一里七分高三丈八尺	1053	184
拒墙堡	嘉靖二十四年	周一里八分高三丈六尺	420	30
得胜堡	嘉靖二十七年	周三里四分高三丈八尺	2448	1189
阳和城	洪武三十一年	周九里一分高丈七尺	9109	5960
天城城	洪武三十一年	周九里高三丈九尺	1021	26
守口堡	嘉靖二十五年	周一里一百二十步高三丈五尺	464	45
靖房堡	嘉靖二十五年	周二里四分高三丈三尺	461	37
镇门堡	嘉靖二十五年	周一里五分高五尺	512	48
镇口堡	嘉靖二十五年	周一里三分高三丈五尺	311	16
瓦窑口堡	嘉靖三十七年	周一里高三丈五尺	468	19
永嘉堡	嘉靖三十七年	周三里四分高三丈六尺	298	17
镇宁堡	嘉靖四十四年	周一里二分高三丈五尺	302	16
新平堡	嘉靖二十五年	周三里六分高三丈五尺	623	57
平远堡	嘉靖二十五年	周二里八分高三丈五尺	406	58
保平堡	嘉靖二十五年	周一里六分高三丈五尺	321	18
井坪城	成化二十一年	周四里九分高三丈六尺	550	77

续表

堡名	兴筑年代	规模	驻军（名）	马、骡（匹）
灭胡堡	嘉靖二十三年	周一里五分六步高三丈七尺	537	24
乃河堡	嘉靖四十五年	周一里四分高三丈五尺	341	79
西安堡	嘉靖四十年	周二里一百步高三丈五尺	229	14
平虏城	成化十七年	周六里三分高四丈	1666	145
迎恩堡	嘉靖二十三年	周一里五分高三丈七尺	545	77
败胡堡	嘉靖二十三年	周一里五分高三丈六尺	434	46
阻胡堡	嘉靖二十三年	周一里一份高三丈五尺	373	65
高山城	天顺六年	周四里三分高四丈二尺	723	241
左卫城	永乐七年	周一十一里三分高四丈二尺	1500	169
右卫城	永乐七年	周九里八分高四丈二尺二寸	1630	267
破胡堡	嘉靖二十三年	周二里八步高三丈八尺	700	96
杀胡堡	嘉靖二十三年	周二里高三丈五尺	778	152
残胡堡	嘉靖二十三年	周一里一百三十步高三丈六尺	395	38
马堡	嘉靖二十五年	周一里五十四步高三丈五尺	364	34
铁山堡	嘉靖三十八年	周一里四分高三丈五尺	534	48
云阳堡	嘉靖三十七年	周一里六分高四丈一尺	313	23
牛心堡	嘉靖三十七年	周二里五分高三丈五尺	434	37
红土堡	嘉靖三十七年	周一里八分高三丈五尺	275	39
黄土堡	嘉靖三十七年	周一里六分高四丈一尺	321	41
宁虏堡	嘉靖二十一年	周二里七分高三丈七尺	392	31
威虏堡	嘉靖二十一年	周二里二分高三丈五尺	416	16
灭虏堡	嘉靖二十二年	周二里六分高三丈五尺	389	32
破虏堡	嘉靖二十二年	周三里二分高四丈二尺	320	29
助马堡	嘉靖二十四年	周二里四分高三丈八尺	634	30
保安堡	嘉靖二十四年	周一里五分高三丈五尺	382	12
拒门堡	嘉靖二十四年	周一里二百五十步高三丈七尺	487	24
云西堡	嘉靖三十七年	周一里三分高四丈一尺	345	12
新旧云冈堡	嘉靖二十一年	周一里四分高三丈五尺	218	12
威远城	正统三年	周五里八分高四丈	752	116

堡名	兴筑年代	规模	驻军（名）	马、骡（匹）
威胡堡	嘉靖二十三年	周一里五分高四丈二尺	467	12
云石堡	嘉靖三十八年	周一里七分高四丈一尺	543	27
祁家河堡	嘉靖四十一年	周二里高三丈五尺	215	12
威平堡	嘉靖四十五年	周一里四分高三丈七尺	279	12

资料来源：参见（明）杨时宁《宣大山西三镇图说》三卷，《玄览堂丛书》（初辑第四册），万历刊本，"中央图书馆"出版 1981 年影印本。

　　大同镇"山河表里"的地貌特征，奠定了交通要道的基本形态，这使大同镇城堡军民群体地理分布呈现规律性。如图3—3 所示，城堡分布呈现两道防御，大同镇外边墙下形成堡堡相连的带状防御，以天城城、阳和城、聚落城、大同城、高山城、左卫城、右卫城、威远城、平虏城为节点沿主干道形成城城相连的第二道防御带。

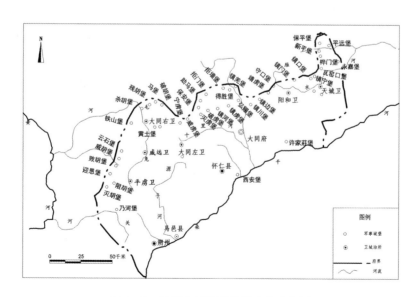

图3—3　明代大同军事城堡聚落分布图

资料来源：《中国历史地图集·元明时期》，中国地图出版社 1982 年版，第54—55 页。

（三）农牧业生产与消费需求

从气候指标的角度上看，晋蒙交界区属于农牧交错带，年降水量为 300—450 毫米，宜农宜牧。由于民族生活方式的不同，明代晋蒙交界区以边墙为界，北边是蒙古部落游牧区，南边是汉民农耕区。边墙南北居民无论选择何种生活方式，气候环境都是农牧业生产的重要影响因素。

明代大同地处边陲，纬度较高，不仅年降水量有限，年积温也不足，风较大，气候条件很大程度上限制农业发展。明代山西大同府，"风气刚烈，未秋先霜，物早凋瘁，五谷之中亦多难养。即稍成熟，秋夏收获多在一时。况虏未款贡之先，春时布种，虏复非时蹂践。一亩之田，一牛之畜，皆与虏共。今虽胡越一家，收成亦薄乎云尔，即一棘一枣夫且不产，而况于它乎"①。此外，大同农业生产依赖的土壤条件也不理想，除河流沿岸的土质稍好外，大部分州县土壤多沙碱。位于滹沱河谷地的应州，"大约负郭村庄之地，腴饶者十一，卤薄者十九。春秋苦风旱，秋苦霜早。田仅种一科，不能贱种。不产蚕桑，不种芝棉，无山海利。比之腹里地方，相去甚远。遇凶年，力不支，多逃；即丰岁，亦病谷贱伤农。终岁勤动，嗷嗷然不知有生之乐。其在于今苦更剧，乡民多布衣不掩胫，菜色不堪观者。"② 再如，河谷地带的山阴县，"地脉沙碱，风猛早霜，无一奇产"③，且"沙薄之地，列于庶邑为下下。嘉靖间岁收不丰，人民穷乏"④。滹沱河谷地的州县土壤尚且如此，其余位于山区的州县土壤愈不利农业生产。

---

① 万历《山西通志》卷七，《稀见中国地方志汇刊》第 4 册，崇祯二年刻本，中国书店 1992 年影印本，第 79 页下。

② 万历《应州志》卷三，应县县志办重印出版，1984 年，第 77 页。

③ 崇祯《山阴县志》卷二，《中国地方志集成》第 6 册，崇祯二年钞本，凤凰出版社 2005 年影印本，第 12 页上。

④ 同上书，第 13 页下。

　　明代大同军民耕地分为州县田地和军户屯田。大同府所属州县田地虽有所增减，但总体上变化不大。据成化八年（1472）统计数据，大同府"田地二万二千四百九十五顷九十二亩七分九厘"，夏税"麦豆五万九千四百六十六石五斗九合二勺七抄一撮五圭"，秋粮"粟米七万四千八百二十一石四斗一生六勺七抄一撮，草三十三万四千七百七十八束五分五厘"。① 大同行都司卫所军户屯田地，共"一万七百一十九顷，岁纳夏秋粮一十万三百一十四石，草一十六万七千一百九十束"。② 据此可推，大同农业耕地数应在 33000 顷左右。面积约为 1/4 的大同府耕地不到 4 万顷，面积相当的太原府仅所属州县田地就有"九万五千三百二十三顷一十八亩三分六厘五毫"，夏税"麦一十八万七千五百五十八石八斗六合八勺四抄八撮五圭五粒"，秋粮"粟米四十四万一千九百一十一石四斗五升六合四勺三抄三撮四圭五粒"；平阳府所属州县田地约有"一十六万三千四百一十六顷八十七亩八分九厘五毫"。③ 与太原府、平阳府相比，大同军民耕地数量很少，粮食产量有限。正因为如此，大同镇粮饷除了军户屯粮以外，仍需山西民运粮补充。

　　晋蒙交界区地处农牧交错带，山地、草场较多，比较适宜牧业发展。大同镇作为农耕区，也存在部分牧业产品。《大同府志》"土产"中所罗列的物产皆出于大同，羽属有"鸡、鹅、天鹅"，毛属有"熊、麈、鹿、野猪、野羊、马、牛、羊、黄鼠"。④ 尽管大同出产鸡、鸭、鹅、牛、羊、马等物，但它们大多属于野生或家养，仅仅作为居民的副业。与农业相比，大同牧业产量微乎其微，

---

　　① 成化《山西通志》卷六，《四库全书存目丛书》史部第 174 册，成化十一年刻本，齐鲁书社 1996 年影印本，第 185 页下。

　　② 同上书，第 207 页上。

　　③ 同上书，第 171、177 页下。

　　④ 正德《大同府志》卷六，《四库全书存目丛书》史部第 186 册，正德刻嘉靖增修本，齐鲁书社 1996 年影印本，第 252 页下。

因而说大同府各县居民有"务农勤本""勤于耕种"之风俗。[1] 蒙古部落以游牧为生，是牧业产品的主要提供者，边墙以北的蒙古部落游牧区是马、羊、药材等物品产区。这些游牧区产品，是农耕区居民所需的重要物资。明朝通过交易获取的马，不仅作为边镇马匹的重要来源之一，而且补充了内地驿马所缺。除了马匹大宗商品外，明朝通过马市交易，还可以获取"驴、骡、牛、羊、马尾、马鬃、羊皮、皮袄、材草、盐碱、药材、木材、毡、裘"等商品。[2]

尽管晋蒙交界区农牧产品主要产地以边墙为界，但两地居民产品需求却没有如此严格的界线。大同镇军民对粮食、棉布、马匹等产品的需求，促使大同镇边墙沿线形成一个庞大的军事消费地带。边墙以北的蒙古部落对米麦、豆椒、绸布、瓷器等产品的渴望，也形成农耕产品消费区。[3]

（四）商人、官僚与城镇市场的形成

军户生活所需货物与马市交易所需物资，远远超出大同镇农牧业生产条件，很大程度上依靠商业活动弥补两者之间的差额。"云中太原以北，风气刚烈。未秋先霜，物早凋瘁，五谷之中亦多难养。即稍成熟，秋夏收获多在一时……今虽胡越一家，收成亦薄乎云尔，即一棘一枣夫且不产，而况于它乎……至若陆驼水航之物，藏山隐海之珍，靡不辐辏而至者，大都多东南之产而转贩之力也。"[4] 在巨大利润的诱惑下，商人和官僚竞相成为商业舞台的重要角色。

① 正德《大同府志》卷一，《四库全书存目丛书》史部第186册，正德刻嘉靖增修本，齐鲁书社1996年影印本，第221页下。

② 详见第二章第一节"蒙古互市商品比较表"。

③ 详细论述见第二章第一节中"大同镇军事消费和蒙古部落所需"。

④ 万历《山西通志》卷七，《稀见中国地方志汇刊》第4册，崇祯二年刻本，中国书店1992年影印本，第79页下。

大同镇不产棉花,棉和棉布的供给主要通过朝廷调拨和市场采购两种方式完成。无论何种方式,商人都活跃其中。正统六年(1441),"山西行都司所属卫所军士岁给冬衣布花,俱山西布政司拨运大同府官库交收"①。冬衣布花,与月粮、月盐一样,是朝廷定期给军士的生活物资。明代边镇兵饷有屯粮、民运、盐引、京运、年例等五种形式,前后略有损益。"麦、米、豆、草、布、钞、花绒运给戍卒,故谓之民运"②,这是冬衣布花的来源之一。正统以后,冬衣布花多折银,朝廷财政统计中,"军士冬衣折布银八万二千余两"③。朝廷从调拨实物,到改发银两,必然以边镇棉花或棉布充盈为前提,否则难以施行。这从侧面反映商人活跃的痕迹。江南地区是全国棉花和棉布最大的来源地,所产棉布销往全国各地,包括九边各镇。"凡数千里外装重资而来贩布者,曰标商。领各商之资收布者,曰庄户。乡人转售于庄,庄转售于标。其沂淮而北走齐鲁之郊,仰给京师,达于九边,以清源为绾毂。"④ 标布销售路线的形成,足见大量标布由商人贩运至九边各镇。

除棉布以外,粮食也是大同镇所需的大宗物资。军户屯粮、民运粮仍不足以满足大同镇粮食需求,明朝实行"开中法",利用盐引交换粮食,甚至推行纳粮取银政策。"开中法"规定商人把米粮交纳至指定粮仓后,可获得朝廷颁发的盐引,再售盐获利。商人用于交换的粮食主要来源有两个方面,一是市场上收购粮食,二是雇人屯田,也称商屯。从以下几条史料中,可以看出边镇商人收购粮食的情形。"大抵边镇米价,不论丰凶,冬月犹可,一入初春,日

① 《明英宗实录》卷八十五,正统六年十一月戊申,上海书店 1982 年影印本,第1706 页。

② 《明史》卷八二,中华书局 1974 年版,第 2005 页。

③ 同上书,第 2007 页。

④ 陈继儒:《布税议》,《陈眉公先生全集》卷五十九,明崇祯年间刻本。

益翔贵，商贩以时废居，率致巨富。"① 又，"各边所产米豆不多，而富豪乘时收买，十倍取赢。"② "至于召买，则势商豪贾，各挟重资，遍散屯村，预行收买。小家已卖青田，不得私鬻，大家乘时广籴，闭粜牟势。"③ 尽管这些收购可能是投机倒把，但商人用于交换盐引的粮食收购也与此没有太大差别。商屯是商人获得粮食的重要来源之一，他们出资招垦，自产粮食，甚至相聚筑堡，让边地粮食价格不至于太贵。④ 大同镇商屯的粮食交易规模有多大？《大明会典》记载了各边开中粮饷，"大同……国初，止纳粮草，亦有浙江、福建、山东、河东运盐司并广东提举司等盐。弘治十一年（1498），始令折银，后止派淮、芦"⑤。浙江、福建等多处运盐司在大同镇开中，盐引数不应太少。如，景泰三年（1452），大同开中的淮、浙、长芦盐达 334183 引，每引淮盐纳粮五六斗，每引浙盐纳粮三四斗，每引长芦盐纳粮二三斗。⑥ 如以平均四斗计算，大同镇盐引交易粮食额约达 133673 石。又如，天顺八年（1464），巡抚宣府右副都御史李秉因缺粮上奏请定中盐则例，大同、宣府等粮仓开中盐课共 1672291 引。⑦ 此次开中，大同镇盐引交易粮食应不少于 20 万石。大同镇本色屯粮为 44247 石⑧，与屯粮相比，商屯粮食已经举足轻

---

① 《明世宗实录》卷一百二十二，嘉靖十年十二月丙子，上海书店 1982 年影印本，第 2927 页。

② 《明世宗实录》卷三百六，嘉靖二十四年十二月丙辰，上海书店 1982 年影印本，第 5784 页。

③ 赵炳然：《题为条陈边务以俾安攘事》，《明经世文编》卷二百五十二，中华书局 1962 年影印本，第 2648 页。

④ 《明史》卷八十《食货志》，中华书局 1974 年版，第 1939 页。

⑤ 万历《大明会典》卷二十八，《续修四库全书》第 789 册，万历内府刻本，上海古籍出版社 2002 年影印本，第 522 页上。

⑥ 《明英宗实录》卷二百一十九，景泰三年八月丁丑，上海书店 1982 年影印本，第 4735 页。

⑦ 《明宪宗实录》卷八，天顺八年八月癸未，上海书店 1982 年影印本，第 178 页。

⑧ （明）杨时宁：《宣大山西三镇图说》，《玄览堂丛书》（初辑第四册），"中央图书馆"出版，1981 年影印本，第 215 页。

重。这些商屯形成的居民群体，很大程度上成为大同镇商品粮提供者。正因如此，军户才可以从市场上购买粮食，大同镇军户月粮才有条件折钞。

在巨大利润的诱惑下，官僚采取各种方式参与商业活动。利用权势，倒卖盐引是大同镇官僚豪强最为直接的方式。嘉靖年间胡松在《陈愚忠效末议以保万世治安事》中详细描述了大同官僚倒卖盐引之事，"每岁户部开纳年例，方其文书未至，则内外权豪之家偏持书札，预讬抚臣，抚臣畏势而莫之敢逆，其势重者与数千引，次者亦一二千引……每占盐一引，则可不出大同之门，坐收六钱之息"[1]。冒充商人纳粮取银，也是官僚采取的方式之一。正统以后，朝廷开始利用银两收购米粮，以保障边地粮仓充盈。官僚以及军官利用包揽税粮之便，截留税粮，冒充商人纳粮取银，抑或取银后拖欠不纳米粮。此类现象自成化年间已经泛滥，并普遍见于边地。如，成化十三年（1477），户科左给事中张海等人上奏辽东之地，"定辽诸仓上纳粮料，多监临势豪之家，冒代客商，纳粮领银，任意作弊"[2]。又如，成化十八年（1482），秦纮上奏，言"宣府往年以银易粮，其势要官多诡名冒领，人不下三四千两，今经年既久，犹有未纳者，请令每银二分折征草一束，纳于独石马营"[3]。可见，朝廷对官僚诡名纳粮无可奈何，变相认可此种现象。但官僚冒领代价银，往往拖欠，致使边地储仓亏空。正德十五年（1520），户部户科给事中曹怀上奏六事，其中就有"严边储"条，提及"近者，

---

① 胡松：《陈愚忠效末议以保万世治安事》，《明经世文编》卷二百四十六，中华书局 1962 年影印本，第 2587 页。

② 《明宪宗实录》卷一百六十，成化十三年十二月乙未，上海书店 1982 年影印本，第 2939 页。

③ 《明宪宗实录》卷二百二十三，成化十八年正月丙戌，上海书店 1982 年影印本，第 3838 页。

势要之家召纳粮草，多诡名上报，冒领价银"①。官僚及军官利用权势，开设店铺。成化年间，"各处镇守内臣、总兵、参将、守备、都指挥等官……有于各该镇市冲要处所买店房铺舍，拣选富贵军人领伊资本，张开铺店"，军官利用权势之便，"每遇各处货物到来，先尽伊家买尽，方许军民交易，及举放私债，倍取利息"。② 第四，采办马市交易商品。明朝在大同镇沿边开设多处马市，"官市"中所需商品由朝廷发银两采办，以保证双方交换到各自所需商品，这部分银两被称为马价银。明朝常常委任官员前往各省采办所需货物，当时称为"货差"。万历十七年（1589），山西巡抚沈子木言，大同镇"互市应用缎匹、梭布、水獭、狐皮等物，发价银四万余两，委官往各省收买，在湖广其弊制于牙行，在苏杭其弊制于委官，以后欲将皮张行湖广抚臣临期定价收买，缎布行应天、浙江抚臣先期审定机户织造"③。"货差"之事，显然是一项肥差，乘机捞利，官僚争相揽之。

商人和官僚凭借各自优势，以不同的形式活跃在大同镇商业舞台上，尽收其利。为攫取更多利益，他们往往相互勾结，明中叶已经泛滥至各边镇，"九边将官，往往私入各商之贿，听其兑折本色粮草，虚则实收，而宣大、山西、延绥为尤甚。"④

由于大同镇军事人口的扩大，沿边形成以城堡为特征的消费区，边外蒙古对农业商品的巨大需求量，更加扩大了晋蒙交界区消费需求地域范围。晋蒙农牧交错带有限的生产力难以供应，商人、

---

① 《明武宗实录》卷一百八十九，正德十五年八月丙辰，上海书店 1982 年影印本，第 3585 页。

② 《皇明条法事类纂》卷三，《中国珍稀法律典籍集成（乙编）》（刘海年等主编）第 4 册，科学出版社 1994 年版，第 82 页。

③ 《明神宗实录》卷二百一十二，万历十七年六月丙戌，上海书店 1982 年影印本，第 3972 页。

④ 《明世宗实录》卷五百五十八，嘉靖四十五年五月辛丑，上海书店 1982 年影印本，第 8970 页。

官僚积极参与商业活动，促使军事性城镇商业化，边塞形成众多层级有别的商贸市场中心。

大同镇市场是明代晋蒙交界区最繁荣的市场。市场上军民众多，商贾辐辏，文献中多有提及，如，弘治《皇明条法事类纂》中载"大同地方，军民杂处，商贾辐辏"①。市场上的货物来自全国各地，并通过大同府分销至其他城镇市场。"大同府……至若陆驮水航之物、藏山隐海之珍，靡不辐辏而至者，大都多东南之产，而转贩之力也。"② 大同镇城市场的繁荣，让城中居民"以浮靡相炫"，且世人称"九边如大同，其繁华富庶，不下江南"③。

卫所城，是仅次于大同镇城的军事性城镇，城中或城关亦出现繁华的商业市场。阳高城，是阳和卫和高山卫驻扎之地，是大同镇东部最为重要的军事要地，商业活动集中于城南关，并建有关城，是商贾汇聚之地，"商贾持筹而贸易"。④ 阳高城商业的繁华，仅次于大同镇城。清初，大同城因战乱被毁严重，大同府治曾迁徙到阳高城，足见当时阳高城的经济地位。左云城，是大同左卫和云中卫驻扎之地，是大同镇西部的军事重地，也是商旅辐辏、市场繁荣之地。《朔平府志》中载"左云县……明初设卫，位于西要路，兵道协镇，驻□于斯，粮饷商旅，多所经过，城关接连，室庐相望，颇称富庶。"⑤ 此外，大同镇西部的右玉卫城、威远卫城和平鲁卫城，既是军事要地，又是区域市场中心。

---

① 《皇明条法事类纂》卷四二，《中国珍稀法律典籍集成（乙编）》（刘海年等主编）第5册，科学出版社1994年版，第723页。

② 万历《山西通志》卷七，《稀见中国地方志汇刊》第4册，崇祯二年刻本，中国书店1992年影印本，第79页下。

③ 谢肇淛：《五杂俎》卷四，《续修四库全书》第1130册，万历四十四年刻本，上海古籍出版社2002年影印本，第419页上。

④ 胡文烨撰，许殿玺、马文忠点校：《云中郡志》卷一三，大同市地方志办公室内部出版，1988年，第5087—508页。

⑤ 雍正《朔平府志》卷三《方舆志·风俗》，《中国地方志集成·山西府县辑》第9册，雍正十三年刻本，凤凰出版社2005年影印本，第82页上。

一些边堡因民族贸易带动而形成一定规模的商业市场,可以同卫所城镇商贸市场相互媲美。杀胡堡、镇羌堡和守口堡等属于此类。杀胡堡位于蒙古通明朝之孔道位置,附近设有定期贸易的马市。杀胡堡市场上,"夷人入市,每日蜂聚堡城"[①]。繁荣的杀胡堡市场,甚至影响杀胡堡形态发展。万历年间,兵道官员张维枢为防止蒙古人入市滋事,上疏"建造杀虎口新堡详议",建议"摘近关墙处另筑一土堡,中建商店",又在旧堡与新堡中间筑墙,连为一体,并规定"凡夷人俱在此中交易,不得闯入杀虎城"。[②] 杀胡堡不仅旧堡内商业有所发展,而且开辟专供贸易的新堡,足见其商业的繁荣。边外所产商品汇集杀胡堡后,除供应本堡以外,还通过内地商人转运大同其他州县。镇羌堡,亦处于边墙孔道之地,是"边塞首冲之地,盖镇大市集焉"[③],守口堡情况也大体相当。

杀胡堡、镇羌堡等重要边堡以外,边墙沿线修筑的众多城堡也有规模较小的市场。正如张萍先生深入研究的明代陕北边墙沿线营堡,延绥镇39堡,堡堡有市场,6处属常市,33处属定期集市。[④] 山西大同边墙沿线城堡市场发展程度,虽不见史料直接记载,但由沿边小马市和关市设置可推知一二。诚如前文论述,明代边墙有三处大马市和六处小马市。助马堡、宁虏堡、云石堡、迎恩堡、灭胡堡等附近都有小市,按月开市。从所考订的马市位置来看,马市位于边墙两侧,离边堡尚有一段距离,马市上交易商品必然依附边堡内商业,否则难以维持。关市,通常是指孔道

---

① 雍正《朔平府志》卷八,《中国地方志集成·山西府县辑》第9册,雍正十三年刻本,凤凰出版社2005年影印本,第357页上。

② 同上。

③ (明)杨时宁:《宣大山西三镇图说》,《玄览堂丛书》(初辑第四册),"中央图书馆"出版,1981年影印本,第244页。

④ 张萍:《明代陕北蒙汉边界区军事城镇的商业化》,《民族研究》2003年第6期,第76—110页。

上所设关隘及市场。明代大同与蒙古接壤，东西修筑边墙，形成众多关塞，正德《大同府志》记载边墙数十个关口，如兔毛河口、阳和口、虎峪口等。①尽管这些关口并不全设有交易市场，但表明沿边蒙汉之间的往来不断的经济联系，为边堡市场的维持与发展提供了经济基础。以上两点或许能为边堡市场的存在提供依据。

明朝素有"南倭北虏"之边患问题，修筑边墙，建立军镇防御体系成为明朝抵御北方蒙古军队南掠的重要措施。卫所城堡的建立，军镇体系的完善，必然促使大同人口的增加，交通道路网络的形成。大同镇处于明代边疆地区和农牧交错带，农工业生产条件有限，但人口的增多，沿边形成以城堡为特征的消费区，边外蒙古对农业商品的巨大需求量，更加扩大了晋蒙交界区消费需求地域范围。军民所需生活物资很大部分依赖国家调拨和商业运输。在商业利益的诱惑下，商人、官僚积极参与商业活动，原本军事性城镇的商业机能逐步扩展，形成一个个市场中心。因军事地位的不同，军事性城镇地位本身有所差异，人口数量也各不相同，加之交通区位因素的影响，军城商业发展的程度也高低不一。如图3—4所示，大同镇城市场是晋蒙交界区最繁华的市场，其次是卫所城中或城关市场，一些边堡因民族贸易带动而形成一定规模的商业市场，可以同卫所城商贸市场相媲美；再则是边墙沿线的一般性城堡，也有规模较小的市场，很可能属于集市类型。总之，从人烟稀少到军事性城镇的建立，再到各种层级的商贸市场的形成，揭示了大同镇一种典型的商业市场发展的机理。

---

① 正德《大同府志》卷三，《四库全书存目丛书》史部第186册，正德刻嘉靖增修本，齐鲁书社1996年影印本，第233页。

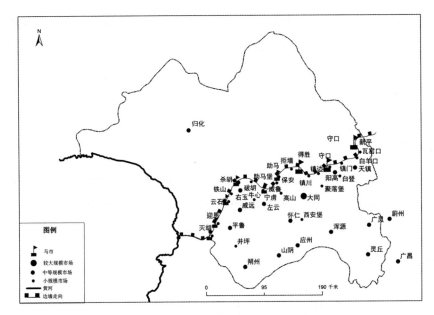

图3—4 明代晋蒙交界区主要商贸市场分布专题图①

二 从课钞看大同府州县治城的商业特征

商税，作为明朝对工商业活动者征收的国税，是朝廷"课程"之一，往往被称为"税课"。明朝设立专门衙门征收商税，"有都税，有宣课，有司，有局，有分司"，山西布政司设有太原府税课司、平阳府税课司和大同府税课司等衙门。② 明朝通过政令推行钞法，促使大明宝钞与铜钱一样成为市场货币之一。早在洪武年间，钞法规定"凡商税课，钱钞兼收，钱十之三，钞十之七，一百文以下则止用铜钱"③，此后钞法使用更为普遍，朝廷税课司商税都以钞计，《山西通志》和《大明会典》中均记载为"课钞数"。因此，课钞，作为商税的一种表现形式，一定程度上可以作为衡量商业活

---

① 图中商贸市场分为马市和城镇或城堡市场两大类，图形的大小指代市场规模的等级，底图来源于《中国历史地图集·元明时期》（中国地图出版社1982年版，第54—55页）。

② 万历《大明会典》卷三五，《续修四库全书》第789册，万历内府刻本，上海古籍出版社2002年影印本，第613页上。

③ 同上书，第552页上。

动繁荣程度的标尺。

明代大同府领有朔州、应州、蔚州、浑源州、大同县、怀仁县、山阴县、马邑县、灵丘县、广灵县、广昌县等州县。这些州县，地处明朝边疆地区，人口稀少，自然环境限制州县农业经济的发展。尽管不少州县治城历史悠久，但很少发展成为塞北商业都市。明代大同府州县治城商业呈现以下特点。

第一，州县治城商业发展普遍滞后。明代，江南地区商业已经相当繁荣，仅州县治城内设置多处税课局，如，松江府华亭县曾设八处税课局①。万历年间大同府仅有府级税课司，且课钞数只有6971锭589文②，山西平阳府和太原府也曾设多处税课局，其课钞数远远高于大同府，如太原府课钞8966锭1992文，平阳府课钞153635锭2942文。③ 山西布政司辖属三个较大府级行政区，大同府课税最少，其数只及平阳府课钞半数，整体上反映大同府州县商业发展较为滞后。

应州，位于大同府滹沱河谷地，自然人文环境较其他州县稍好，课钞数量及其变动过程揭示了大同商业滞后的特点。成化以前，应州城内设有税课司，对应州城内工商业活动征税，"酒醋课钞一百三锭三贯五百文；油房二十七座，岁征课钞一十六锭四贯五百文；水碾磨二十三盘，岁征课钞四十三锭三贯七百八十六文；鱼课钞八锭三贯八十文；没官房八建，该赁钱钞五锭三贯五十文。税课局该办税钞一千六百六十二锭二贯六十文"④。课钞数额，在明朝看来是"应课无几"，且认为"旧有税课司，此耗弊之端，今汰其

---

① 万历《大明会典》卷三五，《续修四库全书》第789册，万历内府刻本，上海古籍出版社2002年影印本，第617页下。
② 万历《山西通志》卷八《田赋》，《稀见中国地方志汇刊》，崇祯二年刻本，中国书店2012年影印本，第85页上。
③ 同上书，第83页下。
④ 万历《应州志》卷三，应县县志办重印出版，1984年，第82页。

员，而止用巡拦兼摄"。① 万历年间，虽然"各色课钞共二千四百锭四贯五百一文。每钞一千贯，折银三两，共钞三十六两一分三厘五毫三忽"，但是应州水碾、水磨、鱼课都名存实废，"闾里萧条"。② 可见，明代应州商业发展程度比较低。

第二，大同城商业比较繁荣，成为大同地区商业中心。明初徐达在旧城基础上扩建大同城，城"周围十二里，高四丈二尺"③。大同县，属大同府城倚郭县，府县同城，是大同地区政治中心。明初设立大同镇，官军进驻大同城，使其成为大同军事中心。城市规模的扩大，人口的增加，为大同城市商业的发展提供了前提条件。明中叶，大同城已经发展成为塞北大邑，"其郡城内藩府有常禄之供，将士有世禄之养，商旅辐辏，货物湧贵，虽曰穷边绝徼，殆与内郡富庶无异。"④ 大同繁荣的商业影响到当地人生活观念，至崇祯年间，"大同……虽涉荒徼，商旅辐辏，以浮靡相炫耀"⑤。从商品的流通来看，江南"陆驮水航之物、藏山隐海之珍，靡不辐辏而至"⑥ 大同，之后或就地售卖，或分销其他州县城镇。大同城已经成为区域商业中心。

第三节　清代商贸市场的发展

清代，晋蒙交界区政治经济环境发生重大变化。边墙内外一

---

① 万历《应州志》卷三，应县县志办重印出版，1984 年，第 81 页。

② 同上书，第 83 页。

③ 成化《山西通志》卷三，《四库全书存目丛书》史部第 174 册，成化十一年刻本，齐鲁书社 1996 年影印本，第 64 页下。

④ 正德《大同府志》卷一，《四库全书存目丛书》史部第 186 册，正德刻嘉靖增修本，齐鲁书社 1996 年影印本，第 221 页下。

⑤ 万历《山西通志》卷六《风俗》，《稀见中国地方志汇刊》，崇祯二年刻本，中国书店 2012 年影印本，第 76 页。

⑥ 《明实录》附录《明□宗□皇帝实录》卷四，天启七年十二月，上海书店 1982 年影印本，第 59 页。

统，政权对峙局面彻底消失，边墙内外人口流动、经济联系得到加强。边墙内外不同的政治经济环境造成两地商贸市场完全不同的发展态势。

一　边墙以南商贸市场的恢复与发展

清军入关，承袭明制，边墙之南仍设大同府；雍正年间，调整行政区划，析大同府置朔平府，至此，边墙以南地区指代大同府和朔平府。入清以来，因政局影响，边墙之南商贸市场经过萧条、恢复与发展等曲折的过程。

（一）姜镶反清运动与经济萧条

姜镶，明末大同总兵，入清归降，授予镇守大同将军。顺治五年（1648），因不满清朝统治，率先举义，归附南明，山西、陕西等各州县义军纷纷响应，掀起了一场声势浩大的反清运动。清朝以摄政王多尔衮为首的将领抽调全国精锐军士，集中攻取大同城池。顺治六年（1649），大同城内兵变，军官杨振威献城出降，其他州县反清势力相继被肃清，历时一年之多的反清运动以失败而告终。在这场大清与旧明势力激烈的角逐中，山西战火连天，大同尤甚。大同经济在这场战争中，破坏十分严重，从以下几方面可见一斑。

第一，州县军民遭受屠戮，多数城池被毁。清军攻破城池后，采取屠杀政策，大同城、朔州城、浑源州城和马邑城军民相继被屠戮，虽然朝廷刻意淡写这一事实，但是从诸多简短的史料中也可窥见一斑。如，《朔州志》载："朔州守备张楹阴与姜通……王师讨逆至大同，州人欲出城归顺，张守备惧罪不赦，封闭四门，挟民固守，城破，悉遭屠戮。"① 又，《浑源州志》载："顺治六年（1649），姜逆煽乱，窃据云中，胁从郡邑，王师征伐，不庭（停）破击，城

---

① 雍正《朔州志》卷八《武备·兵氛》，《中国地方志集成·山西府县志辑》第 10 册，雍正十三年刻本，凤凰出版社 2005 年影印本，第 391 页下。

陷，焚毁西门楼东北角楼北面铺舍五处，城崩陨甚多。"① 朔平府左
云县亦遭屠城，"左云伪参将姜建勋，朔州守备张楹胁民固守，大
兵攻陷，全城被戮，地方悉平"②。破坏最为严重的城池，当属大同
城。顺治六年（1649），清朝大军攻下大同城后，顺治帝"谕和硕
英王，斩献姜镶之杨振威等二十三员，及家属并所属兵六百名，俱
著留养，仍带来京，其余从逆之官吏兵民尽行诛之，将大同城垣自
垛彻去五尺"③。显然，大同城军民遭受屠戮，城墙被毁，除了城楼
房屋以外其他建筑也可能被尽数焚毁。这次反清运动中，大同城军
民殊死抵抗，几乎遭至"灭顶之灾"。城池遭毁，军民被戮，社会
经济一片荒芜，大同府治移往阳和城④，直到顺治九年（1652）才
迁回大同城。

第二，州县人口锐减，无主荒地剧增，农业经济萧条。姜镶反
清运动失败后，不少州县城军民遭受屠戮，人口锐减。以浑源州为
例，"原额人丁一万六千六百六十七丁，原分三等九则，各编银不
等，共征银五千二百三十五两四千，节次逃亡并六年屠戮，开除人
丁一万四千七百一十七丁，除银三千一百六十九两一千一分，止存
人丁一千九百五十丁"⑤，虽然城内实际人口可能稍多，但足见人口
锐减之规模。

随着州县人口锐减，大量土地无人耕种而成荒地。以浑源州、
大同县和朔州等州县而论，"浑源州原额地（指明代册额）七千九

① 顺治《浑源州志》上卷，《中国地方志集成·山西府县志辑》第 7 册，顺治十八年刻
本，凤凰出版社 2005 年影印本，第 164 页上。
② 雍正《朔平府志》卷八，《中国地方志集成·山西府县志辑》第 9 册，雍正十三年刻
本，凤凰出版社 2005 年影印本，第 267 页上。
③ 《清世祖实录》卷四十六，顺治六年九月戊午，中华书局 1985 年影印本，第 365 页。
④ 道光《大同县志》卷五，《中国地方志集成·山西府县志辑》第 5 册，道光十年刻本，
凤凰出版社 2005 年影印本，第 57 页上。
⑤ 顺治《浑源州志》上卷，《中国地方志集成·山西府县志辑》第 7 册，顺治十八年刻
本，凤凰出版社 2005 年影印本，第 177 页上。

百九十五顷四十九亩零，除先任宣大耿部院题免无主荒地外，又姜逆叛之后，屠戮复荒无主地四千八百余顷，见今成熟地八百三十二顷三十六亩。朔州原额地三千二百六十五顷八十八亩零，除耿部院题免无主荒地外，又姜逆叛后，人民屠戮复荒无主地一千六百八十一顷，见今成熟地三百八十九顷七十二亩。大同共额地一万三千七百二十一顷七十六亩八分零，除耿部院题免无主荒地外，又姜逆叛后，人民屠戮复荒无主地七千一十八顷零，见今成熟地二千四十五顷四十六亩六分零"。① 顺治年间大同知府胡文烨调查浑源、朔州、大同等州县情况，言"自多事于姜逆，人民新经死亡，共遗抛荒地一万三千四百九十九顷零，岁该地粮银二万七千八百三十两零"。②

第三，州县城市商业萧条，大同府城商业中心消失。明代大同地区拥有多处商贸市场，沿边马市的兴起，军事城镇市场的产生，州县城商贸的发展，表明区域商业有所发展。虽然，与江南市场相比，这些商贸市场还比较落后，但大同府作为区域性商业中心成长迅速，其繁华程度甚至可以与江南相媲美。清初，马市的消失，沿边军事消费的削减，姜镶反清运动的打击，加之灾荒的干扰，促使大同地区商业市场数量减少，州县城市商业萧条。或许因为商业的萧条，顺治年间成书的《云中郡志》都无各州县商业税额的记载。清初大同地区商业城市的衰败影响深远，直到乾隆初年，"村墟冷落，盖无所谓富庶之景象也"③。在商业萧条的州县城市中，大同城尤甚。清朝对大同城军民的屠戮，使曾经繁荣一时的大同城破乱不堪，府治迁往阳和城，县治迁往西安堡，大同城已经完全丧失了区

---

① 人民大学历史系、中国第一历史档案馆合编：《清代农民战争史资料选编》第1册下，中国人民大学出版社1984年版，第154页。

② 胡文烨撰，许殿玺、马文忠点校：《云中郡志》卷一三，大同市地方志办公室内部出版，1988年，第172页。

③ 乾隆《大同府志》卷十三，《中国地方志集成·山西府县志辑》第4册，乾隆四十七年刻本，凤凰出版社2005年影印本，第243页下。

域商业中心的主导地位。

（二）朝廷恢复经济措施

清初，大同战乱与灾荒，给大同社会经济带来很大破坏，城池毁坏，人口锐减，市场萧条等。面对大同经济创伤，清朝采取休养生息政策，抛荒田地推迟起科，免征田赋，力劝开垦，招徕人口，惠农通商等措施。

姜瓖反清运动被镇压后，大同社会经济遭受严重破坏，朝廷推行多项措施恢复农业生产。顺治七年（1650）总督佟养量上疏"请免卫所屯田起科疏"，奉旨豁免；不久，因战乱土地抛荒严重，又上疏"请豁荒地免征疏"，奉旨豁免荒地前赋，又"以二年后起科"。① 除抛荒地减免田赋外，朝廷还鼓励百姓增开田地。雍正年间，知府刘士铭晓谕百姓，力劝开垦，规定"凡在朔平府境内无论土著外来之户，但又愿行开垦者，许即拣择可以耕种成熟地亩，指出条段坐落，禀明州县认地开垦，果自己无力备办籽粒牛种，许在州县具呈，酌量应借之数，详请借给。俟地亩成熟，照数还公"。② 大同府所属州县也鼓励开垦，颇有成效，仅浑源州，"顺治十三年（1656）招民开垦荒地四十七顷"，"顺治十四年招垦荒地一百一十一顷"，"顺治十五年招垦荒地一十九顷"，"顺治十六年招垦荒地一百二十七顷二十七亩一分六厘"，"顺治十七（1660）年招垦荒地四顷三十九亩"③。战乱导致大同人口锐减，清朝为增加赋税，极力招徕人丁。浑源州，"自（顺治）十五年起至十七年止，招徕复

① 雍正《朔平府志》卷七《艺文奏议》，《中国地方志集成·山西府县志辑》第9册，雍正十三年刻本，凤凰出版社2005年影印本，第362页上。

② 雍正《朔州志》卷十二《艺文文告》，《中国地方志集成·山西府县志辑》第10册，雍正十三年刻本，凤凰出版社2005年影印本，第441页上。

③ 顺治《浑源州志》上卷，《中国地方志集成·山西府县志辑》第7册，顺治十八年刻本，凤凰出版社2005年影印本，第179页下。

业人丁张住等二百七十二丁"①。

　　修筑城池，恢复铺面，增设市廛，惠农通商。历经战乱，大同各州县城池普遍遭受破坏。州县官员基本都重修城池，虽或出于考功目的，但客观上利于社会经济的恢复。姜瓖反清失败后，因朔州城守备殊死抵抗，城破遭致屠戮，城池毁坏严重，赴任知州重修城池，"虽修补，非前规矣"②。大同城在战乱后，破坏极为严重，官员主持多次重修，"乾隆十二年（1747）知县谢廷俞详请重修大城、南小城和北小城，二十八年知县宋乾金详请重修南关城门吊桥基址、大城女墙、西门马道吊桥、南门、西门，三十九年知县吴麟重修八角楼、洪字楼、南门城楼、东门南门北门瓮城"③。朔州城顺治年间遭受屠戮，经济破坏不堪，朝廷"修养生息，惠农通商"，至雍正年间朔州城商业恢复，虽"非若通都大邑山珍海错，舟车往来络绎不绝"，但市面"布帛果蔬牛马羊彘，民间日用之需"应有尽有。④再如浑源州城，浑源州城经战乱后民生凋敝，知州张崇德就任，"巡视城垣则增其楼堞，行观街市则复其铺面"，"见城门之西关门之东，旧有沙滩，使城关相对而不相连，公立为市廛，令民筑室而居，以便逐末，名曰顺成"。⑤如此，浑源州城中商业逐渐得以恢复。

　　（三）商贸市场的恢复与发展

　　随着清朝恢复生产、设市通商等经济措施的实施，边墙以南州

　　①　顺治《浑源州志》上卷，《中国地方志集成·山西府县志辑》第 7 册，顺治十八年刻本，凤凰出版社 2005 年影印本，第 178 页上。

　　②　雍正《朔州志》卷十二《建置城池》，《中国地方志集成·山西府县志辑》第 10 册，雍正十三年刻本，凤凰出版社 2005 年影印本，第 311 页上。

　　③　乾隆《大同府志》卷十二《建置城池》，《中国地方志集成·山西府县志辑》第 4 册，乾隆四十七年刻本，凤凰出版社 2005 年影印本，第 213 页上。

　　④　雍正《朔州志》卷十二《艺文文告》，《中国地方志集成·山西府县志辑》第 10 册，雍正十三年刻本，凤凰出版社 2005 年影印本，第 375 页上。

　　⑤　乾隆《浑源州志》卷九《艺文》，《中国地方志集成·山西府县志辑》第 7 册，乾隆二十八年刻本，凤凰出版社 2005 年影印本，第 380 页上。

县经济逐渐得以恢复，各城内商贸市场有所发展。雍正三年
（1725），清朝调整大同行政区域，不仅原大同府析出朔平府，而且
各军事卫所转改成县，行政建制内地化。随着这一转变，各县城增
设市廛或集市，商贸市场得以发展。

　　清前期，朔平府所属五州县商业已有所恢复，治城内市廛林
立，并出现牲畜交易商场。清朝对商业活动进行征税，主要分为商
税、牲畜交易税、牙税和杂税等等。雍正《大同府志》记载了所属
各州县额征商税和牲畜税，牙帖等杂税因无定额随征随解，并没有
详细记载，额征商税和牲畜税共二百二两八钱一分五厘，闰月加征
十四两二钱二分五厘。① 各州县税额情况如表3—4所示，虽然税额
不大，但也表明市场商业的恢复。

表3—4　　　　　　　　清前期朔平府所属州县税课表

州县城	额征商税	闰年加征	额征头畜税	闰年加征
右玉县	七两五分六厘	五钱四分四厘	一两五钱六分六厘	一钱五分
左云县	四十七两四钱六分六厘	三两三钱七分一厘	一十二两六分	五钱九分
平鲁县	四十二两一钱二分一厘	三两八分四厘	六两一钱九分八厘	三钱
朔州	六十一两八钱六分	四两九钱三分一厘	一十二两六钱九分六厘	七钱
马邑县	一十一两七分	三钱六分六厘	一两七钱二分	一钱八分七厘

　　资料来源：雍正《朔平府志》卷七，《中国地方志集成·山西府县志辑》第9册，雍正十三
年刻本，凤凰出版社2005年影印本，第212—213页上。

　　当铺，在传统社会中承担了社会资金流通功能，对商业活动而
言具有融资作用，很大程度上反映了商业繁荣程度。牙人，作为交
易中介，其数量和收入也与城内商业活动繁荣十分相关。因此，一
般来讲，州县城内当铺和牙人的课税，对城内商业繁荣程度很具有

　　① 雍正《朔平府志》卷七，《中国地方志集成·山西府县志辑》第9册，雍正十三年刻
本，凤凰出版社2005年影印本，第212页上。

指示性。清前期，大同府所属州县商业也逐渐恢复，城内各类店铺数量增多，交易税课额增加。如表 3—5 所示，各州县税课额表明商业恢复的事实。

表 3—5　　　　　　　　　清前期大同府所属州县税课表

州县城	无额商税	畜税	店课	当课	牙课	税课总额
大同县	二十六两四钱三分一厘	二两四分三厘	八百七十四两六钱二分	八百七十五两	五百二两四钱二分三厘	二千二百一十八两四钱二分五厘
怀仁县	五十九两二钱四分五厘	四两一钱三分四厘	一百二十八两四钱	八十五两	三十六两	三百三十六两四钱二分五厘
山阴县	五十四两七钱四分二厘	一十二两五分三钱一厘	二十二两八钱	七十两	二十二两二钱	一百八十九两五钱三分九厘
应州	一百六十二两六钱一分二厘	六十四两一分八钱	一百二十六两六钱	一百五十五两	一百八十九两	七百三十四两九钱五分四厘
浑源州	一百二十一两八钱七分八厘	六十五两二钱一分六厘	一百六十一两四钱	二百一十两	九十四两二钱	七百二十五两七厘
灵丘县	四十三两三钱五分六厘	一十二两五钱八分八厘	四十两二钱	一百五十两	七两二钱	二百一十四两一分七厘
广灵县	二十五两八钱五分三厘	一十七两八钱五分六厘	二十七两	五十两	二十两二钱	一百五十五两四钱七分一厘

续表

州县城	无额商税	畜税	店课	当课	牙课	税课总额
阳高县	一百七十一两三钱一分	三十四两五钱九分	一百八十四两二钱	一百二十两	八十一两	七百二十二两七钱一分
天镇县	七十二两六钱四分	一十二两三钱	五十七两六钱	一百四十两	六十五两四钱	五百一十五两四厘

资料来源：乾隆《大同府志》卷十三，《中国地方志集成·山西府县志辑》第 4 册，乾隆四十七年刻本，凤凰出版社 2005 年影印本，第 248—264 页。表中商税和畜税额是正额与盈余额的总数。税课总额包括房田契税、房课、无额商税、畜税、店铺税、当课、牙课等。

　　油粮等店课包括各类店铺，税额最大者是大同县，其次是阳高县，与其他州县城相比，其城内店铺数量众多。从税课总额来看，大同县、应州、浑源州和阳高县商业较为可观。

　　清中后期，随着社会经济的恢复与发展，边墙以南两府所属州县商业也所发展，朝廷所征商业课税额相应增加。自乾隆以后，各州县税额逐渐形成定制。光绪《山西通志》中记载了乾隆以后各州县税课额，如表 3—6 所示。

表 3—6　　　　　　　清中后期边墙以南二府州县税课表

州县	课税	州县	课税
大同县	一千三百一十一两八钱九分八厘	怀仁县	三百八两七分四厘
浑源州	八百二十二两六钱八分二厘	应州	八百七两九钱二分
山阴县	二百二十三两七钱三分	阳高县	五百七十九两一钱七分
天镇县	二百五十五两五钱九分①	广灵县	一百五十六两二钱七分一厘
灵丘县	三百三十五两五分六厘	右玉县	八百四十五两一钱九分九厘
朔州	一千四百六十三两六钱三分六厘	左云县	七百八十两三钱七分五厘
平鲁县	四百三十五两三钱九分	总额	八千三百二十四两九钱九分一厘

---

① 光绪《山西通志》未载天镇县商业课税，以光绪《天镇县志》（《中国地方志集成·山西府县志辑》第 5 册，民国二十年铅印本，凤凰出版社 2005 年影印本，第 447 页上）补录之。

据表3—6可知，清前期朔平府各州县额征商税和畜税总额约两百两，算上杂税额，估计不会超过一千两；大同府各州县商业活动税总额约五千两。清中后期，二府州县税课额已达近八千两。这一定程度上反映各州县商业的成长。

从宏观层面上看，清代边墙以南地区各州县商业税额增长，表明其商业发展的整体趋势。店铺增加，增设市廛，税额增多，是各州县商业发展的显著特征。这里以清代浑源州为例，说明其商贸市场发展的轨迹。

顺治年间，浑源州城经战乱后民生凋敝，知州张崇德就任，"巡视城垣则增其楼堞，行观街市则复其铺面"，"见城门之西关门之东，旧有沙滩，使城关相对而不相连，公立为市廛，令民筑室而居，以便逐末，名曰顺成"。① 如此，城中商业不仅得以恢复，还增市廛。浑源州城集市林立，"每月逢二日东门集，逢四日州门前集，逢六日西门集，逢八日西门外顺成街集，逢十日西关集"②，可见，城关集市的增设，促使浑源州在城集市接近隔日集。

尽管浑源州集市林立，但其贸易商品并不繁多，"惟是布帛蔽体、棉絮御寒皆取资于商贩，询织任于女红，则懵懵然……日中为市，以通有无，邑惟城关，乡堡无之。鬻止布粟无他奇。"③ 可见，清初浑源州商业依旧不够发达，这也体现在其税课征收方面。浑源州税课所征无几，"商税岁无定则，除解工部羊粉皮银一十五两三钱，遇闰月增解一两二钱，余解藩司；税契银无定则，年终汇解藩司；牙课，缸课，窑课俱系府帖解府"④。随着浑源州商业的恢复，

---

① 乾隆《浑源州志》卷九《艺文》，《中国地方志集成·山西府县志辑》第7册，乾隆二十八年刻本，凤凰出版社2005年影印本，第380页上。

② 顺治《浑源州志》上卷，《中国地方志集成·山西府县志辑》第7册，顺治十八年刻本，凤凰出版社2005年影印本，第161页上。

③ 同上书，第161页下。

④ 同上书，第182页下。

乾隆年间浑源州税课有所增多，已有定则，"宗产、房课、羊粉皮、匠价、契税、商畜牙当杂课等银七百一十三两八钱四分三厘四丝八忽二微二纤"①。乾隆以后，浑源城商业得到一定程度的发展，田房、商税、畜税等除正银外，皆有许多盈余银。光绪年间浑源州"额征田房契正银六两三钱九分，盈余银六十两，无定数；商税正银五十八两五钱七分，盈余银六十余两，无定数；畜税正银九两二钱一分六厘，盈余银五六十两，无定数；油课银六十四粮二钱，遇闰加银五两；缸课银一百三十三两二钱，遇闰加银一十一两一钱；磨课银二十七两六钱，遇闰加银二两三钱，牙课银九十三两，遇闰加银七两七钱五分；当课银九十两"②。从所征商税来看，清初以来，浑源州市场逐渐得到恢复。

明代，边墙以南地区商贸市场在军事建设的推动下，呈现出强劲的发展态势，类型有马市，军事城镇市场以及州县城镇市场。入清以后，随着军事消费动力的消失，边墙以南地区市场萎靡不振，清初姜镶反清运动对市场造成严重的冲击，犹如雪上加霜。随着清朝政局的稳定，恢复经济措施的推行，商贸市场逐渐得以恢复与发展。

二 人口流动下边墙以北商贸市场的拓展

明代，由于明蒙政权对峙，边墙以北人口稀少，以游牧为生的蒙古人占绝大多数，口外并没有形成较大的固定商贸市场。入清以来，清朝为防止蒙古人强大，采取盟旗制度，使蒙古人生活略带固定性质。尽管清朝实行"蒙汉分治"政策，限制内地汉民移民口外；但是山陕地区紧张的人地关系迫使汉民采取各种方式出边谋

① 乾隆《浑源州志》卷四，《中国地方志集成·山西府县志辑》第 7 册，乾隆二十八年刻本，凤凰出版社 2005 年影印本，第 306 页下。
② 光绪《续修浑源州志》卷五，《中国地方志集成·山西府县志辑》第 7 册，光绪七年刻本，凤凰出版社 2005 年影印本，第 490 页下。

生，清朝出于军事或经济目的施行的口外招垦，导致了大量人口流动。从雁行客到暂住居民，再到当地居民，人口流动带动下的行政管理、聚落建设、经济生活等各方面都发生了巨大变化。在边墙以北地区社会经济重新组合下，商贸市场逐渐兴起和发展起来。

（一）人口流动与边墙以北人口地域分布

明末，边墙以北生活着蒙古土默特部和察哈尔部，在林丹汗与皇太极的争雄过程中，察哈尔不少部民逃亡青海，土默特部民遭致屠戮，人口锐减。蒙古附清时，这片土地上人烟稀少，人们以游牧生活为主。清初，边墙以北归降蒙古人被编制为土默特左旗、土默特右旗、镶红旗察哈尔、镶蓝旗察哈尔、正红旗察哈尔、正黄旗察哈尔等六旗，后四旗被称为察哈尔右翼四旗。除地方行政区划外，清朝因该地水草丰美，适合畜牧，设立官方牧场——太仆寺右翼牧场（今丰镇市北）。

清初，与口外相比，山西北部贫瘠的土地难以供养更多的人口，百姓不得不出边谋生。尽管朝廷限制内地汉民出边，但是人口流动一直持续着，大体上可分为三个阶段。

清前期，朝廷出于军事目的，在边墙以北地区，尤其是归化城土默特地区实行招垦，官方准许汉民进入该区。康熙年间，清朝对准噶尔部用兵，边墙以北地区战略位置迅速提升。因为归化城土默特地区有着良好的农业生产条件，清朝把归化城土默特看作粮草供应地，招募内地汉民进行农垦。康熙二十四年（1685），清朝在归绥设立粮庄，召内地人开垦。①康熙三十一年（1692），西北战事再起，由于驻兵的需要，"移右卫人民出城外，令住郭内，城中盖造房屋可以驻兵。杀虎口外迤北五十里、东西五十里内、所有熟荒

---

① 《清朝文献通考》卷五《田赋五》，商务印书馆1936年版，第4895页。

地亩近者给兵，远者给大臣官员"①。这些分配给官兵的耕地，也多是出租给"雁行人"经营。此后，清朝又陆续设立多处粮庄，供应军需。边外察哈尔右翼四旗之地，清朝将其作为驯养战马之地，太仆寺右翼牧场就属此类。汉民进入察哈尔四旗之地规模较小，多是私垦行为。尽管官方鼓励汉人出边，但采取种种措施限制人数和行为，"每年由户部给与印票八百张，逐年换给"，"凡内地民人出口，于蒙古地区贸易耕种，不得娶蒙古妇女为妻，傥私相嫁娶，查出将所嫁之妇离异，给还母家，私取之民照地方例治罪"。② 因此，清前期内地汉人向边外流动的规模有限。

　　清中期，随着西北兵事平息，边墙以北地区虽然不再是军需供应地，但农垦的高额利润，促使民间甚至官方以各种名目放垦，迎来了内地汉民迁入的高峰期。汉民迁入的规模可以从土地招垦的规模窥见。乾隆年间，清朝基本平定了西北，不再因军需开垦更多的土地。但这一时期，在利润的诱惑下，边墙以北地区土地开垦尤为迅速，各马场地和台站地逐步放垦。乾隆年间朝廷在归化城、和林格尔、托克托等地开垦马场地，至乾隆八年土默特所剩耕地不及1/5。③ 察哈尔右翼四旗在清中期也进入移民高峰期。"乾隆中期，准噶尔及三藩之乱被平定后，大规模的军事行动停止，同时，对战马、军驼的需求量大为减少，设于察哈尔右翼的官私牧场的军事意义迅速降低，牧场也就逐渐荒废下来"④，各牧场逐渐招民开垦牧地，内地汉民不断流入察哈尔右翼四旗，"从乾隆中期移民的高潮

　　① 《清圣祖实录》卷一百五十七，康熙三十一年十二月壬寅，中华书局1985年影印本，第733页上。

　　② 乾隆《大清会典则例》卷一百四十《理藩院》，《钦定四库全书》第624册，文渊阁四库本，台湾：商务印书馆1983年影印本，第430页下。

　　③ 此详细论述，见"明清晋蒙交界区商路拓展"章中第二节"归绥地区开垦概述"。

　　④ 王卫东：《融汇与建构：1648—1937年绥远地区移民与社会变迁研究》，华东师范大学出版社2007年版，第13页。

一直持续到乾隆末年"①。

清后期，农民起义、列强侵略使清朝内忧外患，不仅疲于应对，对民间移民控制相对松弛，而且为了充盈国库，偿还赔款，官方也实行全面放垦，边外进入人口流动的又一高峰期。当然，除了农垦性质的人口流动外，还有商业性质和军事性质，但农垦性质始终是人口流动的主流。②

自清初以来频繁的人口流动，边墙以北地区历经两次移民高潮。内地汉民出边租种蒙古人土地，并逐渐在此寄居。蒙古旗民"所谓游牧地、户口地者，自康熙年间以来，久已陆续租给民人，以田以宅，二百年于兹矣。该民人等，久已长其子孙，成其村落，各厅民户，何止烟火万家"③。在人口流动的浪潮中，加之人口滋生繁衍，清后期逐渐形成人口集中区，如表3—7所示。

表3—7　　　　　　　清后期边墙以北人口集中分布情况表

厅名	人口	厅名	人口
归化城厅	本城81街巷，在城男女共24802口，四乡307村，男女共76575口，城乡男女共101377口。④	清水河厅	本街18牌，在城男女共1406口，四乡98牌，男女共13202口，城乡男女共14608口。⑤
和林格尔厅	境内8876户，男女共55104口。⑥	武川厅	境内13171户，男女共47688口。⑦

---

① 王卫东：《融汇与建构：1648—1937年绥远地区移民与社会变迁研究》，华东师范大学出版社2007年版，第14页。

② 同上书，第22—34页。

③ 光绪《归化城厅志》卷六《田赋》，《中国地方志集成·内蒙古府县志辑》第3册，光绪年间钞本，凤凰出版社2012年影印本，第492页。

④ 同上书，第486页。

⑤ 光绪《新修清水河厅志》卷十四，《中国地方志集成·内蒙古府县志辑》第11册，光绪九年刻本，凤凰出版社2012年影印本，第68页下。

⑥ 光绪《归绥道志》卷十一，《中国地方志集成·内蒙古府县志辑》第8册，民国钞本，凤凰出版社2012年影印本，第382页。

⑦ 同上书，第375页。

厅名	人口	厅名	人口
萨拉齐厅	厅境一城四乡三百三十七村，汉回民20余万。①	托克托厅	境内男女81093口。②
丰镇厅	在城男妇大名21083口，境内男女大名102525口。③	宁远厅	境内男妇大名152416口。④
兴和厅	境内男女78308口。⑤	陶林厅	境内男女共14562口。⑥

归化城厅，位于土默特平原中部，"东西广一百八十里，南北衮二百七十里"⑦，东与察哈尔接壤，西至萨拉奇，南临和林格尔，北频达尔汉旗。自清初以来人口流动，如表3—7所示，清后期归化城内拥有数万人口，境内士农工商者已超十万口。可见，在人口流动浪潮中，归化城厅已经成为人口集中区。

清水河厅，位于土默特平原南部，"东西广一百四十里，南北衮一百五十里，周环六百三四里"⑧，东靠山西平鲁县，西频黄河，南接山西偏关县，北临和林格尔厅。清水河厅地原属蒙古土默特左旗地，随着土地开垦而招徕内地汉民，人口集聚于此。光绪《新修清水河厅志》记载这一历史过程，"清水河厅所辖之属，原系蒙古

① 光绪《归绥道志》卷十一，《中国地方志集成·内蒙古府县志辑》第8册，民国钞本，凤凰出版社2012年影印本，第379页。

② 同上书，第381页。

③ 光绪《丰镇厅志》卷五，《中国地方志集成·内蒙古府县志辑》第12册，民国五年铅印本，凤凰出版社2012年影印本，第607页。

④ 光绪《归绥道志》卷十一，《中国地方志集成·内蒙古府县志辑》第8册，民国钞本，凤凰出版社2012年影印本，第377页。

⑤ 同上书，第378页。

⑥ 同上书，第381页。

⑦ 光绪《归化城厅志》卷三《疆域》，《中国地方志集成·内蒙古府县志辑》第3册，光绪年间钞本，凤凰出版社2012年影印本，第225页。

⑧ 光绪《新修清水河厅志》卷二《疆域》，《中国地方志集成·内蒙古府县志辑》第11册，光绪九年刻本，凤凰出版社2012年影印本，第20页下。

草地，人无土著，所有居民皆由口内附近边墙隣封各州县招徕开垦而来，大率偏关平鲁两县人居多"①。清水河厅自设厅以来，没有城池，"惟东西大街一道，名曰永安，约长二里许，其形如箕，建有二阁阓，贸易咸聚于此。居民则皆依傍山崖而居，多穴处者焉"②。内地汉民集聚于长安街或四乡之地。乾隆年间，境内人口有16500余口③，如表3—7所示，清后期清水河厅境内仍有上万人口。

和林格尔厅，位于土默特西南部，"东西广一百七十，南北袤一百八十里"④，东至宁远厅，西接托克托厅，北临归化城厅，南达边墙。清初此地设二十家子站，人烟稀少，原来是右玉县八旗马场地。乾隆年间招民开垦马场地，"自将军移驻归化后，将正黄、镶黄、正红、镶红、正蓝五旗归和厅征解，镶蓝、镶白归清厅征解，留白七马厂，仍牧右玉旗焉"⑤。伴随招垦，内地汉民移入和林格尔，形成村庄或村落。同治十年（1871），官方统计和林格尔厅人口，"见在牌甲内开：本街东西南北四角及各街巷并四乡二百一十六村庄，共计二千四十六户，男妇大小共六千六百九十五名"⑥。清末放垦后，和林格尔厅增长迅速，如表3—7所示，其人口已达55104人。

武川厅，位于土默特北部，"东西阔四百里，南北长二百里，面积约八万平方里"⑦，东至陶林厅，南临归化城厅，北达蒙古四子

---

① 光绪《新修清水河厅志》卷十四，《中国地方志集成·内蒙古府县志辑》第11册，光绪九年刻本，凤凰出版社2012年影印本，第67页下。

② 光绪《新修清水河厅志》卷四，《中国地方志集成·内蒙古府县志辑》第11册，光绪九年刻本，凤凰出版社2012年影印本，第26页下。

③ 光绪《新修清水河厅志》卷十四，《中国地方志集成·内蒙古府县志辑》第11册，光绪九年刻本，凤凰出版社2012年影印本，第68页上。

④ 民国《和林格尔县志草》卷一，《中国地方志集成·内蒙古府县志辑》第14册，民国三十年铅印本，凤凰出版社2012年影印本，第217页。

⑤ 同治《和林格尔厅志》不分卷，《中国地方志集成·内蒙古府县志辑》第14册，同治十年油印本，凤凰出版社2012年影印本，第177页。

⑥ 同上书，第179页。

⑦ 民国《武川县志略》卷二，《中国地方志集成·内蒙古府县志辑》第13册，民国二十九年铅印本，凤凰出版社2012年影印本，第12页。

王旗。武川厅境，清初属"茂明安喀尔喀右翼，及四子王部落第，汉民迁入，租垦日众"[1]，村落兴起，成为塞北人口集聚区。武川厅地区蒙汉杂居，土地权属蒙古旗民，汉人寄居旗地。但汉族人口占据绝大多数，民国时期依旧如此，"县境各色民族杂居，汉族约占全县人口百分之九十四，其百分之六为满、蒙、回及其他人"[2]。如表3—7所示，清后期，武川厅已拥有近5万人[3]。

　　萨拉齐厅，位于土默特平原西部，"东西广二百二十里，南北袤一百里"[4]，东至归化城厅，西接乌拉特旗，南临黄河，北达蒙古茂明安旗。萨拉齐厅，清初属土默特右翼五六甲地，随着清朝招垦实施，内地汉民咸聚此地。如表3—7所示，光绪年间，萨拉齐厅已拥有数十万人口。[5] 托克托厅，位于土默特西南部，黄河岸边，"东西广八十五里，南北袤一百三十里"[6]，东接和林格尔厅，西临黄河，南至清水河厅，北达归化城厅。托克托厅，清初属土默特右翼旗地，随旗地开垦，汉民寄居于此。光绪年间，托克托厅除了厅治以外，还辖有河口镇，境内有8万余人。

　　丰镇、宁远、兴和、陶林等厅，位于土默特平原以东，农业生产条件相对欠佳，其垦种活动大约自雍正时期开始，光绪年间农业人口渐渐增多。如，丰镇厅，位于察哈尔右翼旗地，"东西广二百

---

① 民国《武川县志略》卷一，《中国地方志集成·内蒙古府县志辑》第13册，民国二十九年铅印本，凤凰出版社2012年影印本，第11页。

② 民国《武川县志略》卷六，《中国地方志集成·内蒙古府县志辑》第13册，民国二十九年铅印本，凤凰出版社2012年影印本，第21页。

③ 光绪《归绥道志》卷十一，《中国地方志集成·内蒙古府县志辑》第8册，民国钞本，凤凰出版社2012年影印本，第375页。

④ 民国《萨拉齐县志》卷一，《中国地方志集成·内蒙古府县志辑》第12册，民国三十年铅印本，凤凰出版社2012年影印本，第42页。

⑤ 光绪《归绥道志》卷十一，《中国地方志集成·内蒙古府县志辑》第8册，民国钞本，凤凰出版社2012年影印本，第379页。

⑥ 光绪《归绥道志》卷五，《中国地方志集成·内蒙古府县志辑》第8册，民国钞本，凤凰出版社2012年影印本，第211页。

七十里，南北袤二百五十里"①，东至直隶宣化府张家口厅，西接宁远厅，南临边墙，北达察哈尔正红旗。丰镇厅，清初属蒙古察哈尔正黄正红旗地，雍正年间开始招民垦种，至乾隆年间，丰镇"口外种地民人，生齿日繁"②。光绪年间，丰镇厅已发展成为10万人口的大邑。宁远厅，位于察哈尔右翼四旗西境，"东西广二百一十里，南北袤二百六十里"③，东至丰镇厅，西接和林格尔厅，南连边墙，北达蒙古察哈尔镶蓝旗地。宁远厅，清初属蒙古察哈尔镶蓝旗地，光绪年间，宁远厅已有近百个村庄，人口超10万。兴和厅，位于察哈尔右翼四旗东境，"东西距一百里，南北距三百二十里"④，东至直隶张家口厅，西接丰镇厅，南临山西天镇县，北达察哈尔蒙古地。兴和厅，清初属蒙古察哈尔正黄旗和太仆寺马场地，光绪年间，人口已有7万多。陶林厅，位于察哈尔右翼四旗北境。"东西广百五十里，南北袤百二十里"⑤，东至丰镇厅，西接镶蓝旗地，南临察哈尔镶蓝镶红旗地，北达察哈尔镶红镶蓝旗地。陶林厅，清初属察哈尔正黄、正红、镶蓝旗地，自朝廷招民垦种，汉民迁入此地，原设丰镇厅、宁远厅管辖，后新设陶林厅。光绪年间，陶林厅已有上万人寄居。

　　如图3—5所示，人口较多的归化城厅、萨拉齐厅、托克托厅、宁远和丰镇厅都位于地势较为平坦地区，土默特平原人口分布较多；相比之下，位于山地或高原的武川、兴和、陶林等厅人口较少。显然，这与农业生产条件有着密切的关系。

---

①　光绪《丰镇厅志》卷一，《中国地方志集成·内蒙古府县志辑》第12册，民国五年铅印本，凤凰出版社2012年影印本，第475页。

②　同上书，第474页。

③　光绪《归绥道志》卷五，《中国地方志集成·内蒙古府县志辑》第8册，民国钞本，凤凰出版社2012年影印本，第219页。

④　同上书，第239页。

⑤　同上书，第244页。

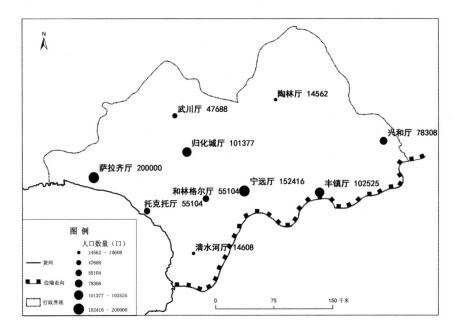

图3—5　清代边墙以北地区人口地域分布专题图

气温、地形、水、土壤是影响农业生产的重要因素。但就归绥道而言，区域小，各地气温差异不大，地形、水源和土壤是导致地域差异的关键因素。归绥道，处于农牧交错带，年降水量在400毫米左右，农作物生长需要依靠灌溉水源补给。该区域分布着黄河两支流（黑河与紫河）和桑干河两支流（御河与洋河）以及两大内流河。河流冲积形成了土默特平原和河谷盆地。河流冲刷带来的淤积黏土、砾石粗沙，"往往积成一层厚，而敷布阴山南麓附近，故有许多表土较薄，地力窳劣之处，但一经深耕，则表土与黏壤之心土混合，即适耕垦矣"①。归绥道辖区土壤情况：归化城厅约为黄白砂土，黑色卤土，色黑质胶黏，膏腴异常；萨拉齐厅约为砂砾壤

---

① 绥远通志馆编纂：《绥远通志稿》卷七《土质》，内蒙古人民出版社2007年版，第1册，第499页。

土、黄淤土、红黏土四种，除了少数红土质田地不适于农耕外，其他黑淤土、黄砂土等质皆系最佳之壤土；托克托厅大部分为微黑色夹土，次为红黑黏土与黄砂土，多数土壤性亦肥沃；和林格尔厅大都为黄色细沙壤土，卤土亚之；清水河厅大都为灰色砂砾壤土，东南一角有黏土，性膏腴；宁远厅香火地东部为黄淤土，质性膏腴，淤泥滩一带多为黑淤性黏土，膏腴不亚于香火地；武川厅、丰镇厅、兴和厅和陶林厅都有不少肥沃土壤分布。①

从清朝设置的诸厅看，清初以来人口流动的地域趋势都指向地形相对平坦，土壤较为肥沃，且靠近河流的地区。这是在农垦背景下形成的边外人口地域分布特征。迁入百姓在民间与官方力量的共同作用下，在土地开发的过程中，区域人口增加并重新组合，逐渐形成真正意义上的村。② 随着村落的发展，有些演变成为较大的乡镇，有些则壮大成塞北大邑，规模等同于内地州县。

（二）口北厅建置与乡镇兴起

自清初以来，边墙以北地区多次招垦，内地汉民出边谋生，集聚于垦殖农业区。清朝对这些流动人口尝试多种形式管理，从"春来秋回"法令到编置牌甲管理，再到设厅置官，促使村落或乡镇稳定成长。

顺治初年，清朝严禁内地汉民出边开垦。康熙年间，出于军事目的，官方招民垦种，蒙古王公亦纷纷效仿，内地汉民出边谋生。清朝并不允许汉民寄住口外，对出边之人给予"印票"，"每年户部给与印票八百张"，要求"逐年换给"。③ 为了各自利益，不少汉

---

① 绥远通志馆编纂：《绥远通志稿》卷七《土质》，内蒙古人民出版社 2007 年版，第 1 册，第 499—506 页。

② 田宓：《清代归化城土默特土地开发与村落形成》，《民族研究》2012 年第 6 期，第 86—99 页。

③ 乾隆《大清会典则例》卷一百四十《理藩院》，《钦定四库全书》第 624 册，文渊阁四库本，台湾：商务印书馆 1983 年影印本，第 428 页上。

民想方设法定居口外，蒙民也隐匿佃户。为了防止蒙汉杂居，清朝屡次通过法令禁止，"凡内地民人出口，于蒙古地区贸易耕种，不得娶蒙古妇女为妻，傥私相嫁娶，查出将所嫁之妇离异，给还母家，私取之民照地方例治罪。知情主婚及说合之蒙古人等，各罚牲畜一九"①。出边谋生汉民春来秋回，因而有"雁行客"之称。尽管如此，清朝仍未能阻挡汉民寄居的趋势。

面临逐渐增多的汉民，清朝对其编置牌甲进行管理。雍正十二年（1734），理藩院奏准归化城厅设立牌甲，牌设牌长，甲设甲长。②边外各地施行牌甲制度时间不一，最早可能早于雍正年间。"设立总甲牌头，则从基层组织的角度完善了管理边外汉民从事租耕活动的制度安排。这既有利于收缴地租，确保蒙旗利益；也能有效加强对移民人身活动的控制，维护沿边地区的社会稳定。"③随着边外人口增多，清朝并没有逐年重新编置牌甲，而是将新增人口寄附于原牌甲之上，这导致牌甲人数混乱，原十户一牌，现一牌寄附数十户。作为基层单位，牌甲制度已经流于表面，村社则是发挥实际效用的基层组织。④光绪年间归化厅户口统计单位反映这种新旧更替的趋势。归化城厅，"四乡共三百七村，设立村长一百二十名，牌长七百七十八名，共七百七十八牌，计七千六百七十八户"⑤，以村管理的四乡居民，仍保留牌甲制的外壳。

厅，作为地方行政建置，明代时已经诞生。在清代省府州县行

---

① 乾隆《大清会典则例》卷一百四十《理藩院》，《钦定四库全书》第624册，文渊阁四库本，台湾：商务印书馆1983年影印本，第430页下。

② 光绪《归化城厅志》卷六《田赋》，《中国地方志集成·内蒙古府县志辑》第3册，光绪年间抄本，凤凰出版社2012年影印本，第488页。

③ 李大海：《清代伊克昭盟长城沿线"禁留地"诸概念考释》，《中国历史地理论丛》2013年第2期，第36—47页。

④ 田宓：《清代归化城土默特土地开发与村落形成》，《民族研究》2012年第6期，第86—99页。

⑤ 光绪《归化城厅志》卷六《田赋》，《中国地方志集成·内蒙古府县志辑》第3册，光绪年间抄本，凤凰出版社2012年影印本，第486页。

政建置下，厅级建置普遍存在于内陆与边疆地区，因性质不同，其职能和特点各不相同。边疆地区各厅，"与移民潮相对，促进不同区域和民族间的经济文化交流，对边疆地区城镇纳入全国大一统的城市体系的'过渡'进程，具有显著的促进作用"①。换而言之，边疆地区设厅置官加快了移民社会形成的进程。

清代，随着晋北边外开垦移民的步伐，陆续设置了一系列的行政厅，厅建置因事而不断完善，由通判厅到理事同知厅，再到理事抚民同知厅。

自清初以来移民，归化城地区汉人众多，归化城都统丹晋请设官员管理，雍正元年，"添设归化城理事同知一员"②，标志归化城厅的始设。归化城厅辖区辽阔，事情繁杂，雍正十二年（1734）办理军机大臣奏得，"于归化城南之和林格尔、东之昆都仑、西之托克托城、西北隅之萨尔齐等四处，各添设笔帖式一员驻劄，令与原设同知协办事务"③，分理地方事务。乾隆元年（1736），清朝在清水厅、善岱等处"添设协办同知事务笔帖式各一员，管理开垦田亩、办理地方事务"。乾隆六年（1741）前后，各笔帖式改为协理通判。就行政建置而言，口北厅仍旧只有归化城厅，其余协理通判仍属代管性质。乾隆十五年（1750），清朝因"口外种地民人生齿日繁，事务较多，复经山西巡抚阿里衮奏明将丰川卫、镇宁所④裁汰，改设丰镇厅，以大同府分防，阳高通判移驻管理"⑤。乾隆二十

---

① 马天卓：《清代厅城的类型与特点研究》，《西南大学学报》2011 年第 1 期，第 168—173 页。

② 《清世宗实录》卷十，雍正元年八月癸亥，中华书局 1985 年影印本，第 186 页下。

③ 《清世宗实录》卷一百五十，雍正十二年八月癸亥，中华书局 1985 年影印本，第 856 页下。

④ "雍正三年以地土间旷，招民垦种，直隶宣化府张家口理事同知管理，雍正十三年经大同总兵李如栢奏山西口外多有矿，山场聚匪滋事，张家口厅鞭长莫及，请设卫所员弁弹压稽查。奉部议准。十三年经山西巡抚觉罗麟石奏准于新平路边外地名高庙子设立丰川卫，德胜路边外地名衙门口设立镇宁所。"（《光绪丰镇厅志》卷一，《中国地方志集成·内蒙古府县志辑》第 12 册，凤凰出版社 2012 年影印本，第 473 页）

⑤ 光绪《丰镇厅志》卷一，《中国地方志集成·内蒙古府县志辑》第 12 册，光绪五年铅印本，凤凰出版社 2012 年影印本，第 474 页。

一年（1756），清朝在察哈尔右翼四旗地又增设宁远通判厅。① 乾隆二十五年（1760），裁撤善岱和昆都仑两协理通判，添设托克托、萨拉齐、清水间、和林格尔等直隶理事通判厅。光绪年间，因蒙古察哈尔右翼四旗地放垦扩大，丰镇厅和宁远厅辖境广远，增设兴和厅与陶林厅，归化城厅北亦增设武川厅，各理事厅一律改为抚民厅。兴和厅，"光绪二十八年（1902），□理山西巡抚赵尔巽以察哈尔右翼各旗地悉鼓放垦，丰镇厅辖境广远，照料难周，奏请于二道河村设新厅，省蒲州府同知移宁远厅，以原有宁远厅抚民通判移驻此厅，部议准。"② 陶林厅，"光绪二十九年（1903），省蒲州府同知移驻宁远厅，以原有宁远至通判移治东北三百六十里至科布尔，即永顺庄镇，为陶林抚民通判，编户凡四乡五十大屯。"③ 武川厅，"光绪二十九年（1903），化归绥县境北至瓮兖城，设武川厅，置通判，寄治于归化城界。"④ 至清末，山西口北诸厅逐渐建立起来。

清朝口北置厅设官，给边外移民群体聚落带来了一系列变化。厅城和官衙的修筑、巡检官员的设立等，为厅内市场的发展和村落商业功能的扩张提供人文环境。

清朝设厅置官，因地设立巡检，管理和维护地方秩序，促进了地方商业乡镇的兴起。如，萨拉齐辖属的包头镇，"乾隆元年（1736）在归化城东建立绥远城，设将军驻守，并辖土默特及乌伊两盟，包头始设村。"⑤ 嘉庆十四年（1749）清政府调整归绥六厅

---

① "康熙十四年，迁察哈尔部落分驻于此，雍正十二年置宁朔卫及怀远所，设大朔理事通判治之。乾隆十五年裁卫所并为宁远厅，属右玉县北境，以朔平府通判移治焉。二十一年改理事通判。"（光绪《归绥道志》卷五，《中国地方志集成·内蒙古府县志辑》第8册，凤凰出版社2012年影印本，第214页）

② 光绪《归绥道志》卷五，《中国地方志集成·内蒙古府县志辑》第8册，民国钞本，凤凰出版社2012年影印本，第235页。

③ 同上书，第242页。

④ 民国《武川县志略》卷一，《中国地方志集成·内蒙古府县志辑》第13册，民国二十九年铅印本，凤凰出版社2012年影印本，第11页。

⑤ 《新包头市志》，选自《包头地方文献丛书》，内蒙古大学出版社2008年版，第277页。

的巡检司，裁善岱、昆都仑巡检，移设于包头及毕克旗。也正是这年，清朝改包头村为包头镇，隶属于萨拉齐厅。至光绪年间，包头镇已经发展成为塞北商业大镇。

清代口北厅辖属某些村落承担地域性商业功能，发展成为一定规模的乡镇，镇内都有商铺，居民至少四百余家。如，萨拉齐厅有大乡镇多处，东乡善岱镇居民五百余家，铺户三十余家；南乡冒带镇居民四百余家，大小铺户二十余家；西乡包头镇居民一千五百余家，大小铺户五十余家；北乡水涧沟居民八百户，大小铺户二十余家；又有苏波罗盖镇和麦达召镇，各有铺户十余家。① 清朝因乡镇商业发展而设斗牙征税，如，清水河辖属韭菜庄镇，"设立斗牙一名，每名每年额征税银一两二钱，批解司库"②。诸如此类乡镇另有：归化城厅的白塔尔、毕齐克齐、西大河、克克伊里根（又称可可以力更生），丰镇厅的丈皋尔、高庙子、大庄科、西美庄，清水河厅的富民庄，托克托厅的河口镇，宁远厅的后营子，和林格尔厅的土城、新店镇，武川厅的勿蓝花四村、活佛十二村、拐角铺村，兴和厅的卢家营、常胜窑，陶林厅的太平庄、四兴庄、兴盛庄、古兴庄、纳令沟。③

清代边墙以北移民活动带来了村落的兴起，促使清朝置厅设官，将其纳入合法的管理体系中，为其经济社会的发展提供安定的环境。

（三）边墙以北商贸市场的发展

自清初以来农业招垦，边墙以北地区汉民逐渐增多，因管理需

---

① 光绪《归绥道志》卷五，《中国地方志集成·内蒙古府县志辑》第 8 册，民国钞本，凤凰出版社 2012 年影印本，第 300—301 页。

② 光绪《新修清水河厅志》卷四，《中国边疆史志集成·内蒙古史志》第 34 册，全国图书馆文献缩微复制中心，光绪九年钞本，2002 年影印本，第 266 页。

③ 光绪《归绥道志》卷五，《中国地方志集成·内蒙古府县志辑》第 8 册，民国钞本，凤凰出版社 2012 年影印本，第 176、187、194、201、212、220、228、234、240、245 页。

要而置厅设官，清朝建立了对移民群体的管理制度，来自不同地区的移民也形成了一些民间组织，在官方与民间共同作用下，相对稳定的移民聚落得以建构，形成边外各厅及其所属乡镇。在移民社会建构的进程中，商贸市场也逐渐形成或进一步发展。

清初，边墙以北各地因地域经济发展的差异性，商贸市场的兴起和发展进程不一。归化城，作为明代兴起的城市，本身具备经济社会基础，在清初农业招垦中率先发展，商贸市场较其余各厅繁荣。

归化城，位于土默特平原黑河附近，土壤肥沃，灌溉水源充足，是农业种植优选之地。早在明中后期，已经有汉民来此耕种，因明蒙政权对立，农垦规模有限。清初，边外招民开垦，归化城地区最先推行。归化城地区人口增多，移民村落兴起，为归化城商贸市场的发展增加了动力。

归化城商贸市场虽兴起于明代，但商业规模有限。入清以后，归化城商贸市场已有明显的发展。顺治十五年（1658），俄国人巴伊科夫途经归化城，看到归化城的市场比较大，店铺众多，皆由砖砌成，并且每家店铺都有庭院，店内商品多样，许多商品可用茶叶衡量，店内如各色花缎棉布、丝绸，铁器、铜器，等等。[①]康熙年间，清朝派遣张鹏翮、钱良择等人出使俄罗斯，途经归化城，目睹"外藩贸易者，络绎于此，而中外之货亦毕集"[②]，"城南居民稠密，视城内数倍，驼马如林，间以驴骡"[③]。乾隆前期，归化城地区农垦已经完成，移民带来的村落或乡镇聚落也基本定型，归化城已经发展成为地域性商贸市场中心。乾隆以后，随着中国西部边疆的平

---

① 袁森坡：《论清代前期的北疆贸易》，《中国经济史研究》1990 年第 2 期，第 41—71 页。

② 张鹏翮：《奉使俄罗斯日记》，《中国近代内乱外祸历史故事丛书》，台湾：广文书局 1967 年影印本，第 8 页。

③ 钱良择：《出塞纪略》，《昭代丛书·辛集》卷二十三，世楷同堂藏影印本，第 15—16 页。

定，商路畅通，归化城成为中国西部与东部商业贸易枢纽，商贸市场发展迎来了新契机；在官方的鼓励政策与民间商人的经商行为的推动下，归化城迅速成长为土默特贸易中心。[①]

由于边外农业开发的进程不同，除归化城以外，边外其余各厅发展相对较晚。乾隆年间，各厅及乡镇才逐渐成长起来，厅境内商贸市场也逐步形成。乾隆八年（1743），山西巡抚刘于义奏请以口外之米以"牛皮混沌"运入内地，在归化城、托克托城买米，运至托克托河口村，用牛皮混沌装米沿河运往内地。[②] 可见，乾隆时期托克托城已经有了米粮交易市场。作为山西米粮歉收时的补给来源地，托克托城的米粮交易规模应该不会太小。清水河厅在乾隆年间也设有商贸市场。乾隆四十一年（1776），前府宪觉罗巴论及城内商税时，言"今我清厅各铺商民开工以来，凡南来商贾已由杀虎口上税，发到本铺售卖者，例不重征，历年已久，毫无更变"[③]。这足以说明清水河城内早已设有商贸市场。和林格尔厅亦设有商贸市场，乾隆后期因商人躲避关税来城分销，促使和林格尔发展成为土默特地区中转商贸市场。因此，山西巡抚巴延三上奏称，经营归化城附近的土产商人大多数不进城纳税，而去和林格尔厅囤积分销；贩运口内油、缎、布、茶等商人出杀虎口都赴和林格尔停留，然后分销本城或其他地区；因而归化城课税日形短绌。[④] 此外，萨拉齐、丰镇等厅也都设有商贸市场。

除各厅治外，厅境内兴起的较大乡镇也存在商贸市场。因区位条件不同，各乡镇商贸市场发展程度不一。非交通枢纽性乡镇，因居民众多，虽设有商贸市场，但规模并不大，主要服务乡镇及其周

---

① 详细论述见本章第四节"明清贸易中心的流变"。

② 张志如：《乾隆朝米粮买卖史料（上）》，《历史档案》1990 年第 3 期，第 24—31 页。

③ 光绪《新修清水河厅志》卷四，《中国边疆史志集成·内蒙古史志》第 34 册，全国图书馆文献缩微复制中心，光绪九年钞本，2002 年影印本，第 475—476 页。

④ 张正明、薛惠林：《明清晋商资料选编》，山西人民出版社 1989 年版，第 50—52 页。

边居民。如前文所提，清水河辖属韭菜镇只有斗牙一名，每年商税一两。清代边外各厅大多数乡镇发展程度与之相差无几。某些乡镇因位于商路枢纽上而发展成为商业性乡镇，如萨拉齐西乡包头镇不仅拥有商铺五十余家，镇民一千多户，大都从事商业活动。托克托厅西乡河口镇，临近黄河，成为土默特商品外运的河运码头。"口外蒙古厂地宽阔，人物繁庶，粮粟粜籴，较别务尤急，除各厅粟店行开设而外，如归化城之'可可以力更生'等村，托克托城之河口、萨拉奇之包头镇等处，皆米粟总汇，居民就近粜卖。"①

随着口北厅的设立及乡镇的成长，清代口外兴起了多处商贸市场。因为区位因素的差异，各商贸市场的发展轨迹各不相同。清代口外交通区位的改变对部分商贸市场发展产生了很大影响。清前中期，各厅之间道路已经形成，奠定了商路网络基本框架。清后期，口外商路发生调整。清朝开辟了归化城至杀虎口段新道。"有善僧募款修筑凉城县②石匣子沟，即古参合陉，大道成功，向之崎岖山陉，至是宽平可行，于是士官、商旅由山西往来归化者，皆径行于此，旧道遂废"③。商人利用包头镇至河口镇黄河段水路，并获得朝廷认可。"归化城口岸西包头镇、萨拉奇、托克托城三处皆滨黄河，商民贩运杂货有河路行走，程途较近"，清朝在包头镇、萨拉齐、托克托城等设立归化城分税口。④

和林格尔厅商贸市场因杀虎口旧道⑤废弃而日渐衰落。和林格

---

① 咸丰《古丰识略》卷二十《市集》，《中国边疆史志集成·内蒙古史志》第 27 册，全国图书馆文献缩微复制中心，咸丰十年钞本，2002 年影印本，第 183 页。

② 凉城县，民国时期设县，清代其地属宁远厅。

③ 绥远通志馆编纂：《绥远通志稿》卷八十《车驼路》，内蒙古人民出版社 2007 年版，第 10 册，第 78 页。

④ 咸丰《古丰识略》卷四十《税课》，《中国边疆史志集成·内蒙古史志》第 28 册，全国图书馆文献缩微复制中心，咸丰十年钞本，2002 年影印本，第 812 页。

⑤ 杀虎口旧道，是指清前中期商民出杀虎口至归化城道路，途经新店子、和林格尔厅治、土城至归化城。

尔厅坐落于杀虎口旧道，山西商民往归化城行商俱经此地。清后期，杀虎口新道开辟后，沿信道至归化城，"较旧道近四十里"①，去往归化城的商旅不再绕道和林格尔，而是经宁远厅至归化城。清后期，"东路客商，利其捷径，俱由东路行走，以致商贾稀少，而官差仍络绎不绝。旧开设典当铺二十七家，现仅十二家，旧开设粟店九家，现仅三家，其他铺户可知。"② 相反，宁远厅商业因交通便利而发展起来。

从包头到山西碛口黄河段水道，由于落差较大，逆流而上较为困难，清初官方运粮使用此道，商人多选择陆运。清后期，随着口内外商业活动频繁，陆运成本增高，商人为避税而多选择水运。包头至山西碛口黄河水道商业活动频繁。包头、河口等沿河厅镇交通区位因素大为增强，对商贸市场发展起了很大的推动作用。包头镇、河口镇、萨拉齐厅、托克托厅发展成为地域性商品集散中心。

其他诸如清水河等厅及乡镇因区位条件限制，商贸市场发展缓慢。人口较少，区域商品生产能力不足、交通不便等制约其商贸市场的发展。如清水河，"村庄共三百八十六处，或五六十里始见一村，或一村仅两三家居住。并无绅士富户，商贾亦甚寥寥"③，地理环境相对较差，"清厅四面皆山，其地亩即就山坡垦种，遇有大风则浮沙拥积，山水冲出，则土尽石露，其地最为硗瘠不堪"④。

清代边墙以北地区兴起了以上诸多商贸市场，虽然因区位条件不同而兴衰各异，但较前代而言却是有了很大的发展。以整个归绥

---

① 绥远通志馆编纂：《绥远通志稿》卷八十《车驼路》，内蒙古人民出版社2007年版，第10册，第78页。

② 咸丰《古丰识略》卷二十《市集》，《中国边疆史志集成·内蒙古史志》第27册，全国图书馆文献缩微复制中心，咸丰十年钞本，2002年影印本，第574页。

③ 咸丰《古丰识略》卷二十，《中国边疆史志集成·内蒙古史志》第27册，全国图书馆文献缩微复制中心，咸丰十年钞本，2002年影印本，第577页。

④ 咸丰《古丰识略》卷三，《中国边疆史志集成·内蒙古史志》第27册，全国图书馆文献缩微复制中心，咸丰十年钞本，2002年影印本，第577页。

道商贸市场而论，发展程度可以从杀虎口关税额反映。杀虎口，地处山西通往口外孔道咽喉，明代因地势险要筑杀胡堡，清代称杀虎口，位于山西右玉县境内。清代以来，"右玉杀虎口通道，北藩为牛羊驼马皮革木植之所出，商贾称络绎焉"[①]，顺治八年（1651），清朝在此设立榷关，置监督一员抽税。[②] 较之山海关、张家口关，杀虎口关的历年实征关税很大程度上能够反映北路蒙汉贸易的繁荣程度。[③] 杀虎口关自顺治年设立以来，其税额完整情况不见记载，清代现存档案中散见部分实征税额，如表3—8所示。

表3—8　　　　　　　清代杀虎口监督奏报关期实征银情况表[④]

序号	奏报年	实征银（两）	序号	奏报年	实征银（两）
1	雍正二年	21742	17	道光二十七年	46256
2	乾隆十三年	34752	18	咸丰二年	46276
3	乾隆四十四年	36273	19	同治二年	44377
4	乾隆四十五年	36376	20	同治三年	44390
5	乾隆四十六年	36622	21	同治九年	44431
6	乾隆四十八年	36893	22	同治十年	44436
7	乾隆五十四年	39436	23	同治十三年	44451
8	乾隆五十五年	40278	24	光绪四年	27886
9	嘉庆二十年	45394	25	光绪八年	43391
10	嘉庆二十一年	45394	26	光绪十年	34733
11	嘉庆二十二年	45851	27	光绪十九年	25822

---

① 雍正《朔平府志》卷七，《中国地方志集成·山西府县志辑》第9册，雍正十三年刻本，凤凰出版社2005年影印本，212页上。

② 《山西巡抚石麟奏覆杀虎口无庸更设关门暨将看守关门官兵俱拨木栅关口缘由折》，《雍正朝汉文朱批奏折汇编》（中国第一历史档案馆编）第11册，江苏古籍出版社1991年版，第455页。

③ 丰若非、刘建生：《清代杀虎口的实征关税与北路贸易》，《中国经济史研究》2009年第2期，第15—26页。

④ 根据《清代杀虎口的实征关税与北路贸易》（《中国经济史研究》2009年第2期，第15—26页）文中整理的资料而做。

续表

序号	奏报年	实征银（两）	序号	奏报年	实征银（两）
12	道光七年	45878	28	光绪二十三年	29725
13	道光八年	46029	29	光绪二十九年	33258
14	道光十三年	43864	30	光绪三十年	38329
15	道光十四年	46123	31	光绪三十一年	43338
16	道光二十五年	46248			

据表3—8统计，杀虎口关实际征收总税额有一百二十三万八千二百五十二两（1238252两），年均税额约为三万九千九百九十四两（39944两）。数万两的税额代表每年数十万甚至百万两的商品交易额，这说明每年口内外商业往来频繁。经过杀虎口出边的商品都要运销至口北各厅，或是在当地分销，或是中转至新疆或外藩地区，这都将促进当地商贸市场的成长，也从侧面反映了清代边墙以北各厅镇商贸市场的发展程度。

明代，蒙古部落以游牧方式生活，居无定所，尽管牧民之间进行偶尔的交易活动，大宗商品交换不得不依靠明朝开设的马市。因此，除归化城以外边墙以北游牧区很难形成固定的贸易市场，如图3—4所示，晋蒙交界区贸易市场基本限于边墙沿线马市及边墙之南大同城镇。明末战乱，社会动荡，朝廷内忧外患，明朝不得不关闭边墙沿线马市，边墙以南大同镇商业也萎靡不振。入清以来，晋蒙交界区商贸市场发生了很大变化。清初，姜镶在大同的反清运动，导致商贸市场更为萧条，犹如雪上加霜。清朝在大同恢复生产的活动，使社会经济有所好转，商贸市场也有一定的恢复与发展。清初以来，在清朝平定准噶尔的带动下，加之人多地少的生存压力，汉民纷纷出边谋生，掀起走西口移民浪潮，边墙以北农耕经济得到空前发展，清朝设官置厅，筑城设市，标志着商贸市场北向拓展趋势的形成，如图3—6所示。

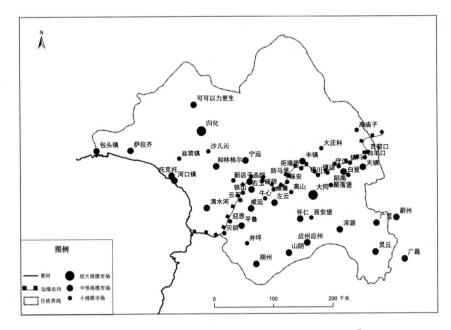

图 3—6　清代晋蒙交界区主要商贸市场分布专题图①

---

　　①　圆形的大小指代市场规模的等级，底图来源于《中国历史地图集·元明时期》（中国地图出版社 1982 年版，第 54—55 页）。

第 四 章

明清晋蒙交界区商贸格局的演变

明清晋蒙交界区商贸市场在政治经济环境转变下整体上呈现向北拓展的趋势，边墙以南地区商贸市场受到战乱冲击而发展受挫，边墙以北地区市场在农业经济带动下迅速成长起来。这基本从宏观层面上廓清了商贸市场发展的区域空间特征。但就区域商贸市场格局来说，市场层级的变动，尤其是商业中心的变动，是整个区域商贸市场格局演变的重要内容。虽然以往研究成果揭示了大同和归化城是边墙南北两个重要商业城市，但是从区域商业的视角出发，以明清较长时段为尺度，考察商业中心变动与人文环境的关系，以及商业中心变动所产生的区域性影响，仍是值得进一步研究的问题。本章以大同城和归化城等两个商贸中心为考察对象，分别探讨商贸中心演变历程及其影响，力图回答大同城商贸中心兴衰的原因，归化城商贸中心形成的机理，兴盛一时的马市何以销声匿迹，明代军镇市场和州县市场为何没能成长为塞北商业中心等一系列问题。

第一节　大同城商贸中心的兴衰

明代大同城商业市场十分繁荣，江南各地商品亦转输于此，繁荣程度甚至可与江南相媲美。明代大同城商贸市场繁荣有着深刻的政治经济环境背景。以往的研究，多受军事性因素的影响，认为明代沿边产生的军事消费带是推动大同市场发展的重要因素，清代大同商业随着军事因素的消失而有所削弱。军事因素固然重要，地理环境、政治背景与经济因素也同样值得探讨。本节内容试图从政治、经济、社会以及地理环境等综合考究大同商贸中心的兴衰过程。

一　明代大同城商贸中心的确立

（一）　大同城的地理环境优势

与山西北部城镇相比，大同城有着地理环境方面的优势。无论是地形地貌，还是土壤、水源等方面，皆是其他城镇不可比拟的。

明代大同府地域范围，大致相当于今大同市和朔州市，南北皆以大小边墙为界，西面以吕梁山脉北支洪涛山为主，东面以太行山脉为主。大同府境内，农业发展环境最好的区域则属大同盆地。"大同盆地，位于雁门关以北，又称雁北盆地。西南起于宁武阳方口，东北至省境，南以恒山山前为界，西与洪涛山相接。长约220公里，最宽处约40公里，面积5000余平方公里。包括大同市、大同县、阳高、天镇、浑源、应县、怀仁、山阴及朔县的平原部分。该盆地又分为大同盆地、天镇——阳高盆及浑河谷地三个部分，以桑干河流经的大同盆地为主。"① 大同盆地属构造地貌单位，历史时期鲜有变动，明代大同地形地貌与之相差无几。大同城位于大同盆地核心区，地势平坦，地域开阔，比较利于城市的发展。

水源是城市发展不可或缺的重要因素。明代大同城位于大同盆地，靠近河流，东临桑干河大支流御河，西有十里河。就大同县境来说，"县境有三大河流，水利凤所重视。一曰桑乾河由县

---

① 山西省史志研究院：《山西通志》第二卷《地理志》，中华书局1996年版，第102页。

西入境，横贯东南部，经过县境约长百六十华里，二曰十里河，由县西东流，与玉河相会，经过本县约长六十华里，三曰玉河，由北而南，会合桑乾河经过县境约长百四十里，本县农田之灌溉实利赖之"①。

自然环境方面以外，大同城人文地理环境也具有很大的优势，主要表现为良好的交通条件和较高的军事、政治地位。

明代大同城交通四通八达，东临直隶京师，西连左云、右玉，南通省府太原，北达蒙古诸部。明初建设的官道体系，也是以大同城为中心。在官道基础上形成的三条商路主干道，皆汇合于大同城。②

明代大同城商贸中心地位的确定，与其军事和政治地位密切相关。因为，军事和政治地位的重要性，明朝主动或被迫加强大同城经济建设，如强制性移民充实大同人口，增筑大同城池，地区赋税大半输于大同城等。

洪武初年，明朝在山西各府州县籍兵，派遣至大同宣府等地戍边，二十五年于大同都司安置十六卫所，大同城置大同后卫。③ 而后，尽管卫所几经调整，但大同城中始终驻扎军户。明代建置的大同镇，约计85000名官军，马、驼、骡约计37000头，大同城见在官军约计24000名，马、骡、驼约计16000头，前者约占1/4，后者约占1/3。④ 这足以说明，大同城中军户人口不少。

大同城，历史悠久，北魏时期曾是都城所在地，其城池建设初具规模。明洪武初年，在大将军徐达的主持下，在原有城池的基础

---

① （民国）实业部国际贸易局：《中国实业志·山西省》第三编《都市商埠及重要市镇》，实业部国际贸易局，民国二十六年（1937），第50页。

② 详细论述见第二章"晋蒙交界区路路的拓展"。

③ 《明太祖实录》卷二百二十，洪武二十五年八月，上海书店1982年影印本，第3224—3225页。

④ （明）杨时宁：《宣大山西三镇图说》选自《玄览堂丛书》（初辑第四册），"中央图书馆"出版，1981年，第210、220页。

上扩建大同城池。"周围十三里，高四丈二尺，壕深四丈五尺，以砖外包，门四，东曰和阳，南曰永泰，西曰清远，北曰武定，上各建楼，角楼四座，敌台楼五十四座。"[①] 据表3—3，从城池规模来看，其余城池规模不足十里，周长大多在四里左右，远不及大同城规模。

从大同府官方粮仓的建设，可以看出大同赋税粮的汇集情况。大同城，作为地区政治中心，也是粮食物资汇集之地，由粮仓配置可见一二。大同府规模较大的卫所城堡以及州县都建有官方粮仓。州县城和卫所城基本建有一两处粮仓，通常有预备仓；而大同城附近建有数处，"大有仓，北仓在府治东北隅，西仓在府治西北；大有东南仓，在府治东南，又有南仓在府治东南，不隶户部，专储禄米俸粮……大同前后卫预备仓，在府治东北"[②]。这一定程度上表明，大同城是粮食物资总汇之处，官方发放的棉布等物资情况也大体如此。这为大同城商贸中心地位的确定奠定物资前提。

（二）大同城与各类市场的关系

明代大同府境内，主要有三种类型的市场，分别是边墙沿线的马市、卫所城镇市场、州县城镇市场。大同城市场与这三种类型的市场有着密切的关系。

明代大同边墙沿线分布三处大马市和六处小马市。三处大马市位于大同城附近，小马市则相距较远。大马市上交易的商品大部分来自大同城市场。大马市交易分为官市和民市，官市交易完后允许商民交易。官市交易，由明朝负责，交易前双方约定交易商品的种类和数量，明朝派发官员专款采购商品。从利润的角度出发，采购的基本原则应是距离较近成本较小。大同城是距离这些大马市最近

---

① 正德《大同府志》卷三，《四库全书存目丛书》史部第 186 册，正德刻嘉靖增修本，齐鲁书社 1996 年影印本，第 222 页上。

② 同上书，第 245 页。

的繁华城镇，市场商品应率先被收购，其次才是其他商贸中心，部分商品不得不远购于他省，如万历年间"本镇互市应用缎匹、梭布、水獭、狐皮等物，发价银四万余两，委官往各省收买……皮张行湖广。"① 民市交易上，商民大多就近收购商品赴市交易。镇羌堡处马市、守口堡马市和新平堡马市之所以形成大市，很大程度上依托于大同镇城繁荣的商业。

大同城市场是卫所城镇市场的重要支柱。明代大同镇卫所城镇的驻扎主要是军户，或屯田，或守城，商品生产能力有限，布匹、瓷器、茶叶等商品都依赖于商品运输或官府供应。大同镇与各卫所城镇之间的隶属关系，一定程度上影响着市场关系的形成。各卫所城镇皆统辖于大同镇，官方物资供应须从大同镇调配。换而言之，各卫所城镇的物资皆转运于大同城。约弘治后，明朝粮饷征银，卫所城镇官军前往大同城领取银两，更加方便采购所需商品。当然，大同城与卫所城镇商业关系的形成，更多是通过商旅转输完成的。如大同左云城，"粮饷商旅，多所经过，城关接连，室庐相望，颇称富庶"②。

大同州县城镇，集中于大同府南部或东南部，地处大同通达太原府和直隶交通道路上。前往大同城的商人，除了经阳高—天镇孔道以外，也途经这些州县城镇。因此，州县城镇商品分别来自大同城和太原、直隶各商业中心。可以说，大同州县城镇市场与大同城市场属于半依赖关系。此种关系，很大程度上是地缘作用的结果，并一直延续到清代。朔州，地处大同—太原孔道位置，"朔平及平鲁出售的进口及外地商品多通过大同运来，而朔州出售的同类商品，虽有一部分经大同运来，但大部分经山西中部由马匹驮运而

---

① 《明神宗实录》卷二一二，万历十七年六月丙戌，上海书店1982年影印本，第3972页。
② 雍正《朔平府志》卷三《方舆志·风俗》，《中国地方志集成·山西府县辑》第9册，雍正十三年刻本，凤凰出版社2005年影印本，第82页上。

来"，商品主要分三个来源地，"经寿阳宗艾镇运来，经忻州运来，经大同运来"，商人"前往时，为三日行程，自岱岳经怀仁到达大同。当地与大同之间的商品交易量较大，仅次于寿阳"。①

综上所述，明代大同境内较大的马市、卫所城镇和州县城镇市场，因为政治、军事和经济等因素影响，基本都依赖于大同城商业中心。卫所城镇和州县城镇市场，涵盖了边墙以南的商品需求；马市则基本代表了边墙以北蒙古人的商品需求。从此角度上说，晋蒙交界区的商品需求很大程度上依赖大同城商业中心，这也标志着大同城商业中心地位的确立。

二　清代大同城商贸中心的衰退

明代，不仅边墙以南各类市场商品来自大同城商业中心，而且边墙以北蒙古所需商品也大部分来自大同城。入清以后，大同政治经济环境的巨变，导致大同城商贸辐射范围受到严重削弱，呈现衰退景象。

清初政权尚不稳定，南有藩王和南明势力，西有准噶尔蒙古势力，以姜瓖为首的明朝降将乘机举义反清。清朝与姜瓖势力在大同城展开激烈的战争。虽然双方对抗不到两年，但是战争对大同城经济几乎造成毁灭性的打击。顺治六年（1649），清朝大军攻下大同城后，顺治帝"谕和硕英王，斩献姜瓖之杨振威等二十三员，及家属并所属兵六百名，俱著留养，仍带来京，其余从逆之官吏兵民尽行诛之，将大同城垣自垛彻去五尺"②。大同城遭致的毁坏十分严重，乃至清朝不得不将府治和县治暂时迁往附近的阳和城和西安堡。此后，尽管清朝推行一系列恢复经济发展的措施，如招垦免

---

① 民国《山西省志》，《山西旧志二种·附录》（任根珠点校），据民国九年刊本点校，中华书局2006年版，第732—733页。

② 《清世祖实录》卷四十六，顺治六年九月戊午，中华书局1985年影印本，第3册，第365页。

赋、修筑城池、恢复铺面等，大同城商业有所好转，但仍旧难以超越明朝时大同城商业地位。

清代，大同地区行政区划的调整，也是影响大同城经济地位的重要因素。明代大同城凭借政治军事中心地位的优势，发展成为晋蒙交界区商贸中心。雍正年间，清朝调整大同府行政区划，析大同府之左云、右玉、平鲁、朔州等县置朔平府，治右玉县。乾隆年间，边墙以外置归绥道①，治归化城，后移治绥远城。从行政中心地位而言，右玉、归绥、大同相互等同，皆是各自所辖州县厅的政治经济中心，具有相对的独立性。朔州、平鲁、右玉等城镇市场直接与归化城或其他市场相互往来，如前文提及的平鲁县，其最大的商品来源地是平定州之寿阳。尽管如此，但大同城仍旧是边墙以南大同地区的商业中心，直到民国初期依旧如此。"大同是大同、阳高、朔平、平鲁等地的商品交易中心市场，人口两万，商业繁荣"，如牙行的规模较大，"牙行均自营批发业务，并拥有仓库设备，故一般称为货栈。有的牙行还备有客房，成立行栈组织，为客户的交易提供方便。经营的商品有的由北京、天津、张家口运来，再转往各地，有的经此地运往省外"。②

边外各厅商品流通的变化，是影响大同城经济地位的关键因素。明代，边墙以北蒙古人所需商品基本依赖沿边马市，商品流通基本是南北方向，大同城的经济辐射范围远及蒙古。清代，蒙古归附，边墙内外经济联系加强。归化至京师商路，在丰镇分为两支，一支经大同抵达直隶，另一支沿边墙北到达商业中心张家口。③ 后一条支路，"在归化城和张家口之间不仅应算是最平坦的道路之一，

① 乾隆六年所置归绥道，虽然不是府级行政区，但其管理事务具有行政性质，可列为准行政区，《中国历史地图集》亦将归绥六厅，等同府级政区表达。

② 民国《山西省志》，《山西旧志二种·附录》（任根珠点校），据民国九年刊本点校，中华书局 2006 年版，第 748 页。

③ 详细论述见第二章"明清晋蒙交界区商路的拓展"。

而且甚至还是更常走的一条路，因为往返于这两座城市之间所有用骆驼或用牛载运货物的商队走的都是这条路"①。随着归绥至直隶京师商路的形成，归化与京师直接经济往来频繁，标志了商品流通的东向发展趋势的形成。原属大同城商业中心经济辐射区的边外归绥，已跨越大同市场，成为张家口或直隶京师的经济辐射区。

此外，军事消费带的消失，是大同城商贸中心衰退的又一影响因素。明代，在大同镇防御体系构建的同时，边墙沿线产生了庞大的军事消费带，这促使大同军事性城镇商业化。② 正是在这种特殊军事消费的作用下，明代大同城商业繁荣程度"不下江南"。清代，蒙古归附，大同镇体系丧失存在的意义，卫所堡寨被裁并，较大的卫城改为州县建置，雍正年间基本完成这一转变。这一重大转变意味着军事消费带的消失。虽然人口数量不一定出现大规模的减少，但如明代庞大的商品物资供应体系必定不复存在，与之相关的商业活动也将大为减少。这在一定程度上影响了大同城商业的发展。

第二节　归化城商贸中心的形成

明代，明蒙政权以边墙为界南北对峙。明蒙民族贸易限制在边墙沿线的大小马市。边墙以北，蒙古人以游牧为生，难以形成固定的商贸中心。边墙以南，除了各州县商业有所发展，各卫所城堡商业功能在军事消费带动下逐渐增强。大同镇，作为晋北政治、军事和经济中心，不仅是州县城堡商品来源地，也是沿线马市依托的商贸中心。江南"陆驮水航之物、藏山隐海之珍，靡不辐辏而至"③

---

① ［俄］波兹德涅耶夫著：《蒙古及蒙古人》第二卷，刘汉明等人译，内蒙古人民出版社1983 年版，第 139 页。

② 详细论述见第三章第二节"明代城镇商业的发展"。

③ 《明实录》附录一《明□宗□皇帝实录》卷四，天启七年十二月，上海书店 1982 年影印本，第 59 页。

大同，或转运边墙沿线马市，或分销其他州县城镇。因而，当时人称"九边如大同，其繁华富庶，不下江南"①。显然，明代大同城是晋蒙交界区商业贸易中心。入清以来，蒙古内附，内地汉民出边，在农业开垦的带动下边外社会经济发生了重大变迁。村落与城镇的出现，商贸市场的兴起，不仅造就了边外蒙汉杂居的移民社会形态，而且促使晋蒙交界区乃至整个西北地区商贸市场格局的变动。

归化城，作为明代蒙古俺答汗部落政治军事中心，在明蒙贸易环节中承担了明朝商品在蒙古地区转口分销功能②，商贸市场虽有较大的发展，但辐射力难以突破部落活动范围。清代归化城地处贸易枢纽，发展成为蒙古草原重要商业城市，南北茶叶、布匹、杂货、牲畜、皮毛、粮食在此转运，商业腹地远及漠南、漠西及新疆地区。③ 相比之下，大同城商贸市场仅仅停留在服务晋北的阶段，其牧业商品来源依赖于归化城商贸市场。何以归化城商贸市场在清代迅速成长起来？这是区域性商业地理必须回答的问题。

一 归化城社会经济环境的营造

明中后期，归化城作为边外俺答汗部落政治中心而兴起。俺答汗部落凭借通贡贸易的控制权，把归化城经营成明朝商品在边外分销的贸易市场。边墙沿边马市交换而来的粮食、布匹等商品，很大一部分汇集到归化城，供其他蒙古部落采买。明末，察哈尔部落林丹汗称雄漠南蒙古，土默特部落臣服，归化城丧失了漠南蒙古贸易的政治优势。林丹汗与后金争雄失败后，对土默特部落的屠杀，使

---

① 谢肇淛：《五杂俎》卷四，《续修四库全书》第 1130 册，万历四十四年刻本，上海古籍出版社 2002 年影印本，第 419 页上。

② 牛淑贞：《明末归化城商贸地位的形成及其发展》，《内蒙古大学学报》（哲学社会科学版）2013 年第 4 期，第 85—90 页。

③ 许檀：《清代山西归化城的商业》，《中国经济史研究》2010 年第 1 期，第 83—92 页。

归化城贸易地位一落千丈。清初，在军事战略带动下归化城地区进入有史以来经济发展的高峰。人口及村落的增加、工商业的发展、榷关的设立等都为归化城商贸的成长营造了有利的社会经济环境。

（一）区域农业垦殖与人口增加

归化城土默特地区因农业生产条件的优势，清代以前已经有农垦经济。在明蒙政权对峙的情况下，俺答汗鼓励土默特农垦经济，以满足民众对粮食的需求，但成效并不大。粮食依然是马市交易大宗商品之一。明朝为减轻抚赏负担，谕俺答"令板升种田千顷，岁差足自给"①。因此，归化城土默特有部分牧地已经开垦为农田。清初，钱良择等人所见归化城土默特地区的大片农田和茅舍，很可能是明末汉人在此垦种的延续。

归化城土默特大规模的农业垦殖是康熙中期以后的事情。清初，漠北漠南蒙古诸部归附清朝，漠西准噶尔部噶尔丹据今新疆地区与清朝分庭抗礼，并企图控制漠北喀尔喀部。清朝为平定准噶尔部，将归化城土默特作为军需补充的前沿地带，进行大规模的农业垦殖。

康熙年间，为了筹备"平准战争"的粮饷，清朝在归化城土默特开辟官庄，招汉民垦种，生产粮食以备军需。雍正十三年（1735），清朝将归化城都统丹津等人献上的八处膏腴之地，作为大粮官地开垦，所产粮食供军事消费。②

乾隆年间，归化城土默特官方开垦土地十万余顷。乾隆元年，筑绥远城，"归化城周围田地，悉行开垦"③。乾隆元年（1736）以后，归化城土默特地区不断有官方农业开垦行为，丈放了大量的牧

---

① （明）瞿九思撰，薄音湖点校：《万历武功录》卷八《俺答列传》，《明代蒙古汉籍史料汇编》第4辑，内蒙古大学出版社2007年点校本，第98页。

② 光绪《土默特旗志》卷五《赋税》，《中国地方志集成·内蒙古府县志辑》第3册，凤凰出版社2012年影印本，第139页。

③ 《清高宗实录》卷十六，乾隆元年四月甲戌，中华书局1985年影印本，第435页。

地。《土默特旗志》记载了乾隆元年以来主要的放垦土地情况，兹列成表，如下所示。

表 4—1　　　　　清代归化城土默特较大规模农业垦殖情况表①

	年代	地域	规模
1	雍正十三年	善岱、西尔格、捕退、什拉乌素、清水河、特穆尔昂力行、浑津、厂木哈克	田地 40000 顷，每亩征米 3 升，共征 12 万石
2	乾隆元年	归化城附近的田地	全部开垦
3	乾隆二年	清水河、归化城等五厅境内	官粮地共 20105 余顷
4	乾隆三年	大青山后	约 2416 余顷
5	乾隆二十六年	十五道沟	443 顷 75 亩
6	乾隆三十七年	清水河、归化城等五厅境内	1593 顷 98 亩
7	乾隆六十年	大青山后八旗马厂	6955 顷
8	嘉庆二年		
9	嘉庆十四年	具体不详	790 顷
10	光绪十三年	具体不详	约 3063 顷 24 亩

　　表 4—1 所列仅涉及官方大规模放垦情况，驿站等官属土地放垦情况不在统计之内。除了官方开垦以外，蒙古王公贵族及蒙民为攫取利润纷纷招垦。民间私人垦殖的规模，由于缺乏记载难以统计。乾隆八年（1743），清朝对归化城土默特的可耕地进行了清查，从中可以反映归化城土默特区域垦殖大致情况。"土默特两旗蒙古共四万三千五百五十九口，原有地亩、牧场及典出田地共七万五千四十八顷有奇……除牧场地一万四千二百六十八顷有奇外，现在田地多余之人一万六千四百八十七口，耕地亩四万二

---

　　①　光绪《土默特旗志》卷五《赋税》，《中国地方志集成·内蒙古府县志辑》第 3 册，凤凰出版社 2012 年影印本，第 140 页。

千八百顷有奇。"① 可见，乾隆年间，蒙民的土地已有 80% 开垦为农田。

归化城土默特大规模的农业垦殖使其从粮食输入地转变为口外商品粮输出地。明代，游牧于归化城土默特的蒙古部落所需的粮食不得不依靠马市交易获取，每年开市时明朝需要准备大量的粮食等商品供交换。清代，随着归化城土默特的农业开垦，土默特已经成为口外余粮区。据张世满先生研究，土默特平原放垦的庄头地、马厂地、大粮地、蒙古人的户口地都是产粮重要来源，"当地所产粮食正常年景可以剩余约 90 万石，能满足 60 万人一年之需"。② 山西陕西时常依靠土默特粮食补给。

蒙古人不事农耕，归化城土默特农业垦殖的扩展很大程度上意味着移民的日益增多。明末清初，与皇太极争雄失败后，察哈尔部林丹汗大肆屠杀土默特部，皇太极收降土默特残部，并将其编为二旗。"诏编所属三千三百余丁为二旗，以古禄格为左翼都统，杭高卫右翼都统领之。"③ 虽然被编之民并非土默特所有人口，但据此足可以推断当时土默特人口不超过万人。这些蒙民游牧于土默特地区，归化城内人口很可能不足千人。伴随着清初农业开垦，归化城土默特人口逐渐增多，归化城及城郊人口亦明显增多。雍正年间，就归化城郊外就有五百多个村庄，达数千户人家④，城中人口亦不会太少。清后期，归化城及城郊有近十万人口，仅城中人口就有25000 余人。⑤ 从清初不足千人增长至数万人，足见归化城人口增长的规模。正因如此，清代归化城规模也相应扩大，"康熙三十年，

---

① 《清高宗实录》卷一百九十八，乾隆八年八月壬子条，中华书局 1985 年影印本，第 543 页。

② 张世满：《逝去的繁荣：晋蒙粮油故道研究》，山西人民出版社 2008 年版，第 51 页。

③ 咸丰《古丰识略》卷三十六，《中国地方志集成·内蒙古府县志辑》第 6 册，咸丰十年钞本，凤凰出版社 2012 年影印本，第 672 页。

④ 《宫中档雍正朝奏折》第 17 册，台北故宫博物院，1978 年，第 837 页。

⑤ 光绪《归化城厅志》卷六《田赋》，《中国地方志集成·内蒙古府县志辑》第 3 册，光绪年间钞本，凤凰出版社 2012 年影印本，第 486 页。

土默特左右翼与六招喇嘛、台吉等于旧城南增建外城，包东西南三面……乾隆元年重修，同治中更筑土垣于新旧城外"①。

清代随着归化城土默特区域的垦殖，归化城经济条件有较大改善。土默特富足的粮食奠定了归化城粮食外销市场的地位。归化城内人口的增加及城郊村落的形成，为其区域性商贸市场的发展提供基本动力。

（二）榷关设立与区域性商贸格局

清代榷关，作为朝廷设立于交通枢纽上的关税机构，既是清朝财政来源之一，又是管理国内商品流通的重要方式。榷关的地理选择既是商品流通的结果，又对区域性商贸格局有着很大的影响作用。清朝先后设立了34处榷关，分别隶属于户部或工部，归化城关属于户部关。

归化城关设立以前，边墙内外的贸易枢纽上只有杀虎口关，内地商品经过杀虎口关出边后分销于各厅。归化城地处四通八达的地理位置，城市经济发展条件优于其他各厅，明代已有商贸市场，清代口内外商品亦汇集此地。俄国人巴伊科夫看到的归化城市场比较大，店铺众多，皆由砖砌成，并且每个店铺都有庭院，店内商品多样，许多商品可用茶叶衡量，店内如各色花缎棉布、丝绸、铁器、铜器等。② 康熙年间，归化城已经是中外商人云集之地，③ "城南居民稠密，视城内数倍，驼马如林，间以驴骡"④。可见，清初归化城因其区位优势，发展成为边外商品总汇之地。口内外商品汇集归化城后，或分销于各厅，或由经杀虎口入关内分销，这是清初商品流

---

① 光绪《归化城厅志》卷三《疆域》，《中国地方志集成·内蒙古府县志辑》第3册，光绪年间钞本，凤凰出版社2012年影印本，第222页。

② 袁森坡：《论清代前期的北疆贸易》，《中国经济史研究》1990年第2期，第41—71页。

③ 张鹏翮：《奉使俄罗斯日记》，《中国近代内乱外祸历史故事丛书》，台湾：广文书局1967年影印本，第8页。

④ 钱良择：《出塞纪略》，《昭代丛书·辛集》卷23，世楷同堂藏影印本，第15—16页。

通的特点。

业已形成的商品流通地域特征不仅是商人获取利润的基础，也是朝廷设立榷关的重要依据。乾隆以前，晋蒙边内外榷关只有杀虎口，商人理应在杀虎口交纳关税。为了逃避关税，内地商人"将茶布等项贩运出口，换回驼马牛羊四项牲畜"，"辄从小径贩往他省易"。①乾隆二十六年（1761），杀虎口关监督"期成额"为了限制商人偷税，依据商品流通的特点，上奏设立归化城关。②"乾隆二十六年，覆准归化城适中之地设立总局收税，于东西南北四处各设栅栏一座，派役稽查。"③

归化城榷税主要包括牲畜税，烟、油、酒等杂货税，铁器税，落地杂税。清朝规定，蒙古的牛羊马驼在归化城交易须于榷关交纳牲畜税，并于绥远城、和林格尔、托克托、萨拉齐、西包头、昆都仑等多处设立官员抽收牲畜税。④烟油酒等杂货税的征收是随着蒙古地方烟叶杂粮等商品的销售而出现的。清初，随着蒙古地方开垦，烟叶、杂粮及其酿造的油酒产量增多，"在归化城一带售卖，渐渐成行市，即为口外土产"⑤。乾隆二十六年（1761），监督期成额奏得对口外土产征收烟、油、酒等杂货税，规定"无论就地货卖及贩运他处，俱照杀虎口例，按驮征收，其数不及驮者，亦照该口则例，烧酒、胡麻油每驮收八分，芝麻油每驮收税一钱二分，每驴一头可载油酒一百二十斤之数，酌斤征收"⑥。铁器税，是指内地农器及民间日用器物出杀虎口在归化城转运须所征之税。落地杂税，

---

① 《古丰识略》卷四十《税课》，《中国地方志集成·内蒙古府县志辑》第6册，咸丰十年钞本，凤凰出版社2012年影印本，第794页。

② 乾隆二十六年，归化城关暂属杀虎口关管理，不久独立出来，成为边外另一榷关。

③ 光绪《归化城厅志》卷七《关税》，《中国地方志集成·内蒙古府县志辑》第3册，光绪年间钞本，凤凰出版社2012年影印本，第505页。

④ 同上。

⑤ 同上书，第511页。

⑥ 同上书，第512页。

是指归化城土默特过境商品所征之税。清前中期，落地杂税征收之局只设立于归化城。

归化城榷关的设立，确立了归化城区域性商贸中心的地位，分销或转运商品被强制性运输至归化城交纳关税。清朝设立归化城榷关，为了防止商人避税，不仅设多处稽查税口，并颁布偷税则例。"乾隆四十一年（1776），复准归化城征收税银，四栅之外，商贩多有绕道偷越，责成该处营弁巡防之便，在和林格尔、东北塔儿二处查察，如有偷漏，孥送管税道官员查办。"① 对于偷漏税之商人，清朝制定了历来监督遵守之条例。

> 客商匿税不纳课程者笞五十，货物一半入官。客商船舶到岸，即将货物尽寔报官抽分，若停塌沿港土商、牙侩之家不报者，杖一百，虽供报而不尽寔，罪亦如之，货物尽入官，停藏之人同罪。凡周岁额办茶、盐、商税诸色课程，年终不纳齐足者，计不足之数，以十分为率，一分笞四十，每分加一等，追课纳官。②

归化城榷关的设立及其相关稽查和处罚则例的形成，促使商人携货纷纷往赴归化城。清前中期，这种政策影响下商品流通中心的形成，促使归化城增长为区域性商贸中心。直到清后期，这种商品流通格局才因黄河水运的兴起而有所调整。这也表明清代榷关对区域性商贸中心形成的重要影响。

咸丰四年七月，经巡抚恒春奏称：归化城口岸西包头镇、

---

① 光绪《归化城厅志》卷七《关税》，《中国地方志集成·内蒙古府县志辑》第 3 册，光绪年间钞本，凤凰出版社 2012 年影印本，第 508—509 页。

② 同上书，第 517 页。

萨拉齐、托克托城三处，皆滨临黄河，商民贩运杂货，由河路行走，程途较近；且和林格尔亦有歧路可通各处，商贩每多不赴归化城纳税分拨，即由四外绕越偷漏。若不设法变通，不特稽查难周，且税课有亏，所关匪细。查西包头镇等三处均设有归化关牲畜厅，一切杂税即图捷径行走，仍令绕道由归化城完税后，再分拨各处销售，未免行旅跋涉，似非体恤商人之道，应请嗣后从口贩来一切杂货，并从口外贩入土产等货，即就近在西包头等处税厅照例输纳，并即设立鬈印税票，有赴归化城售卖者，入栅时验明放行，毋许再征等因。①

综上所述，归化城因其优越的交通位置，逐渐成长为口内外商品总汇市场，其余各厅成为转运分销之地。清朝依据商品流通格局，设立归化城关，把商贸活动纳入管理，从政策上确立了归化城区域性商贸中心的地位。

（三）召庙营造与宗教中心的形成

明代俺答出于对蒙古历史的认同，也为了维持明蒙和平贸易的关系，引入藏传佛教——喇嘛教。② 俺答采取建立寺庙，迎请活佛弘法，结合佛教教义重编法典等措施布传喇嘛教。万历初年，俺答在其侄孙徹辰洪台吉领地青海营造寺庙——仰华寺，多次从西藏迎请活佛锁男坚错宣讲佛法。③

布传喇嘛教的政策伴随归化城的营造而逐步落实于归化城土默特。俺答虽于隆庆六年（1572）倡筑城池，但因缺少工料及匠人，直到万历三年（1575）才初创归化城。归化城营造初期，俺答在归

---

① 光绪《归化城厅志》卷七《关税》，《中国地方志集成·内蒙古府县志辑》第 3 册，光绪年间钞本，凤凰出版社 2012 年影印本，第 513 页。

② 黄丽生：《从军事征掠到城市贸易：内蒙古归绥地区的社会经济变迁（14 世纪中至 20 世纪初）》，台湾师范大学历史所，1995 年，第 206 页。

③ 《明史》卷三百三十《西域二》，中华书局 1975 年版，第 8546 页。

化城营造了第一座佛寺——大召，请明朝赐名为弘慈寺。[1] 此后，归化城及附近营造多处召庙。万历后期，希体图葛布鸠在原小庙的基础上扩建城席力图召；顺治十年（1653），达尔罕卓尔济在呼和浩特旧城五十家街化缘自建了巧尔气召，嘉庆年间命汉名为"延禧寺"。雍正年间，在小召喇嘛阳察尔济呼毕勒罕奏请之后，清廷于归化城康乐街南建立了五塔寺召。此外，位于归化城西北约十公里的乌素图村有乌素图召，其中包括庆缘、长寿、法禧、广寿、罗汉等五寺，统称为乌素图召。[2] 随着喇嘛教的传播，归化城内逐渐寺庙林立。在众多召庙中，弘慈寺是规模最大的，清初重新修茸，加盖楼宇，改名为"无量寺"，设喇嘛印务处于此。

明清以来，喇嘛教新派黄教兴起后，凭借其教义和特殊的传教方式，逐渐赢得了蒙古诸部的信奉。元代，由于统治者的推行，喇嘛教在蒙古贵族中盛行。此时的喇嘛教是八思巴的花教派，因教义和布传方式的限制，在明代影响甚微，大部分牧民依然信仰萨满教。明初，宗喀巴改革教义，创立喇嘛教新派别，称为黄教。俺答汗引入的宗教便是黄教。在与当时其他教派如萨满教和红教的斗争中，黄教通过行医和修正部分教理，使教义更符合蒙古人民的利益和民间传统的习惯，从而扩大了民众的信仰人数。黄教在蒙古西部广为布传，并通过建立蒙古封建主和黄教上层喇嘛之间的政教联盟来巩固和扩大已有势力。随着大量寺庙的兴起，出现了很多游方喇嘛，他们将黄教的影响扩展到东部及北部喀尔喀蒙古。清初，清朝为加强统治采取支持黄教的措施，不仅兴建多处召庙，而且康熙帝曾亲自到各大召拈香礼佛，表示他崇信喇嘛教。

明末清初，在黄教的布传过程中，政治因素促使归化城发展成

---

① 《明神宗实录》卷一百七，万历八年十二月辛丑，上海书店 1982 年影印本，第 2060 页。

② 金启孮：《呼和浩特召庙、清真寺历史概述》，《内蒙古大学学报》（哲学社会科学版）1981 年第 4 期，第 60—67 页。

为区域宗教中心。黄教在蒙古的布传面临着其他教派的阻力，如萨满教和红衣喇嘛教。达赖三世为了广布黄教，力图争取统治者的大力支持，鄂尔多斯台吉和土默特俺答汗便是其首先争取的对象。对于俺答汗来说，引入喇嘛教对于修好西藏关系和奠定蒙古诸部地位十分有利。因此，达赖三世与俺答汗在黄教的布传有着共同的诉求。达赖三世通过一系列宗教措施完成对俺答部落以及归化城地位的塑造。达赖三世给俺答上尊号，并称其为忽必烈彻辰合罕转世。[①]达赖三世主持归化城弘慈寺（今大召）的开光仪式，将归化城塑造为政教合一的典型。达赖三世预示四世灵童转世于俺答家族中。达赖对归化城的苦心经营，促使归化城弘慈寺成为蒙古佛教中心，蒙古其他部落酋长纷纷来此布施皈依。

无量寺，作为黄教在蒙古的宗教中心之一，很大程度上为归化城商贸市场的繁荣提供动力。布施，是教徒或百姓为表善心或虔诚对寺庙进行的一种常见的捐赠行为。布施的物品以油、绸布、香等居多，这里可称之为宗教性商品。布施可分为两类，一是教徒或百姓亲自到寺庙布施，二是喇嘛外出游方时所获布施。前者布施的宗教商品大多来自归化城，后者商品来自各地，最终也投放于归化城商贸市场。如，康熙年间，托音二世受邀请至科尔沁部，各旗首领布施大量的金银和宗教性物品，如海灯、貂皮袍、各色绸缎等，绝大部分物品带到归化城。[②] 除布施以外，寺庙活动带来的人口集聚，也为归化城商贸繁荣提供了契机。

二　政治格局变动与商贸辐射地的拓展

清初，准噶尔汗国逐步强大起来，与清朝分庭抗礼。噶尔丹东

---

① 萨囊彻辰撰，道润梯布译校：《新译校注〈蒙古源流〉》卷七，内蒙古人民出版社 2007年版，第 382 页。

② 《托音二世传》，转引自《呼和浩特召庙、清真寺历史概述》（金启孮，《内蒙古大学学报》（哲学社会科学版）1981 年第 4 期，第 58 页）

进问鼎中原，严重危及清朝的统治。历经康雍乾三朝的征伐，清朝最终平定了准噶尔，结束了两大政权对峙的局面。随着准噶尔的平定，清朝建设了归化城通往新疆、科布多、乌里雅苏台等地的交通道路。乾隆以来，商人往来于归化城与新疆等地之间，加强了商业往来，极大地拓展了归化城的商贸辐射地。归化城商贸市场突破了土默特狭小的商贸辐射地，作为新疆、乌里雅苏台等地商品贸易中心迅速成长起来。

（一）政治格局的变动

明代后期，明朝边墙以北各族势力分立，东北后金女真族，北部漠南漠北蒙古，西北漠西蒙古（也称卫拉特蒙古）、吐鲁番王国等是威胁明朝安全的外族隐患。万历末年，东北女真族崛起，建立后金，崇祯年间改国号为大清，成为边外最强大的新生力量。皇太极击败察哈尔林丹汗后，漠南蒙古十六部首领纷纷归降。面临清军的强大，漠北喀尔喀蒙古三大部落首领纷纷遣使纳贡。清军入关前，已经建立其在东北、漠南和漠北地区的统治地位。

漠西准噶尔部落在明末清初逐步控制了中国西北地区、建立起准噶尔汗国。明代后期，漠西蒙古分为准噶尔部、杜尔伯特部、和硕特部和土尔扈特部，他们游牧于阿尔泰山附近。在准噶尔部三代首领的经营下，准噶尔部在康熙初年击败了卫拉特其他三大部落，建立起准噶尔汗国，其大致版图东至哈密、喀尔喀蒙古界，西至巴尔喀什湖，南至西藏边境，北至额尔齐斯河流域。

清军入关后，在东中部建立起大清帝国，与准噶尔汗国东西对峙。清初，漠北喀尔喀蒙古部落与清朝建立友好关系，甚至实行清朝的扎萨克制度，其地成为两大政权的缓冲地带。"康熙元年（1662），右翼扎萨克图汗，与罗卜藏台吉等，内自相乱，扎萨克图汗，旗破身亡，而罗卜臧台吉，避入厄鲁特噶尔丹部下"①，此后喀尔喀蒙古三大部落内讧不断，西部的扎萨克汗部与土谢图汗部战争尤为剧烈。准噶尔汗国噶尔丹乘机侵夺喀尔喀地。康熙二十六年（1687），噶尔丹开始筹备兴兵东进，喀尔喀土谢图汗洞悉其计谋，遣使报于清朝，"喀尔喀之在厄鲁特处者，及厄鲁特之向与喀尔喀通好者，俱言噶尔丹分南北两路来攻，喀尔喀右翼人等，除扎萨克图汗，及得克得黑戴青台吉之外，余俱言噶尔丹兴兵是实"②。扎萨克汗部台吉因与噶尔丹交好，而同邻居土谢图汗部交战，故而隐瞒了这一事实。康熙二十七年（1688），"噶尔丹率兵掠厄尔德尼沼居民，直抵喀喇卓尔浑之地，距泽卜尊丹巴③所居仅一日程。泽卜尊丹巴携土谢图汗妻与子媳，及喇嘛班第等夜遁。喀尔喀通国，各弃其庐帐器物、马驼牛羊，纷纷南窜，昼夜不绝，土谢图汗，不知存亡"④，泽卜尊丹巴等遣使求救于清朝。

准噶尔东进之举，拉开了长达半个多世纪的清朝"平定准噶尔战争"。康熙帝自二十九年（1690）起，先后三次亲征，经乌兰布通之战和昭莫多之战，消灭了噶尔丹势力。准噶尔部在策妄阿布坦和噶尔丹策零统治时期逐渐强大，向外扩张，再次东攻喀尔喀蒙古。雍正帝经过"光显寺之战"，粉碎了噶尔丹策零的企图。乾隆时期，准噶尔汗国内乱，乾隆帝乘机直捣准噶尔统治中心伊犁，最终平定了准噶尔。随后，清军又平定了南疆回部之乱。

清朝在平准战争中，逐步建立起对漠北喀尔喀蒙古的管理制度。漠北喀尔喀蒙古部被准噶尔部噶尔丹击败后，三汗求救于清

---

① 《清圣祖实录》卷九十七，康熙二十年八月辛丑，中华书局 1985 年影印本，第 1225 页下。

② 《清圣祖实录》卷一百三十一，康熙二十六年八月庚子，中华书局 1985 年影印本，第 412 页上。

③ 又称哲布尊丹巴，喀尔喀蒙古政教领袖，驻土谢图汗部之额而德尼召。

④ 《清圣祖实录》卷一百三十五，康熙二十七年六月庚申，中华书局 1985 年影印本，第 471 页上。

朝。康熙三十年（1691），清朝平定噶尔丹后，"大会于多伦诺尔，编审旗分，安辑其众"①，分喀尔喀蒙古为土谢图汗、车臣汗和扎萨克图汗等三部②。雍正年间，平准战争的需要，清朝于乌里雅苏台置将军，统辖漠北蒙古诸部军政事务。③乾隆平定新疆后，其毗邻的科布多驻军屯田，设参赞大臣管辖。④至此，喀尔喀蒙古地置乌里雅苏台将军，统辖军政事务，其下分为六大区，车臣汗部、土谢图汗部、赛音诺颜部、扎萨克汗部、唐努乌梁海和科布多参赞大臣辖区。平准战争导致漠北喀尔喀蒙古的政治格局发生变化，从原相对独立的汗部演变为清朝地方军政管辖区。

　　准噶尔叛乱和新疆回部之乱被平定后，清朝先后建城置官，逐步建立起完整的地方军府制度。乾隆二十四年（1759）起，清朝逐步置各领队、办事或参赞大臣；乾隆二十七年（1762），清朝设立伊犁将军，统管天山南北军政事务；此后，各大臣因事多有调整，最终形成伊犁将军统辖全疆事务，所属大臣分驻各地的地方格局。⑤至此，结束了政权割据的局面，新疆作为地方行政区纳入清朝统治之下。同治年间，中亚浩罕国阿古柏东侵，沙俄南侵，新疆绝大部分城市沦陷。陕甘总督左宗棠西征，重新收复新疆，于光绪八年（1882）设置新疆行省及府厅州县行政区。

　　清前中期，准噶尔汗国、漠北喀尔喀蒙古汗部和清朝之间政治格局的变动，促使清朝在边疆建立起有力的控制。这种政治格局的

---

　　①　乾隆《理藩院则例·柔远清吏前司上》，拉萨：中国藏学出版社 2006 年内府抄本点校本，第 96 页。

　　②　雍正年间，从土谢图汗部分出赛音诺颜部，编旗佐，增至四部。乾隆年间，唐努乌梁海部归附清朝，编为旗佐。

　　③　《清世宗实录》卷一百三十，雍正十一年四月庚申，中华书局 1985 年影印本，第 690 页上。

　　④　《清高宗实录》卷六百四十六，乾隆二十六年十月己巳，中华书局 1985 年影印本，第 229 页。

　　⑤　傅林祥等著：《中国行政区划通史·清代卷》，复旦大学出版社 2013 年版，第 400 页。

变动，不仅停留在行政隶属关系变化上，也带来了区域间经济往来的增强。

（二）官道建设与厅外商路的拓展

清初，西北和漠北政治格局的变动促进了官方道路的拓展，自归化城厅到库伦、乌里雅苏台、科布多和古城等地的官道逐步形成。清朝在平准战争过程中，为了解决军需，招商运输物资，商人亦沿途经商。西北和漠北平定后，商人往往自归化城厅起沿官道进入漠北和西北行商，逐渐形成厅外商路体系。

清朝平定准噶尔之乱后，在漠北和漠西设区置官，建立起官道体系。京师通往漠北和漠西的官道由驿站和军台构成。康熙三十年（1691），清朝为了解决物资运输问题，建设关外的"五路驿站"，其西路则是杀虎口通往归化城的驿路。① 归化城以西和以北的官道设置军台，通往库伦（今蒙古国首都乌兰巴托）、乌里雅苏台（今蒙古国扎布旱省扎布哈朗特）、科布多（今蒙古国科布多）和古城（今新疆奇台）。这些军台，多数是"圣祖亲征准噶尔时所设，至高宗之讨伊犁复修饬之，后既置定边左副将军，始每站设官，专司驿务，谓之台员……每站征蒙古兵若干，以资役使，附近诸部落必各出人民牲畜"②。

归化城至乌里雅苏台官道建设。归化城距乌里雅苏台五千里有奇，清朝沿途置54站，乌里雅苏台境内置20台，从"距城七十里之头台名花什洛图，至第二十台曰哈拉尼敦，千七百里有奇"，"此二十台额设台吉四，委章京昆都笔帖式领催各二十、兵二百名、驼二百、马五百，每年由官场拨给驼四十、马百五十、羊千二百，以

---

① 详细论述见本书"第二章第二节官道拓展和商路新发展"。
② 光绪《蒙古志》卷三，《中国地方志集成·内蒙古府县志辑》第1册，光绪三十三年铅印本，凤凰出版社2012年影印本，第316页。

备供付差使"。① 从乌里雅苏台往西南可达新疆巴里坤，乾隆年间俱设台站。②

　　归化城至科布多官道建设。科布多位于乌里雅苏台以西，从归化城到科布多，须经乌里雅苏台，清朝台站设置也是如此。乌里雅苏台以西置十四站，从"距城六十里曰阿尔达勒，至第十四台曰哈拉乌素，千三百里有奇，至科布多城台吉，委章京十四、昆都十四、兵百二十六、驼马羊只自备，原无官设官，兵钱粮由科布多支领"③。从科布多往南可达古城，清朝置八军台，从搜吉起，中经察汗布尔噶素、达布素图诺尔、那林伯勒齐尔、伊什根托罗改、札哈布拉克、西博格图，至鄂伦布拉克，接连古城卡伦。④

　　归化城至库伦官道建设。库伦（今蒙古国乌兰巴托）位于归化城西北，从归化城到库伦，经济斯洪果尔到乌里雅苏台边境，西北行至库伦。归化城至济斯洪果尔（又名吉思洪呼尔，今内蒙古四子王旗北吉斯敖包嘎查）官道设六台⑤，由归化城都统和乌兰察布盟各旗驿丁负责。济斯洪果尔以西，清朝设立军台，此道与张家口至库伦官道重合，也称"库伦道"。"由赛尔乌苏而北，涉沙漠，逾杭爱山脉，渡图拉河，凡十四站，九百八十里至库伦。"⑥ 库伦往北，可达中俄边境商城恰克图。

---

① 《乌里雅苏台志略》不分卷，《中国方志丛书·塞北地方》第39号，台北：成文出版社1968年影印本，第2、32页。

② 《清高宗实录》卷四百九十二，乾隆二十年七月庚辰，中华书局1985年影印本，第188页上。

③ 《乌里雅苏台志略》不分卷，《中国方志丛书·塞北地方》第39号，台北：成文出版社1968年影印本，第33页。

④ 《科布多事宜》不分卷，《中国方志丛书·塞北地方》第42号，台北：成文出版社1970年影印本，第96页。

⑤ 《定边纪略》载："绥远城之北，由喀尔喀南台至喀尔沁济洪鄂尔岔路，计四十八站，接续乌兰察布盟长所属之四子王部落军台三站，归化城副都统所属之土默特军站三站，统计五十四站，共五千余里。"

⑥ 光绪《蒙古志》卷三，《中国地方志集成·内蒙古府县志辑》第1册，光绪三十三年铅印本，凤凰出版社2012年影印本，第318页。

　　清朝官道的建设为区域间商业往来提供了便利，商人沿途贸易，或在此基础上开辟新道。归化城厅外商路随着官道的建设，向外拓展，形成归化城厅外商路体系。以归化城为中心，形成固定的四条大商路。因商路所经地区为草原或荒漠，多采用骆驼运输，因而又被称为"驼路"。

　　归化城至乌里雅苏台商路，又称前营商路。乌里雅苏台是乾隆年间所筑，漠北重要政治经济中心。周边蒙古各部落都来此交换粮食等农业商品，来往商人络绎不绝。前营路自归化城起，北行经过土谢图汗部、三音诺颜汗部，以达乌里雅苏台，共 60 站，路程为 5320 里。[①] 商路所经站名，并非军台，而是商旅留宿歇息的站点，这里称之为"宿站"（下文皆同）。前营路所经过宿站情况如表4—2 所示，站间距一般不超过百里。前营路是商人前往漠北蒙古的主要干道，西去科布多和古城都要途经此路，因此宿站皆有水源，"可资人驼饮用"[②]。

表 4—2　　　　　　　　归化城前营路站名及里程情况表

序号	站名	里程（里）	序号	站名	里程（里）	序号	站名	里程（里）
1	归绥	90	2	可可以力更	60	3	召河	70
4	察汗讨勒盖	70	5	后白彦不浪	90	6	鸘鸐温圪楚	80
7	贝勒河	80	8	哈莫乌素	90	9	塔拉腮汗	80
10	察汗乌素	90	11	章茂公	80	12	甲圪龙兔	80
13	哈拉脑包	70	14	哈回不浪	80	15	图尔乌素	90
16	毕令达赖	90	17	合毕乐格尔	90	18	察不气尔	100
19	十八圪台	90	20	台路闪丹	90	21	不力圪速太	80
22	纳伦不浪	120	23	什洛图	130	24	章茂素集	130

---

　　① 绥远通志馆编纂：《绥远通志稿》卷八十《车驼路》，内蒙古人民出版社 2007 年版，第 10 册，第 102 页。

　　② 同上书，第 104 页。

续表

序号	站名	里程（里）	序号	站名	里程（里）	序号	站名	里程（里）
25	托圪勒	90	26	苦尔叶	100	27	岔路子	110
28	各少汗布拉	130	29	合套	90	30	黑沙兔	110
31	敦布	120	32	温更歌尔	90	33	乌呢盖	90
34	章茂克补	120	35	忽勒亥图	80	36	察汗淖	80
37	塔寺河	70	38	补伦秃伦	90	39	野马闪丹	90
40	推河	80	41	黑兰纽独	100	42	纳类	80
43	韦进	90	44	塔拉补格图	110	45	章茂忽洞	90
46	白达利河	90	47	纳木沟尔	80	48	中察克	70
49	补音兔	90	50	尔居图	110	51	札达盖	90
52	心图	90	53	席呢乌素	90	54	格里塔拉	60
55	阿贵	80	56	青达木	70	57	公淖尔	80
58	察克河	60	59	素勒圪河	70	60	阿不对尔	60
61	乌里雅苏台							

　　归化城至科布多商路，又称后营商路。科布多，位于漠北乌里雅苏台以西，是乾隆年间所筑，为科布多参赞大臣驻地，也是科布多和唐努乌梁海地区重要的商贸市场。后营路是前营路的延续，自归化城起，"沿前营路行五十四站，计程四千九百里，至格里塔拉"，分为两道，一道经乌里雅苏台西行13站至科布多，另一道自格里塔拉西行19站至科布多。[①] 各宿站情况如表4—3所示，前者稍有绕行，但道路平坦易行，两道皆是漠北重要商路。

表4—3　　　　　　　归化城后营路站名及里程情况表

序号	站名	里程（里）	序号	站名	里程（里）	序号	站名	里程（里）
1	归绥	4900	2	格里塔拉	110	3	川镜	80

---

　　① 绥远通志馆编纂：《绥远通志稿》卷八十《车驼路》，内蒙古人民出版社2007年版，第10册，第105页。

续表

序号	站名	里程（里）	序号	站名	里程（里）	序号	站名	里程（里）
4	察汗哀勒更	80	5	古箭	80	6	天灵	110
7	心尔把子	90	8	阿达圪不贵	90	9	驼累口	90
10	奎素	90	11	雅素脑包	120	12	阿贵沟尔贝	90
13	可可河	90	14	札勒格	90	15	集勒盖哀更	90
16	乌蓝不浪	90	17	札汗不浪	100	18	奥什	100
19	补伦	70	20	札康尔忽洞	60	21	科布多	

　　归化城至库伦商路，又称库伦路。库伦，作为漠北土谢图汗部镇城，虽兴起晚于乌里雅苏台和科布多，但因其通往中俄边境贸易商城恰克图，商业也十分活跃。归化城和张家口商人多来此贸易，形成著名的"库伦路"和"张库商道"。库伦路，自归化城起，"经内蒙古达尔汗贝勒旗、外蒙古土谢图，计三十九站，途约二千八百七十里"①，至库伦。自归化城出发，经六站至济斯洪果尔，与"张库商道"合，各宿站情况如表4—4所示。此路之外，另有两分道，一曰信杆路，一曰大西路，"此二路多有迂绕，行者较少"②。

表4—4　　　　　　　　归化城库伦路站名及里程情况表

序号	站名	里程（里）	序号	站名	里程（里）	序号	站名	里程（里）
1	归绥	90	2	可可以力更	60	3	召河	60
4	达汗得令	60	5	霍吉尔脑包	60	6	察汗鹝鹈	60
7	蒿北闪丹	60	8	黑沙兔	70	9	秃亥河	100
10	济斯洪果尔	60	11	什不圪	60	12	明镜	100

---

①　绥远通志馆编纂：《绥远通志稿》卷八十《车驼路》，内蒙古人民出版社2007年版，第10册，第105页。

②　同上书，第107页。

序号	站名	里程（里）	序号	站名	里程（里）	序号	站名	里程（里）
13	什八圪台	80	14	阿不赖	50	15	哀勒素达赖	50
16	察杭	60	17	苏集	100	18	章茂公	120
19	得勒素达赖	150	20	札刚脑包	130	21	开勒贵	60
22	什报	60	23	合彦讨勒盖	60	24	昂伦脑包	60
25	乌兰脑包	70	26	甲勒盖龙头	80	27	巴汗苏木	70
28	崔令庙	70	29	昂伦鸥鹞	60	30	昆圪茂	100
31	腮乌素不勒圪	100	32	古勒半讨勒盖	70	33	锡力忽独	60
34	后昂格茂	70	35	阿道鸥鹞	100	36	寒山壖底	60
37	红忽淖	30	38	大卯独心	60	39	桃赖河	50
40	库伦							

归化城至古城商路，又称古城子路。古城，位于新疆东部，处于交通枢纽位置，北连乌里雅苏台，东通甘肃和内蒙古。清前中期，因为官道的影响，归化城商旅往古城贸易，都须绕行乌里雅苏台。清后期，商旅开辟了较为便捷的古城子路，不再绕行乌里雅苏台。古城子路分为大西路和小西路，大西路自归化城至古城子，所经站名及里程如表4—5所示。

表4—5　　归化城古城子路之大西路站名及里程情况表

序号	站名	里程（里）	序号	站名	里程（里）	序号	站名	里程（里）
1	归绥	90	2	可镇	60	3	召河	70
4	豆号尔	70	5	黑沙兔庙	60	6	百灵庙	60
7	一棵树	80	8	塔布板申	80	9	伊克淖	80
10	羊广沟	80	11	公忽洞滩	80	12	海流兔河	70
13	红古尔鄂博	70	14	黑沙兔	60	15	摩尔古沁	70
16	乌牛乌素	80	17	忽尔洞	70	18	挨力素忽洞	90
19	阿卜湖	80	20	赛圪帖尔	90	21	吉尔里卯独	90
22	保尔津	80	23	夹刚兔	70	24	勿蓝鄂博	70

续表

序号	站名	里程（里）	序号	站名	里程（里）	序号	站名	里程（里）
25	拖累不拉	50	26	尔德尼不拉	60	27	勿蓝忽洞	70
28	博尔丹梁	70	29	卯尔古沁	80	30	土不气	70
31	哈塔不蓋梁	60	32	把圪力尔忽洞	70	33	红古尔岭	60
34	速勒贡尔	70	35	乌兰淖	60	36	玉石窑	60
37	普圪贴尔	70	38	卯独鄂博	90	39	哈拉扭独	80
40	察汗讨勒蓋	80	41	察汗不拉	80	42	忽洞科布尔	70
43	白彦科布尔	90	44	赛忽洞	60	45	锡纽乌素	60
46	速红兔	70	47	乌什克	80	48	小拖累	60
49	赶只汗卯独	60	50	红淖	60	51	甲拉孟	60
52	苏计	70	53	甲会	90	54	老龙鄂博	70
55	什拉呼噜素	60	56	哈拉得令	70	57	闪丹	80
58	明安乌局尔	70	59	宿亥	80	60	乾湖子	90
61	老爷庙	140	62	木炭窑子	90	63	山塘湖	80
64	天生圈	80	65	白敦子	80	66	转井	90
67	锅底山	90	68	菜籽地	90	69	卧龙驹口	90
70	黑山塘	90	71	只芄湖	90	72	三各莊	90
73	古城子							

表4—6　　　　　**归化城古城子路之小西路站名及里程情况表**

序号	站名	里程（里）	序号	站名	里程（里）	序号	站名	里程（里）
1	归绥	350	2	百灵庙	90	3	乌兰不浪	90
4	圜圚格尔	60	5	伊肯不拉圪	70	6	张茂忽洞	70
7	乌兰闪丹	70	8	赛忽洞	70	9	什拉哈达	90
10	额力更乌素	70	11	哈达合少	70	12	纳木公	90
13	保尔合少	60	14	乌兰不拉	90	15	古力板卯独	70
16	张茂可卜尔	70	17	速力贵尔	60	18	阿力圪白彦	60
19	毕力圪兔	80	20	迭卜浪湖	90	21	什报可尔	60
22	哈不气尔	80	23	黑沙兔	80	24	塔布可卜尔	50
25	奎腾把扎尔	50	26	纽斯更可卜尔	90	27	伊肯补拉圪	70
28	腮林忽洞	90	29	夹刚忽洞	100	30	必流亥	50

续表

序号	站名	里程（里）	序号	站名	里程（里）	序号	站名	里程（里）
31	宿亥	60	32	风乾楼	70	33	什拉胡素	90
34	卯独鄂博	90	35	哈拉纽独				

小西路，是由大西路分出，在百灵庙（又称贝勒庙，今内蒙古达尔罕茂明安联合旗内）分道，又于哈拉纽独合为一道，其所经宿站情况如表4—6所示。"大西路为昔年附古城子之通行大道，平坦坚实，水草丰茂，便于驼行。而小西路尤为捷径，惟水草略较缺少，大帮驼队不易通行耳。"①

清前中期，政治格局变动促使清朝在西部和北部建设官道，官道的延展带动了归化城厅外商路的拓展。正因如此，官道与商道的基本格局有很大的重合性。清中后期，随着区域商业的发展和政策的改变，归化城厅外出现了通往新疆的新商路——"古城子路"，该路成为归化城西部贸易的重要商路。归化城厅外商路的延伸，为其商贸辐射地的拓展提供了关键性条件。

（三）归化城商贸辐射地的拓展

商贸辐射地，是贸易市场赖以生存的基础，也是发展的决定性因素。清代，归化城厅外商路有了很大的发展，在商人的作用下，商品流通于归化城与漠北、新疆之间，归化城商贸辐射地有了很大的拓展。

明代，归化城商贸市场虽然有所发展，但仅仅充当明朝与喀尔喀蒙古之间的中转市场，并因地理环境所限难以摆脱时兴时灭的命运。② 清初，归化城与新疆和漠北之间已经有商业往来，但并未形

---

①　绥远通志馆编纂：《绥远通志稿》卷八十《车驼路》，内蒙古人民出版社2007年版，第10册，第100页。

②　牛淑贞：《明末归化城商贸地位的形成及其发展》，《内蒙古大学学报》（哲学社会科学版）2013年第4期，第85—90页。

成固定的贸易网络，常常是随贡贸易。康熙年间，清朝规定入京进贡者只准二百人，其余皆留归化城或张家口贸易。① 康熙二十一年（1682），准噶尔部使者额尔克等人进贡，携带了许多商品来清朝贸易，本"因无噶尔丹博硕克图汗票文，不许进关，令回归化城贸易"②，但康熙帝不失礼节，准其进关贸易。准噶尔汗国覆灭后，清朝在新疆和漠北驻军置官，营建市廛，规范和保障内地商人往来贸易，为区域间市场联系提供基础。

乌里雅苏台城，"乾隆三十二年（1767）创建木城一座，周围三里有奇，门三，南曰承恩，东西二门无名号"③，驻乌里雅苏台将军（也称定边左副将军），统辖漠北蒙古，是漠北喀尔喀政治军事中心。清朝于乌里雅苏台城旁开设台市一处（也称"买卖城"），"在城西距三里许，铺房千余间，关帝庙一、真武庙一、城隍庙一，商民二三千"，交易规模之大，不得不设官厅，派官员驻扎弹压。④ 周边蒙古民众与官员支取的绸布、烟茶等物品皆依赖于台市。清末，俄国人波兹德涅耶夫考察此地，称其为乌里雅苏台的商业区，所见"整个乌里雅苏台买卖城是由分布在五条街的房屋组成的，这些房屋现在可能已有一百八十至二百来栋"⑤。自乌里雅苏台商业区形成以来，就与归化城有着密切的商业往来。因为"乌里雅苏台的客店都是仿照归化城的客店建造的，而且他们的建造者也是从归化城来的"，清末最大商号就是来自归化城的商人所开。归化城中大

---

① 《清圣祖实录》卷一百一十二，康熙二十二年九月癸未，中华书局 1985 年影印本，第 151 页上。

② 《清圣祖实录》卷一百三，康熙二十一年七月戊申，中华书局 1985 年影印本，第 40 页下。

③ 《乌里雅苏台志略》不分卷，《中国方志丛书·塞北地方》第 39 号，台北：成文出版社 1968 年影印本，第 1 页。

④ 同上书，第 57 页。

⑤ ［俄］波兹德涅耶夫：《蒙古及蒙古人》第一卷，刘汉明等译，内蒙古人民出版社 1989 年版，第 274 页。

商号都在乌里雅苏台开设分号，充当两地商品交换的媒介。商号大盛魁在乌里雅苏台设有分号，"同蒙古的贸易额不下九百万两或一千万两。为了运输货物，该店一千五百峰自备的骆驼经常往来于归化城与乌里雅苏台之间"①。商号元盛魁，"在蒙古和中国的贸易额近八百万两，这家商号经常往来于归化城和乌里雅苏台之间的骆驼就有九百峰左右"②。其余专营运输的商号也经常往来于乌里雅苏台和归化城之间。从商品的辐射地角度而言，乌里雅苏台已经纳入归化城商贸的辐射地范围。

科布多城，"乾隆三十二年（1767）建筑，径方四百步，周围约二里，东西南三门，东西无关厢，东名迎祥门，西名延庆门，南名福汇门，外由关厢，长里许，俱系商铺"③。建城之前，科布多作为清朝弹压准噶尔部落的军寨，并建有小镇，乾隆年间遭战乱和水灾毁坏，故重建科布多城。随着商业的发展，科布多城南修建了小城，专供买卖，又称"买卖城"，清朝设置厅官管理其秩序与治安。其繁荣的商业在清末依稀可见，科布多买卖城"除了一些院墙和院子的大门外，几乎全是店铺，而且院墙和院门只是在大街上才占较大的空间，在那里街上则几乎全是鳞次栉比的店铺"④。科布多买卖城与归化城有着密切的商业往来。买卖城中富商大多是汉人。商号大盛魁是归化城的几个商人合资经营的，在科布多买卖城就开设分号，"他们每年向呼和浩特输送的羊为八万至十万只"⑤。商号元盛德，在买卖城亦有分号，"仅从自己的畜群众通过呼和浩特（归化城）向中国内地输送的羊就有四万五千只，骆驼有五百峰，约合九千两银子。除了这些牲畜，还有上述一半数量的牲畜是元盛魁从商业活动中收购的，也都是输送到中国内地"①。可见，归化城商贸的辐射地已经拓展至漠北蒙古科布多地区。

库伦城，明末清初很可能是一个寺院，经常迁徙，直到乾隆年间准噶尔平定后才固定下来。清代库伦不仅是漠北蒙古的宗教中心，也逐渐发展为经济中心。库伦的经济中心位于其以东十里的买卖城。除买卖城外，库伦城中的商业也逐渐兴起。清初，库伦城因喇嘛寺庙的缘故，禁止店铺进入。"肩挑货物的小商贩到呼勒（库伦城）市场上来做买卖，每天日落时又回到买卖城去"②。在买卖城的带动下，库伦的经济职能突破其宗教的限制而成长起来。清末，库伦城的市场已经占据了整个城的一半，八条街道，商人的房屋盖得密密麻麻的。③ 库伦与归化城一直保持着频繁的商业往来。买卖城有大量的汉人店铺和流动商贩。他们的商品大多来源于归化城、张家口和北京。木材是两地大宗贸易商品之一。库伦周边旗地有大片的森林，木行商人雇用汉人伐取木材运输到库伦，经过简单加工，销往内地。库伦的木行集中在买卖城的南郊。清末在库伦城和买卖城经营木行的商号有上百家，36 家属于归化城。④ 库伦每年都在往内地运输木材，主要输往归化城、张家口，"每年从库伦运往归化城的木材制品有一千到一千六百车和二千个骆驼驮子驼"⑤，估算有八万到十万克列莫⑥。库伦以北有中俄互市恰克图，库伦往往成为内地商品运往恰克图的转运市场。从归化城与库伦的商业往

---

① ［俄］波兹德涅耶夫：《蒙古及蒙古人》第一卷，刘汉明等译，内蒙古人民出版社 1989 年版，第 342 页。

② 同上书，第 109 页。

③ 同上。

④ 同上书，第 137 页。

⑤ 同上书，第 139 页。

⑥ 克列莫，音译，汉译成"平板"，木材商品的计量单位。

来看，归化城商贸辐射地显然已拓展至库伦，甚至恰克图。

　　新疆，作为清朝的西陲，在政策的扶持下，不仅商贸市场有所发展，而且与归化城等内地商业往来明显加强。自清朝统一天山南北后，采取一系列措施发展新疆的经济，"鼓励商人前往新疆贸易"，"保证绸缎质量，发展与哈萨克的绢马贸易"，"种植棉花，开拓财源，发展茶布贸易"，"铸造铜钱，促进贸易，防止白银外流"，促使新疆商业城市的发展，如哈密、巴里坤、古城、乌鲁木齐、伊犁、吐鲁番等。① 这些商贸市场都与内地市场有着密切的商业往来。"皇上西陲底定，拓疆二万里，内地商民持布币而往者，轮蹄万计，薄征减税，道路欢呼，商贾市易之地已倍广于向时，而征商之额未尝重加于昔日，伊犁、辟展、乌鲁木齐、叶尔羌、喀什噶尔等处，凡有市易之地，略征其税二三十分之一，以慰新疆赤子食毛践土贡芹献曝之心。"② 归化城，地处清朝东西交通枢纽，是东部商品销往新疆各市场的中转站，归化城商人多在新疆开设分号，往来于两地之间。如新疆最大的商业城市迪化（今乌鲁木齐），"大贾皆自归化城来，土人谓之北套客，自归化至迪化，仅两月程"，"一切海鲜皆由京贩至归化城，北套客转贩而至"③。可见，清前中期，归化城与新疆已建立起稳定的贸易关系。

　　清前中期，归化城商贸市场的辐射范围远及漠北库伦、乌里雅苏台、科布多和新疆地区。清朝的票照制度是归化城的辐射地拓展的重要因素。清朝对内地商人前往漠北和新疆行商，实施部票管理制度。"凡互市，商给以院票。各商至乌里雅苏台、库伦、恰克图及喀尔喀各部落者，皆给院票……由山西出口者，在绥远城将军衙

---

① 袁森坡：《论清代前期的北疆贸易》，《中国经济史研究》1990 年第 2 期，第 41—71 页。

② 《清朝文献通考》卷二十六《征榷考》，浙江古籍出版社 2000 年影印本，第 5075 页。

③ 纪昀：《乌鲁木齐杂记》，《小方壶斋舆地丛抄》（第二帙），上海着易堂铅印本 1891 年版，第 123 页。

门领取。以该商姓名、货物及所往之地、起程之期书单黏合院票给
与"①，"所至则领将军若大臣若扎萨克而稽查之"，"无票者即属私
商，查出照例治罪逐回，货物一半入官"。② 票照制度在限制商人入
蒙行商的同时，也保护商人的合法经营。"凡商民自归化城前往乌
鲁木齐等处贸易者，俱由副都统衙门发给照票，扎萨克旗分，则由
厅官详报，照例给发"，"前往乌鲁木齐、乌里雅苏台等处及蒙古地
方，勒限贸易，俟贸易完竣，依限缴纳。其制迄于清末，沿用不
改。盖不独取便稽查，且另有奖励边商之意。缘边商行程万里，血
本至重，苟无以维护之，则拖累折阅，群相裹足。故国家发给部
照，以示维护"，"凡商民领有部照者，习俗相沿，称为龙票，所至
旗份，蒙户如有拖欠，扎萨克有代为催还之责，且旗长对于此等商
户，纯以客礼遇之"，"故有清一代，藩商既鲜亏折，商路亦扩
张"。③ 归化城，作为部票领取之地，商人纷纷往来于归化城与蒙古
和新疆之间。

随着商路向漠北和新疆地区延伸，归化城部票领取地的设立，
商贸辐射力大为增强。归化城商贸辐射地远及乌里雅苏台、科布
多、库伦和新疆等地。茶叶、丝绸等商品通过归化城销往漠北和新
疆，马、牛、羊和药材等商品通过归化城销往内地。这为归化城贸
易中心的成长奠定了基础。

三 商贸中心的确立

明代，大同城是晋蒙交界区的商贸中心，边墙南北的商品几乎
都来源于大同城。清代，归化城凭借优越的地理位置，抓住平准战

---

① 《理藩院则例·嘉庆〈大清会典〉理藩院资料》，中国藏学出版社 2006 年内附抄本点校
本，第 365 页。

② 同上。

③ 绥远通志馆编纂：《绥远通志稿》卷二十七《商业》，内蒙古人民出版社 2007 年版，第
3 册，第 564 页。

争的机遇，迅速成长为边墙以北的商贸中心。

清代归化城商业十分繁荣。以往对清代归化城商业状况的研究较多，代表性成果有《由军事征掠到城市贸易：内蒙古归绥地区的社会经济变迁（14 世纪中至 20 世纪初）》《清代漠南地区的商业重镇归化城》《清代山西归化城的商业》。① 无论是地方志史料，还是税关资料、档案资料以及地方文献，基本揭示了清代归化城成长为归绥地区，乃至西北地区商贸中心的历史事实。归化城，作为商贸中心，其商业中心功能主要表现以下几个方面。

第一，归化城是新疆、蒙古、宁夏等地牲畜、皮毛、毛织品加工及转销中心。边外蒙古、宁夏等地是以畜牧业为主的区域，盛产牛、马、驼、羊等大型牲畜及皮毛。这些商品销往东中部城镇，首先运往归化城，再转销他处。为此，清朝在归化关制定牲畜税。"蒙古各扎萨克赶牲畜来城"，"内地商贾将茶布等项贩运出口，换回驼马牛羊"，须在归化城缴纳牲畜税。② 清后期途径归化城的传教士或使者都记载了归化城牲畜的来源，每年蒙古人都会把大群的牲畜赶到归化城中售卖。③ 这些运来的牲畜在专门的牲畜市场交易，如马市、驼市、牛桥、羊市等。④ 除了直接销售牲畜与皮毛以外，归化城也是皮毛加工中心。大小皮货行，从事皮革硝熟生意，为皮毛加工业的一种。当然，归化城皮毛加工业主要是蒙古靴、毡业、

---

① 黄丽生：《由军事征掠到城市贸易：内蒙古归绥地区的社会经济变迁（14 世纪中至 20 世纪初）》，台湾师范大学历史研究所，1995 年。何勇：《清代漠南地区的商业重镇归化城》，《城市史研究》（集刊），2006 年。许檀：《清代山西归化城的商业》，《中国经济史研究》2010 年第 1 期。

② 《古丰识略》卷四十《税课》，《中国地方志集成·内蒙古府县志辑》第 6 册，咸丰十年钞本，凤凰出版社 2012 年影印本，第 794—795 页。

③ 古伯察：《鞑靼西藏旅行记》，中国藏学出版社 1991 年版，第 150—151 页。［俄］波兹德涅耶夫著：《蒙古及蒙古人》第二卷，刘汉明等译，内蒙古人民出版社 1983 年版，第 102 页。

④ 《古丰识略》卷二十《市集》，《中国地方志集成·内蒙古府县志辑》第 6 册，咸丰十年钞本，凤凰出版社 2012 年影印本，第 184 页。

毛毯制造业等，其商品广销蒙古、天津、江南等地。① 归化城牲畜、皮毛转销中心的地位，直到民国初年依旧稳定发展。"归化城地当山西省至蒙古地方的交通要道，又是西经包头镇通往甘肃、陕西等地的必由之路，自古以来称张家口为东口，而称归化城为西口。此地系内外物资的集散之地，市场活跃，大量皮毛、羊毛、驼毛等由蒙古运来此地，再转往天津以及其他地方。"②

第二，归化城是内地茶业、布绸、杂货销往西北及北部的转运中心。茶叶，布匹、绸缎，杂货等商品主要来自内地，归化城很少生产。这些商品是输入新疆、乌里雅苏台、科布多等地的大宗商品。如乾隆二十七年（1762），归化城税则中提及抽取布、茶税，这反映了布匹、绸缎于归化城转运的事实。③ 乌里雅苏台的茶叶、杂货等皆由归化城、张家口等地贩运而来。④ 塔尔巴哈台、科布多的茶叶，也来自归化城。⑤ 据清后期俄国使者波兹德涅耶夫对归化城茶叶销路的描述，每年归化城销售的砖茶有 10 万多箱，转销蒙古、新疆的数量达 8 万箱。⑥ 归化城的布匹和杂货主要来自直隶地区，尤其是清后期洋布的进入，"归化城出售的布匹全都是外国货，中国生产的只有丝织品，棉布只有大布一种"⑦。

第三，归化城是边外粮食加工及输出中心。清初以来，随着内

① 黄丽生：《由军事征掠到城市贸易：内蒙古归绥地区的社会经济变迁（14 世纪中至 20 世纪初）》，台湾师范大学历史研究所，1995 年，第 406—412 页。

② 民国《山西省志》，《山西旧志二种·附录》（任根珠点校），据民国九年刊本点校，中华书局 2006 年版，第 281 页。

③ 《古丰识略》卷四十《税课》，《中国地方志集成·内蒙古府县志辑》第 6 册，咸丰十年钞本，凤凰出版社 2012 年影印本，第 796 页。

④ 《清宣宗实录》卷六十，道光三年十月丁巳，中华书局 1985 年影印本，第 33 册，第 1054 页下。

⑤ 《清穆宗实录》卷一百二十四，同治三年十二月丙戌，中华书局 1985 年影印本，第 47 册，第 740 页。

⑥ ［俄］波兹德涅耶夫：《蒙古及蒙古人》第二卷，刘汉明等译，内蒙古人民出版社 1983 年版，第 92—94 页。

⑦ 同上书，第 95 页。

地汉民大规模的迁入，归绥地区农垦面积逐渐扩大，清中后期，归化城土默特宜农土地几乎开垦殆尽，其地由明代粮食输入地转变为商品粮输出地。① 归化城，作为土默特商业最为发达的城镇，是商品粮汇集地，粮食交易频繁。早在康雍时期已经有归化城"米价甚贱"的记载，粮食通过黄河运至山西各州县。除了粮食直接运销以外，归化城也是粮食加工中心。归化城素有"十二行"之工商业组织，其中"六陈行"专营粮食加工和运销的商业组织。自康熙中期，归化城始有面铺商号，至嘉庆年间粮食加工业已经壮大为主要行业之一，清末民初在洋商的拉动下粮食业发展迅猛，归化城已有一两百家粮业商号。② 张世满先生将沿黄河运粮的商道，命名为"晋蒙粮油故道"，也表明归化城成为粮食加工和输出中心的事实。

清初，随着归化城土默特农业垦殖和人口的增加，村落和乡镇逐渐形成，商业市场亦应运而生。归化城、清水河、和林格尔、托克托、萨拉齐等厅商业市场成长起来。归化城，地处东西交通要道，是清初蒙古宗教中心，比其余各厅市场更具有向心力。清朝归化城关的设立，促使归化城在土默特的贸易中心位置得以确立。

清朝对漠北和新疆地方的平定，不仅扩大了清朝的疆域，也为区域间经济往来提供了稳定的环境。在清朝官道的建设基础上，归化城厅外商路向漠北和新疆延伸，归化城商贸辐射地随之大范围拓展，与乌里雅苏台、库伦、科布多和新疆市场形成稳定的贸易网络。"归化城不仅同蒙古西部首府乌里雅苏台、科布多方面的通商贸易十分发达，而且对于陕甘地区和新疆方面，也扼贸易之门户。特别是通往新疆贸易枢纽古城的骆驼路被发现以来，其吞吐范围愈

---

① 详细论述见第一章第二节"明清粮食生产的商品化"。

② 黄丽生：《由军事征掠到城市贸易：内蒙古归绥地区的社会经济变迁（14 世纪中至 20 世纪初）》，台湾师范大学历史研究所，1995 年，第 397—400 页。

形扩大。"① 归化城强大的商品转运功能为其区域贸易中心的形成提供了十分有利的条件。

第三节　商贸中心的变动及其区域性影响

明代，受政治、经济环境的影响，大同城市场发展成为晋蒙交界区商贸中心，边墙内外各类市场很大程度上依附于大同。入清以后，边外农牧业经济发展，归化城市场迅速成长起来，发展为边外商贸中心。晋蒙交界区商贸中心由单核心演变为双核心，对区域内其他市场的发展产生深远影响。

这里的商贸中心，指代中心市场，依据克里斯塔勒建立的概念体系，亦称之为较高级中心地，具备较大区域的中心职能。中心市场，都有自己的辐射区域，或称辐射区域，克里斯塔勒为避免混乱而采用"补充区域"概念。补充区域具有相对的稳定性，其稳定性取决于与之相邻的相同等级或较高等级中心地的距离，补充区域往往分解为两个或多个中心地。② 如此，位于两个较高等级中心地之间的补充区域内的中心地，通常很难发展壮大起来。晋蒙交界区各类市场的演变，也基本遵行这一经济规律。

清代大同和归化是晋蒙交界区的两个商贸中心，大同位于其东面，归化位于其西面，两者之间分布着众多较小的城镇市场或集市。这些市场虽在明代已初具规模，但清代发展依然缓慢，始终未能成长为较大的商业中心。

明代沿边各堡均有小集市。入清以后，这些集市并没有成长起来，各城堡的商业课税依然不多。清代，沿边各堡大多有交易中介

---

① 民国《山西省志》，《山西旧志二种·附录》（任根珠点校），据民国九年刊本点校，中华书局 2006 年版，第 391 页。

② 克里斯塔勒：《德国南部中心地原理》，常正文等译，商务印书馆 1998 年版，第 31、57 页。

人——牙人，他们须向官府上缴一定的牙税。如，"聚落城上则斗牙一名，下则炭牙共九名；许堡下则炭牙一名；得胜堡上则斗牙共三名，下则炭牙共六名；安赐堡上则斗牙一名，下则炭牙一名……镇川堡上则斗牙一名，下则炭牙二名；镇边堡上则斗牙三名，下则炭牙一名。"① 这表明各堡中的确存在商业交易市场。但从《阳高县志》记载的各堡牙税情况看，各边堡税银仅数两而已②，表明商业交易活动不够发达。

左云城，明代是大同左卫和云川卫驻扎地，在军事城镇商业化趋势下，城镇商业景观已经是"粮饷商旅，多所经过，城关接连，室庐相望，颇称富庶"③。清代，改左云为左云县，其市场虽有所发展，城内四街有米粮市，"每市十日，周而复始"，南北二街有草市，东北二街有炭市，城内鼓楼北有牛驴市；④ 但是并没有成长为晋蒙交界区商贸中心。清代左云县商税额反映这一事实。左云县，雍正年间，"额征商税银四十七两四钱六分六厘，额征头畜税银一十二两"⑤；嘉庆年间，"征畜税银一十四两三钱七分二厘，盈余银三十两六钱四分一厘一毫。征油梁躧缸等课银二百五十六两二钱。征牙税银一百七十八两八钱；当税银二百一十两"⑥，共征六百九十两一分三厘一毫；光绪年间，所征工商税与之相差无几。大抵同时

① 道光《大同县志》卷八《风土》，《中国地方志集成·山西府县志辑》第 5 册，道光十年刻本，凤凰出版社 2005 年影印本，第 121 页上。

② 光绪《天镇县志》卷二，《中国地方志集成·山西府县志辑》第 5 册，民国二十四年铅印本，凤凰出版社 2005 年影印本，第 447 页。

③ 雍正《朔平府志》卷三《方舆志·风俗》，《中国地方志集成·山西府县志辑》第 9 册，雍正十三年刻本，凤凰出版社 2005 年影印本，第 82 页上。

④ 光绪《左云县志》卷三《建置·市集》，《中国地方志集成·山西府县志辑》第 10 册，光绪七年增修嘉庆本，凤凰出版社 2005 年影印本，第 152 页。

⑤ 雍正《朔平府志》卷七《赋役税课》，《中国地方志集成·山西府县志辑》第 9 册，雍正十三年刻本，凤凰出版社 2005 年影印本，第 212 页。

⑥ 光绪《左云县志》卷三《建置·市集》，《中国地方志集成·山西府县志辑》第 10 册，光绪七年增修嘉庆本，凤凰出版社 2005 年影印本，第 179 页。

期的归化城工商税额上万两①，大同城工商税额近万两②，左云县税额根本无法与之相媲美。左云县米粮市交易规模仅仅局限于县境内，"现在年终各乡入城贸易者大率皆以卖谷为完粮还债之用。多则不过二三石，少则四五斗，从来概无大宗。及至粮行使用之谷皆自大同、丰镇采运而来"③。可见，左云的粮食大多来自大同、丰镇等地，受大同城商贸中心的影响。左云县的商人，"大半皆往归化城开设生理，或寻人之铺以贸易，往往二三年不归，以致征粮之际或携室以行，或家无男丁，有司不能遇而问焉，且有以贸易迁居大半与蒙古人通交结，其利甚厚，故乐于去故乡而远他邑也"④。由此可见，清代左云县的商业，虽然有所发展，但皆受到大同和归化城商业的挤压，很难发展壮大起来。

右玉城，明代大同右卫与玉林卫驻扎地，永乐年间筑，位于明朝通往归化城孔道上，距离杀胡堡20里，周九里八分，是规模仅次于大同城和左卫城的城池。明代右玉城官军和马骡数量都比左卫城稍多⑤，距商业繁荣之杀胡堡较近，其商业繁荣程度与左云城不相上下。清代，右玉改右玉县，置朔平府。右玉县商业发展缓慢，雍正年间左云县额征商税是47两左右，而右玉县仅仅7两。⑥

与左云县和右玉县类似的，还有天镇县和阳高县。清代，天镇

---

① 光绪《归化城厅志》卷七《关税》，《中国地方志集成·内蒙古府县志辑》第3册，光绪年间钞本，凤凰出版社2012年影印本，第502页。

② 乾隆《大同府志》卷十三《赋役》，《中国地方志集成·山西府县志辑》第4册，乾隆四十七年刻本，凤凰出版社2005年影印本，第268页上。

③ 光绪《左云县志》卷四，《中国地方志集成·山西府县志辑》第10册，光绪七年增修嘉庆本，凤凰出版社2005年影印本，第228页。

④ 同上书，第137页。

⑤ 见第三章第二节"大同镇军事城镇商业化"中表3—3。

⑥ 雍正《朔平府志》卷七《赋役税课》，《中国地方志集成·山西府县志辑》第9册，雍正十三年刻本，凤凰出版社2005年影印本，第212页。

县商税始终不多，清前期天镇县城商税额约 18 两①，清后期工商税总额也不过 200 两②。清代阳高县，"水濠房、粪、商、牙、杂课银三百七十二两九钱七分"③。从课税数量上看，清代天镇县和阳高县的商业市场都不能与大同相比。

杀虎口的商业发展轨迹，比较鲜明地体现了归化城商贸中心成长的区域性影响。杀虎口，位于边墙孔道杀胡堡附近，明代设有供蒙汉双方交易的马市，商业十分繁荣，"夷人入市，每日蜂聚堡城"④。清初，杀虎口设立榷关，南北来往货物皆须至杀虎口纳税，杀虎口成为最大的货物集散中心。乾隆年间，随着归化城商业的发展，杀虎口税关的部分业务转至归化城办理，至乾隆后期设立归化城关。此后，归化城取代了杀虎口商品集散中心的地位，成为区域最大的商贸中心。

明代在军事因素的带动下，晋蒙交界区兴起了各类商业市场，如军事城镇市场、州县市场以及马市，并形成以大同城为商业中心的商贸格局。清代，随着大同政治军事地位的削弱以及战乱的影响，其商贸发展有所衰弱。与之相反，边外归化城在社会经济环境的优势下，尤其是政局变动的机遇下，商业迅速成长，发展成为边外商贸中心。晋蒙交界区两个商贸中心的形成，虽然对区域其他市场有所带动，但同时也迫使其他市场沦落为两个商贸中心的补充区域。这些市场尽管在明代曾繁荣一时，但清代商贸中心的流变基本破坏了它们发展壮大的美好前景。

---

① 乾隆《天镇县志》卷三《田赋》，《稀见中国地方志汇刊》第 4 册，乾隆四年刻本，中国书店 2006 年影印本，第 677 页上。

② 光绪《天镇县志》卷二，《中国地方志集成·山西府县志辑》第 5 册，民国二十四年铅印本，凤凰出版社 2005 年影印本，第 447 页。

③ 雍正《阳高县志》卷二《田赋》，《中国地方志集成·山西府县志辑》第 7 册，民国铅印本，凤凰出版社 2005 年影印本，第 73 页。

④ 雍正《朔平府志》卷八，《中国地方志集成·山西府县辑》第 9 册，雍正十三年刻本，凤凰出版社 2005 年影印本，第 357 页上。

第 五 章

明清晋蒙交界区大宗商品的运销

商品运销，也称商品流通，是历史商业地理研究的内容之一，是窥视区域商业经济发展特征的重要角度。明清时期，晋蒙交界区，地处农牧交错带，牧业和农业商品充盈各商业市场，或就地分销，或转运他省。在诸多商品中，布帛（棉布与绸缎）、皮毛牲畜和粮食始终是商业交换的大宗商品，代表了区域商品流通的主流。本章以上述三类商品为对象，从区域地理环境的角度出发，考察其运销形成的历史过程以及不同时期呈现的运销特征。

第一节　棉布与绸缎的运销

棉布和绸缎，简称布帛，是衣物制作的主要原料，也是蒙汉居民不可或缺的生活物资。晋蒙交界区的布帛运销，很大程度上受到自然环境的限制和人文环境的影响。明清时期，全国棉、绸产区的变化促使晋蒙交界区布帛运销系统重新组合，形成以市场为基础的新体系。

一　棉花种植、桑蚕业与纺织技术的匮乏

明初，山西已有棉花种植，产量在明朝政策的鼓励下虽有所增加，但种植并不广泛，仅仅局限于晋西南河谷地带。清代，山西棉

花种植业有所发展。各州县方志中大多记载了棉花这一物产，表明棉花在种植面积和产量方面都较前代有所发展。受自然环境的影响，清代山西棉花种植业地域性十分明显。棉花适宜干燥温暖的地区种植。山西汾河、涑河谷地以及河东地，热量充足，气候比较适宜棉花种植，是产棉集中区，明清州县方志的"物产"中皆有棉花记载；晋东和晋西山区，受地形影响，虽有棉花种植，但其分布比较零星；晋北地区，气候和土壤皆不适宜棉花生长，无棉花种植。[①]民国时期，实业部对山西实业进行详细调查，并记载了历史时期山西植棉业的历史过程。明清时期，只有河东道有少量的棉花种植，收获不多，属于自给性质，没有外销，"雁门、济宁两道，农民素以不适于植棉"。民国时期，政府引入并鼓励推广洋棉种植，晋中和晋南大量种植棉花，棉花种植面积增加至 179 万亩，产量增至 60 万担。[②]尽管改良了棉花品种和提高了植棉技术，但仍旧无法突破气候环境的局限。就山西全省而言，左云、右玉等地仍不可种植棉花。[③]可见，由于气候环境的局限，明清以来山西北部的气候以"天寒早霜，风沙大"为主要特征，历来并不适宜棉花的种植，纬度更高的归绥地区更加无法种植棉花。

　　明清时期，生产绸缎的主要原料是蚕丝，因此朝廷十分重视蚕桑业的发展。但受地域环境的影响，各地蚕桑业发展程度相差极大。明清时期，全国重要蚕丝产地在江南，绸缎等丝织品的主要输出地也在江南地区。明清山西桑蚕业，以晋东南的潞安府最为著名。晋东南的泽潞地区以丝织品优良而闻名，所产丝织品因此被称为"潞丝"，当地商人也被称为"潞商"。因受明末战乱的影响，

---

① 李辅斌：《清代直隶山西棉花种植和蚕桑业的变化及分布》，《中国历史地理论丛》1996年第 4 期，第 55—65 页。

② （民国）实业部国际贸易局：《中国实业志·山西省》第四编《农林畜牧》，实业部国际贸易局，民国二十六年（1937），第 89—91 页。

③ 同上书，第 86 页。

清代潞安府机户零落，虽仍产丝绸，但已大不如前代。[①] 泽潞以外，山西一些州县也有蚕桑业，但晋北大同、朔平地区没有桑蚕业。[②]这很可能与桑树和桑蚕的生活环境有关。桑树喜湿润温暖的环境，桑蚕饲养的适宜温度也在 20—30℃。晋北属高寒地区，自然环境并不适合桑蚕业的发展。

除了纺织原料缺乏外，晋蒙交界区纺织技术的匮乏是限制棉布与绸缎生产的重要人文因素。明清以来，晋蒙交界区居民不懂纺织，史料中多有记载。顺治年间《云中郡志》记载了晋蒙交界区边墙以南地区的经济状况，"惟是桑绵不作，织纺罕有，斯乃边方之独苦者"[③]。再如，清代天镇县，"地临边塞，人情朴鲁，机械不生，男务耕牧，女不纺织，天寒地瘠，春冬坐食，民多贫困"[④]。边墙以北地区，明代属蒙古人游牧境地，布匹和绸缎皆依赖明朝；清代，尽管汉民增多，但仍不从事棉、丝纺织业。光绪年间，边墙以北地区的居民，"其服惟绸来自山左登莱等郡，大布夏葛之类亦购自客商，客民媆工不勤纺织故也"[⑤]。

大同因自然环境所限，难以种植棉花或树桑养蚕，棉布和绸缎都依赖外运，因此布匹价格昂贵，民生交困。清代，大同州县官民曾试图引入纺织技术，以解决民生问题。

康熙年间，大同周凌云曾倡导在塞北推行纺织业，以减少普通民众的生活花费，其撰《塞北兴纺织论》一文。

---

① 乾隆《潞安府志》卷八《风俗·物产》，《中国地方志集成·山西府县志辑》第 30 册，乾隆三十五年刻本，凤凰出版社 2005 年影印本，第 95 页。

② 李辅斌：《清代直隶山西棉花种植和蚕桑业的变化及分布》，《中国历史地理论丛》1996 年第 4 期，第 55—65 页。

③ 顺治《云中郡志》卷四《食货》，大同市地方志办，据顺治九年刻本重印点校本，1988 年，第 181 页。

④ 光绪《天镇县志》卷四《风土记》，《中国地方志集成·山西府县志辑》第 5 册，据民国二十四年铅印本影印，凤凰出版社 2005 年影印本，第 512 页上。

⑤ 光绪《土默特旗志》卷八，《中国地方志集成·内蒙古府县志辑》第 3 册，光绪三十四年刻本，2012 年影印本，第 155 页。

惟耕兴织，王政之大端。诚以生民所求遂者，莫如饱暖，所冀免者，无如饥寒。故日一夫不耕或受之饥，一女弗织或受之寒。夫饥寒自不耕不织者贻之，而饱暖自耕织者获之。夫复何疑！所以古帝王治化累洽之乡，男耕女织，习而安焉，十室九盈，良有以也。独云朔诸郡，但知有耕不知有织，天寒地冷，不能树桑养蚕，固其所耳，而棉布亦以粟易，则惑之甚，且云地瘠薄，耕之所获，即逢年不过三五分。每布值需谷五六斗，甚至八九斗、一石不等，以二三亩之所获仅供一布之费。数口之家需布若干，用粟若干，竭终岁勤勤，而不能抵偿布债者，所在皆是……予妻素善纺，欲创其事以为倡，奈多病兼有目疾，致徒抱虚愿者数年。今岁幸稍苏，先令妇女学纺，工既成，爰访寄居祁县人侯姓者，其妇能织，又得文水县作笼器岳姓者，复为指示。予参二县之成法备作器具，而其事竟成，计其费花二斤值布之少半，而织成之布长四丈五尺、广一尺五寸，较市布更不同……康熙庚子书。①

此次倡导是在乡绅周凌云的号召下，或许没有得到官府的支持，效果并不明显。道光年间，"塞北自古不知纺织，尺布寸缕皆买之市肆，而市廛估客远购于直隶威唐等处，其价甚昂，民间稼穑登场半以易布，此衣食所由交困也"，大同知县黎中辅，尝试在大同引入纺织技术，学制纺车，雇用织工教民纺织。② 黎中辅作为官员，通过行政力量，张贴告示，积极推行此事，告示如下。

---

① 道光《大同县志》卷十九《艺文》，《中国地方志集成·山西府县志辑》第 5 册，道光十年刻本影印，凤凰出版社 2005 年影印本，第 335 页上。

② 同上书，第 378 页。

为晓谕邑中妇女学习纺织事。

照得本县（大同县）今在寿阳县觅雇孙陈二姓携家揭眷，广制器具前来，以教我邑中妇女习于纺织。本县给予三年工资，安顿住址，复公举城中绅士用心经理，凡尔贫苦妇女起手无资者，本县复先给棉花口食，且广为制备纺机以便学习。尔等百姓亦深知此事为切民生日用之计，第事属创见，或畏其难成，或见为利小，或不知其有益于风俗，有功于教化，为此剀切示谕，此为土瘠民贫之区转移之一大关系也。须知此系易学之事，不过一二月间即可能纺能织。第四乡离城远近不一，或虑及妇女难以进城，不知尔等附近村庄三四处其中必有在城之至亲血戚，妇人之来目家，女子之依姑妗，事所常有，但得一二人学成回乡，则而乡中即可互相传习，从此家纺户织，庶几大开衣食之源，于生计日见饶裕也。①

由上可知，此次官府的鼓励措施包括制作纺织机，引进纺织技术的人员，给予贫苦的妇女以棉花和粮食等。尽管官府积极引进纺织技术，但并没有取得很好的成效。从清末民国布帛的输入情况看，大同地区的布帛仍旧依靠外省供应，主要来自河北保定及张家口地区，数量颇巨。② 由此可见，无论是官方，还是民间，将纺织技术引入大同的尝试基本宣告失败。

综上，明清晋蒙农牧交界区自然环境既不适宜棉花种植，也难以树桑养蚕，导致纺织原料匮乏。境内百姓不事纺织，尽管官民曾积极引入纺织技术，但仍旧成效不佳。无论是自然环境，还是人文环境，都限制了晋蒙交界区的棉布和绸缎生产，其供应不得不依赖

---

① 道光《大同县志》卷十九《艺文》，《中国地方志集成·山西府县志辑》第5册，道光十年刻本，凤凰出版社2005年影印本，第378页上。

② 民国《山西省志》，《山西旧志二种·附录》（任根珠点校），据民国九年刊本点校，中华书局2006年版，第512页。

于他地。

二　明清棉布与绸缎的来源

（一）明清棉布的来源

明代晋蒙交界区的棉布销量以梭布为主，也称大布、土布，是指家庭木机制造布匹，成本和技术门槛低，容易进行大规模生产。晋蒙交界区沿边马市交易中，梭布是大宗商品，商人常以梭布充当等价物交换蒙古商品。[①] 大同沿边马市的梭布交易量十分可观，据推算"购梭布费用约占市本的六分之一，即每年一万六千六百两，大同马市梭布销售数每年约达十万三千七百余匹"[②]。马市上的棉布，是为了满足蒙古部民所需。棉布也是大同镇必不可少的军需物资，大同镇军民也是棉布庞大的消费群体。依据《万历会计录》所记，各镇军士，每年冬衣布则例，每人每年给二至四匹棉布，一斤八两棉花。大同镇约八万官军，每年棉布消耗量至少十万匹。

晋蒙交界区的棉布，主要来源于江南地区。"北部边塞地区所需的棉花（及棉布），除代纳民运粮那部分而外，其余大部分是靠贩运商人供运的。"[③] 马市贸易中的梭布绝大部分来源江南。[④]

松江府，是全国著名的棉布和绸缎产地，盛产纺织品，种类多样，有木棉布、云布、丁孃布、兼丝布、药斑布、三梭布、锦布、绫等。[⑤] 明朝在此设置织染局，"岁造各色纻丝一千一百六十七疋，

---

① 王士琦所著《三云筹俎考》卷二《封贡考》中，记载马市交易商品中有"梭布马，每匹梭布四十匹"，表明当时以梭布衡量交易马匹的价格。

② 李漪云：《从马市中几类商品看明中后期江南雨塞北的经济联系及其作用》，《内蒙古师范大学学报》（哲学社会科学版）1984 年第 4 期，第 34—39 页。

③ 寺田隆信著：《山西商人研究》，张正明等译，山西人民出版社 1986 年版，第 189 页。

④ 李漪云：《从马市中几类商品看明中后期江南雨塞北的经济联系及其作用》，《内蒙古师范大学学报》（哲学社会科学版）1984 年第 4 期，第 34—39 页。

⑤ 嘉庆《松江府志》卷六《疆域志》，《中国方志丛书·华中地方》第 10 号，嘉庆二十二年刊本，台湾：成文出版社 1970 年影印本，第 186 页。

遇闰月加九十七疋"①，民间布匹和绸缎产量不计其数。因为松江府木棉种植十分广泛，其规模"与粳稻等"，因此棉布产量丰富，"纺织成布，衣被天下"。② 明代松江著名的标布，以其物美价廉，行销全国各地。"上阔尖细者，曰标布，出于三林塘者为最精，周浦次之，邑城为下，俱走秦、晋、京边诸路，每疋约值银一钱五、六分，最精不过一钱七、八分至二钱而止。"③

清代，随着北方棉纺织业的发展，直隶、山东、河南等地出现了多个棉布产地，成为晋蒙交界区棉布外购的重要来源地。

虽然山西棉花种植业集中于汾、涑河谷，产量也不及直隶、山东之多；但是随着清代北方棉花运销体系的建立，保障了山西棉花的供应，为山西棉布产区的形成提供了前提。山西棉布产区，主要是晋中地区，如孝义、平遥、榆次等地。山西孝义县，位于晋中地区，人多地少，也少产棉花，却是山西棉布产地之一，所织棉布不仅供给本邑，也广销山西西北各州县。纺织技术的普及和棉花的供应，可能是孝义县棉布纺织业发展的重要因素。孝义县，"男妇皆能纺织"，棉花则来自直隶真定（正定府）等处。④ 榆次县也是山西棉布产地，其棉布生产模式与孝义县大体相当，棉花购于外地，居民织布销售。"榆人家事纺织成布，至多以供衣服、租税之用，而专其业者贩之四方，号榆次大布，旁给西北诸州县，其布虽织作未极精好，而宽于边幅，坚密能久，故人咸市之。"⑤

---

① 正德《松江府志》卷八《田赋下》，《中国方志丛书·华中地方》第 55 号，正德七年刊本，台湾：成文出版社 1983 年影印本，第 254 页。

② 叶梦珠撰，来新夏点校：《阅世编》卷七，上海古籍出版社 1981 年版，第 156 页。

③ 同上书，第 157 页。

④ 乾隆《孝义县志》卷四，《中国地方志集成·山西府县志辑》第 25 册，乾隆三十五年刻本，凤凰出版社 2005 年版，第 505 页。

⑤ 同治《榆次县志》卷十五，《中国地方志集成·山西府县志辑》第 16 册，同治年刊本，凤凰出版社 2005 年影印本，第 513 页。

　　清代随着直隶棉花种植业的发展，形成东西两个主要棉布产区，东路以永平府的乐亭、滦州为主，主要销往山海关外；西路以正定府栾城、元氏县和保定府唐县为主，主要销往山西、河南等地。① 广平府威县临近山东棉布集散中心临清，保定府唐县毗邻栾城，两者都属直隶棉布西路产区。栾城县，清代属直隶正定府，栾城土地虽少，但盛产棉花和棉布，土地四千余顷，6/10 种植棉花，4/10 种植粮食，因此粮食不能自给，乡民通过贩卖棉花和棉布换取粮食谋生。② 栾城县，"男女勤纺织，共操作"，所产棉布较多，是本地主要货物之一，"晋豫商贾云集，民竭尽终岁之勤，售其佳者以易粟"。③ 正定栾城县，位于府治南 60 里，今张家庄附近，西经井陉通往山西，东连直隶府县，交通便利，其棉布产区的形成，促使集市繁荣。栾城内集市林立，东大街、西大街、东关、西关、南关、北关都有集市，"每月逢一六三八日集"。④ 正定府元氏县，也是西路产区重要地点。明代元氏县居民多纺织，棉布已经是县境市集中流通的商品。⑤ 清前期，元氏县"民乐耕桑"，棉布是市集中主要商品之一，元氏县在城有大小二市集，乡镇有三大集、三小集。⑥ 清后期，元氏县因毗邻棉丝纺织品中心栾城，其"男女多以纺织为业"，"山谷村民渐喜蚕桑"，所织棉布畅销山西。⑦

　　清代山东随着棉纺织业的发展，已从明代棉布输入区发展为输

---

① 吴慧主编：《中国商业通史》第四卷，中国财政经济出版社 2008 年版，第 135 页。

② 同治《栾城县志》卷二，《中国方志丛书·华中地方》第 50 号，同治十一年刊本，台湾：成文出版社 1976 年影印本，第 185 页。

③ 同上书，第 181 页。

④ 同上书，第 134—136 页。

⑤ 崇祯《元氏县志》卷一，《元氏县志（五志合刊）》（李英辰等整理），中国文史出版社 2007 年版，第 21 页。

⑥ 乾隆《元氏县志》卷一《地理志》，《元氏县志（五志合刊）》（李英辰等整理），中国文史出版社 2007 年版，第 104 页。

⑦ 同治《元氏县志》卷一《地理志》，《元氏县志（五志合刊）》（李英辰等整理），中国文史出版社 2007 年版，第 183 页。

出区，形成齐东、济南府、武定府等多个产布区；清中后期，山东土布生产发达，"估计每年有 300 万—500 万匹的输出能力"，广销华北、西北，晋蒙交界区就是其棉布外销区之一。[①]

此外，清代河南棉纺织业也有发展，豫北怀庆府温县和孟县是棉布重要产区。孟县虽然棉花种植不多，但居民纺织者多，依靠外地输入的棉花，织布销售，远近闻名，产量较大，山陕商人皆来贩运，广销山西、陕西、甘肃等地。[②] 怀庆府毗邻山西泽潞，两地商业往来密切，晋蒙交界区的棉布不乏来自河南棉布产区。

（二）明清绸缎的来源

中国是盛产丝织品（也称绸缎）的国家，明清时期绸缎的产量十分可观，形成全国丝织品产业中心。

以苏杭为代表的长江三角洲地区，是明清全国主要的绸缎来源地，通常被称为江南丝绸产区。江南丝绸研究曾是学术热点，其贸易方式、织造过程和发展史等方面都有研究成果。[③] 明代，江南地区已经大规模生产丝绸，广销他省。清代江南丝绸业发展更为迅速，成为名副其实的全国丝绸业重心，"天下丝缕之供皆在东南，而蚕桑之盛惟此一区"[④]。江南丝绸产区的地位的提升从官方和民间织造情况皆有显著的表现。清代四大官营织造局，除北京以外，其余三处皆在江南丝绸产区。江南民间织造，在清前期获得空前的发展，进入鼎盛阶段，据估计织机总数可能达到八万张。江南丝绸广销全国，也是晋蒙交界区丝织品的重要来源。《从马市中几类商品看明中后期江南与塞北的经济联系及作用》一文，引用丰富的史料

---

① 许檀：《明清时期山东商品经济的发展》，中国社会科学出版社 2007 年版，第 246 页。

② 乾隆《孟县志》卷四上《田赋·物产》，乾隆五十五年刊本，第 19 页。

③ 代表性成果有：彭泽益的《清代前期江南织造的研究》（《历史研究》1963 年第 4 期），范金民、金文的《江南丝绸史研究》（农业出版社 1993 年版）。

④ 乾隆《杭州府志》首卷《宸章》，民国十五年铅印本，中华书局 2008 年重印本，第 1 函第 1 册，第 4 页。

论证马市上交易的大宗商品之丝织品，很大部分来自江南。①

泽潞地区，是明清丝绸的一个重要产区，地域范围囊括泽州和潞安府。明清时期，潞安府丝绸生产有很大变化。顺治《潞安府志》和乾隆《潞安府志》对此均有较为详细的记载，如下。

　　至于绸，在昔殷盛时，其登机鸣杼者，奚啻数千家，彼时物力全盛，海内殷富，贡筐互市外，舟车辐辏者，转输于省、直，流衍于外夷，号利薮。其机则九千余张，分为六班七十二号，即间有尺符征取，如捐碎璧于宝山，分零玑于瑶海，易易耳。乃兵火凶荒，机户零落殆尽，明末尚有二千余张，至国朝止存三百有奇，截长补短，分为十五号，内尚拼牙行一号，丝行一号，净止十三号耳。况百物凋耗，丝价几倍于当年，工料俱踊，价既不能增，则为者何利？不得不减料，遂渐趋于薄恶，堆积难售，货死于市，名随机转，欲徙业而不能，赔累均摊不因贫而少减，以三百之机而抵九千之役，以十三号之力而支七十二号之行。譬如两砖相磨而薄者先穴，又如井浅汲紧涸可立待。②

由上可知，潞安府丝织品生产于明代极为发达，山西、直隶以及口外均取货于此，沿边马市交易丝织品多为潞丝。清初，受战乱影响，加之官府盘剥，潞安府丝织品生产逐渐衰落。泽州的丝织品发展情况与之大体相当，清代泽州境内高平县、凤台县（泽州府治所在地）皆产丝绸③。清代，潞绸是朝廷的岁办的贡物，潞安的长

---

　　①　李涤云：《从马市中几类商品看明中后期江南雨塞北的经济联系及其作用》，《内蒙古师范大学学报》（哲学社会科学版）1984 年第 4 期，第 34—39 页。

　　②　乾隆《潞安府志》卷八《风俗·物产》，《中国地方志集成·山西府县志辑》第 30 册，乾隆年间刊本，凤凰出版社 2005 年影印本，第 95 页上。

　　③　雍正《泽州府志》卷十二《物产》，《中国地方志集成·山西府县志辑》第 32 册，雍正年刊本，凤凰出版社 2005 年影印本，第 80 页下。

治县和泽州的高平县皆进贡潞绸千百余匹。① 尽管清代泽潞丝织品生产大不如前，但依然是清代丝织品的重要产区，是晋蒙交界区绸缎的来源之一。

清代直隶、河南、山东等地丝织品生产已大不如明代，虽有丝织品生产，但难以自给，仍然依靠江南供给。因此，晋蒙交界区丝织品主要来源是泽潞产区和江南产区，明代前者居主，清代后者占绝对优势。

由上可知，明清时期晋蒙交界区棉布的主要来源是江南产区、直隶西路产区，晋中和豫北产区作为补充；丝织品的主要来源是山西泽潞产区和江南产区。除此之外，清末外国棉布和丝织品也是该区域不可忽视的来源之一。

边墙以南的大同，棉纺织是外地采购最多的商品，有相当一部分就是通过天津购买的洋货，俗称洋布。如表5—1所示，洋布主要有A号和B号九龙牌洋布，鸡牌子、五马头种类的洋布。表中价格是当地零售价，山西商人采购的批发价要更低一些。在洋布中，九龙牌布凭借价格和质量优势在中国打开了市场销路，山西北部进口尤多，其次是东洋纺织生产的鸡牌子布。②

表5—1   　　　　　　清末民国大同进口主要洋布情况表

商品牌号	尺寸（码）	单价	纺织厂
A号九龙	40	7元3角	钟渊纺织
B号九龙	40	5元8角	钟渊纺织
鸡牌子	40	5元8角	东洋纺织
五马头	40	7元3角	上海纺织

① 光绪《钦定大清会典事例》卷九百四十《工部·织造》，《续修四库全书》第811册，光绪年间石印本，上海古籍出版社2002年影印本，第359—360页。

② 民国《山西省志》，《山西旧志二种·附录》（任根珠点校），据民国九年刊本点校，中华书局2006年版，第724页。

厚斜纹布，也是外国生产的一种布匹，最初由英国生产，后美国也加入其中。大同是厚斜纹布进口较多的地区，"当地进口的厚斜纹布，每年都达到相当数额"，品牌有蓝鱼牌斜纹布和蓝鸭牌斜纹布，前者单价五元五角，后者五元三角，主要用于缝制裤子。[①] 此外，大同进口的外国棉纺织品还有日本生产的袜子等生活用品。

边墙以北的归绥地区，清末也有大量棉纺织品和丝织品来自外国公司生产。《绥远通志稿》记载本省商业输入货物时，统计了各类输入商品的货色和数量。其中，绸缎输入种类中就有"德国缎"（167 疋）、"洋缎"（131 疋）等外国公司生产的绸缎；布棉输入种类中有"四小码白粗洋布"（59737 疋）、"五五色粗洋布"（70946 疋）、"四十码白细洋布"（583 疋）等外国公司生产的布棉。[②]

三　市场与棉、绸运销

棉、绸商品的运销不仅受限于产地，而且依赖于市场体系。市场类型，可分为集散型市场和转运型市场。明清棉绸最大的产区是江南产区，距离晋蒙交界区路途遥远，商品运销皆依赖于两者之间的集散型市场。

马市是明代一种特殊的民族交易市场，运销类型具有多样性。由于马市的交易分为官市和民市，官方不得不参与商业活动中，因此晋蒙交界区棉布和绸缎的运销可分为官方运销和民间商人运销两类。尽管棉布和绸缎的主要来源地是江南松江、杭州和山西泽潞地区；但是官民利益诉求的差异，很大程度上影响了两者商品运销的

---

① 民国《山西省志》，《山西旧志二种·附录》（任根珠点校），据民国九年刊本点校，中华书局 2006 年版，第 724 页。

② 绥远通志馆编纂：《绥远通志稿》卷二十七，内蒙古人民出版社 2007 年版，第 3 册，第 575—577 页。

过程。

就明朝官方运销情况而言，晋蒙交界区棉布和绸缎主要来源于江南产区，官方采购多出于政治目的，必须保证货源充足，因此多从产区直接运销。大同镇马市商品多直接从江南采购。[①] 但是，官方交易的棉布和绸缎也并非都是直接从江南运来，部分采购于北方棉布集散中心，只是这类就近采购是补充棉布和绸缎不足。隆庆六年（1572），明朝采办马市商品时提及棉布和绸缎的补充采购地，"我市本暂请借客饷金四万，不足，则请云中库出年例客饷金三千，官遣指挥一人，偕行贾往临清。而以千三百治段（缎），千二百治绌（绸），五百治布，段（缎）必二两以上，绌（绸）亦欲坚厚阔机，布用蓝红诸色。不足，则借朋合一万一千两，班价七千两，发四道，道各五千两，分往张家湾、河西务治金缯诸货"[②]。可见，山东临清州、顺天河西务、顺天张家湾等地是官方马市商品补充采购地，山东临清是大同马市棉布和绸缎主要采购地。临清州，位于京杭运河边上，交通便利，是北方重要的商业城镇。"明代海禁，因此运销整个华北、东北及西北地区以供军需民用的大量江南布匹、绸缎，主要以临清为中转轴心。各地商人云集于此开店设肆，使临清成为北方最大的纺织品贸易中心和中转批发市场。"[③] 被采买的棉布和绸缎，分销于大同沿边官市，以备交易。通过定期马市交易，棉布和绸缎销往边外蒙古地区。明代，边外最大的商品集散地要属归化城，互市交易的商品中有相当一部分运销于归化城，供蒙古部民购买。

棉绸的民间运销与官方运销稍有不同，绝大多数是就近从北方集散中心运往马市交易。运销体系中，比较繁荣的集散中心是山东

① 《明神宗实录》卷二一二，万历十七年六月丙戌，上海书店 1982 年影印本，第 3972 页。

② （明）瞿九思：《万历武功录》卷八，选自《明代蒙古汉籍史料汇编》（第四辑），内蒙古大学出版社 2007 年版，第 95 页。

③ 许檀：《明清时期山东商品经济的发展》，中国社会科学出版社 2007 年版，第 245 页。

临清，直隶张家湾和河西务，北直隶的真定，山西潞安、泽州和大同镇。棉绸大致运销路线是，从临清、真定采购，从井陉入山西，沿太原—大同官道，运销于大同；从潞安和泽州采购绸缎，直接沿官道北上至大同；从张家湾和河西务等地采购，沿宣府入大同。马市之外的商品运销，与上述民间运销路线大致相当，运往大同的商品，再分销于卫所城镇和沿边堡寨市场。

明代，晋蒙交界区的棉布与绸缎运销皆以南北方向为主，自商品采买市场经太原府官道北上大同，分销于各城镇市场和沿边马市。与明代相比，清代晋蒙交界区棉布、绸缎运销有很大变化。边墙以南大同地区与边墙以北归绥地区的运销路线差异较大。

晋蒙交界区边墙以南地域，由外省输入的棉布或绸缎，绝大部分经北京、张家口转运至大同，再分销至各地市场。[①] 以棉布而言，清代山西边墙以南地区的布匹，是外省的土布，主要来自河北保定及张家口地区，数量颇巨。[②] 这些专门经营布匹生意的商号从直隶运来土布，销往各府州县城市。大同府城，乾隆年间就有工商业八行，道光年间有十五行，布行均属其中之一。[③] 清末民国，大同作为山西北部商贸中心，布行商有三十多家，其年销售额估计为三十多万两，折合布匹约四十三万匹。[④] 天镇县城，有土布两种，分别为市布和粗布，均来自直隶定州。[⑤] 丰镇县城，有各色粗布，分别

① 民国《山西省志》，《山西旧志二种·附录》（任根珠点校），据民国九年刊本点校，中华书局 2006 年版，第 689 页。

② 同上书，第 512 页。

③ 《云冈堡石佛寺历年续修工程并历年施舍银钱春瞻地亩碑记》记载乾隆三十四年大同各工商业施舍银钱情况，据此可知大同工商业有布行、杂货行、干菜行、帽行、皮行、缸行、当行和钱行等八个行业。《重修下华严寺碑记》记载道光十五年捐资情况，可知大同工商行有棉布行、粟店行、钱行、碾行、当行、油行、南宫行、估衣行、米行、银行、木店行、口袋行、帽行、毡行和毛袄行等十五行。

④ 民国《山西省志》，《山西旧志二种·附录》（任根珠点校），据民国九年刊本点校，中华书局 2006 年版，第 513 页。

⑤ 同上书，第 514 页。

来自大同和张家口两地，其年销售额不下二三万两。① 朔平府的商品，包括棉布纺织品，都是来自大同、天津等地。② 此外，也有棉布等商品沿大同—太原官道运至朔平府境内，譬如朔州。朔州的棉布等商品大部分经山西中部由马匹驮运而来③，当地商人把本地物产南运至寿阳售出，再采购所需商品原路返回。④

边墙以北归绥地区的棉布或绸缎，来自江南和直隶等产地，皆采购于京城和天津商业市场。《绥远通志稿》载，由东南而来的绸缎、棉布以及其他杂货，"均运自京津，销于省内，并转输新疆、甘肃各省"。⑤ 可见，边外棉绸商品的运销大致路线是，自绵绸产地（江南产区、山东产区、直隶产区）运往京师和天津，商人从京津集散中心，经张家口运往归绥，分销于各地，或转销于新疆、蒙古、甘肃等地。当然，清代经杀虎口关贩运棉布至归绥也是运销路线之一。归化城关税收则例中曾经提及这条棉布运销路线⑥，而后，这条棉布运销的路线，随着清中期归化城的繁荣而没落。

清代，无论是边墙以南的大同，还是边墙以北的归绥，外省或进口商品绝大多数自直隶京津市场转运。清末民国，随着京张铁路的开通，晋蒙交界区与京津交通愈加便利，以棉绸为主的商业往来更为频繁。

第二节　皮毛牲畜商品的运销

皮毛牲畜，一般指代牛羊马驼等大型牲畜及其皮张和毛绒。明

---

① 民国《山西省志》，《山西旧志二种·附录》（任根珠点校），据民国九年刊本点校，中华书局 2006 年版，第 514 页。

② 同上书，第 732 页。

③ 同上书，第 732—733 页。

④ 同上。

⑤ 绥远通志馆编纂：《绥远通志稿》卷二十七《商业》，内蒙古人民出版社 2007 年版，第 3 册，第 574 页。

⑥ 《古丰识略》卷四十《税课》，《中国地方志集成·内蒙古府县志辑》第 6 册，咸丰十年钞本，凤凰出版社 2012 年影印本，第 796 页。

代晋蒙交界区的商品交换以牲畜为主，清代随着皮毛手工业的发展，皮毛成为运销的主要商品。明清时期晋蒙交界区政治经济环境的剧烈变动，导致该区域皮毛牲畜商品运销出现前后显著的差异。

一　明代皮毛牲畜商品运销特征

晋蒙交界区，自然环境宜农宜牧，是皮毛牲畜出产较多之地。由于蒙古人与汉族不同的生活方式，加之明蒙政权对峙的格局，晋蒙交界区的皮毛牲畜生产形成南北较大的差异。边墙以北地区以放牧为主，皮毛牲畜商品丰富；边墙以南地区虽然半农半牧，但仍以农耕为主，畜牧业只是补充。明代晋蒙交界区皮毛牲畜运销特征主要体现为以下几个方面。

第一，大同镇马市是皮毛牲畜商品最主要的定期集散市场。明代大同镇市场可大致分为马市、军事城镇市场、州县城镇市场和边堡小市等。这些市场中皆有牲畜交易活动，只是规模差距悬殊。沿边马市，是皮毛牲畜交易规模最大的定期市场。以史料所载的明蒙互市交易量来看，嘉靖三十年（1551）双方于镇羌堡附近马市先后进行两次交易，两次互市"先后易马四千七百七十一匹"[1]。隆庆五年（1571），双方于大同镇境内马市先后进行了三次互市，据统计官市交易马匹约五千匹，官民市交易牲畜约计两万头，共计约两万五千头（匹）。[2]隆庆六年（1572），明蒙双方于大同镇马市进行三次互市，官市交易马匹约六千匹，官民交易牲畜约计万头。[3]万历元年（1573），明朝与蒙古山西官市交易马匹有一万一千余匹；

① （明）瞿九思著，薄音湖点校：《万历武功录》卷七《俺答列传上》，选自《明代蒙古汉籍史料汇编》第四辑，内蒙古大学出版社 2007 年版，第 58 页。

② （明）瞿九思著，薄音湖点校：《万历武功录》卷八《俺答列传下》，选自《明代蒙古汉籍史料汇编》第四辑，内蒙古大学出版社 2007 年版，第 93—94 页。

③ 同上书，第 98—100 页。

万历二年（1574），其数量有一万二千五百余匹。[①] 一般而言，商民交易更为普遍，往往多于官市交易量，如将其计算在内，万历时期明蒙牲畜年交易量应超过两万。如果以两万头（匹）计算，马市上皮毛牲畜平均日交易量约为六十头（匹），这是其余各类市场无法相比的。

第二，大同府各城镇市场皮毛牲畜商品多为互通有无性质。明朝大同府实行卫所孳牧与民间孳牧相结合的马政，所畜马匹皆属官府。这极大地限制了民间马匹的商品化，尽管民间存在马匹交易活动[②]，但牲畜交易仍以羊、禽为主。其实，明代大同各城镇市场商牲畜交易并不活跃。从各州县地方志所记载的课税来看，并无牲畜税的记载，这一定程度反映市场上商牲畜交易并不繁荣，交易性质多属互通有无性质。

第三，皮毛牲畜商品呈现"北货南销"特征。明代大同府各城镇市场皮毛牲畜交易并不活跃，基本属于境内互通有无性质，大宗皮毛牲畜交易发生在马市上。从蒙汉互市主要商品来看，蒙古出售有马、驴、骡、牛、羊、马尾、马鬃、羊皮、皮袄等商品。[③] 这些马市上交易的牲畜皮毛，皆来自边外蒙古，或销往大同及其卫所城镇市场，或转运其他省贩卖。从运销方向来看，皮毛牲畜流通呈现由北往南的特征。

二　清代皮毛牲畜市场与运销

清代，随着边墙以北地区经济的发展，晋蒙交界区兴起了多处城镇市场，如和林格尔、清水河、托克托、包头等。由于边外居民

---

① （明）瞿九思著，薄音湖点校：《万历武功录》卷八《俺答列传下》，选自《明代蒙古汉籍史料汇编》第四辑，内蒙古大学出版社 2007 年版，第 102 页。

② 万历《大明会典》卷一百五十二《兵部三十五》，《续修四库全书》第 789 册，万历内府刻本，上海古籍出版社 2002 年影印本，第 579 页上。

③ 详细论述见于第二章第一节中"大同镇军事消费与蒙古部落所需"。

农牧兼营，且临近蒙古、宁夏牧区，皮毛牲畜资源丰富，城镇市场皆有皮毛牲畜交易活动。边墙以南地区，清中期经济逐渐得以恢复，各州县皆有牲畜交易市场，一些州县还有大量皮毛出售他省。皮毛牲畜市场规模有大小之别，也有专业性和附庸性之差，晋蒙交界区皮毛牲畜市场大致可分为以下几种类型。

1. 大宗皮毛牲畜市场

清代归化城是晋蒙交界区最为著名的大宗皮毛牲畜市场。新疆、蒙古、宁夏等处的牲畜、皮毛都在这里汇集，或分销本地，或转运他省。与其他城镇相比，归化城牲畜市场极为发达，"归化城牲畜交易约有数处，其马市在绥远城，曰马市；驼市在副都统署前，曰驼市；牛市在城北门外，曰牛桥；羊市在北茶坊外，曰羊桥；其屠宰牲畜，剥取皮革，就近硝熟，分大小皮货行，交易在城南门外十字街，俗呼为皮十字"①。大规模的皮毛牲畜交易，带动归化城工商业的发展，归化城清初尚有"十二行"，皮毛行就是其中之一。归化城不仅是皮毛牲畜集散中心，而且是转运中心。如表5—2所示，来自新建、甘肃、宁夏、青海及蒙古的皮毛牲畜，在归化城转运，大多销往北京、天津地区。

归化城牲畜、皮毛转销中心的地位，直到民国初年依旧稳定发展。"归化城地当山西省至蒙古地方的交通要道，又是西经包头镇通往甘肃、陕西等地的必由之路，自古以来称张家口为东口，而称归化城为西口。此地系内外物资的集散之地，市场活跃，大量皮毛、羊毛、驼毛等由蒙古运来此地，再转往天津以及其他地方。"②

包头镇，依托其地理位置优势，清中后期发展成为晋蒙交界区著名的大宗皮毛牲畜转销中心。皮毛业，是包头最为兴盛的行业。

① 《古丰识略》卷二十《市集》，《中国地方志集成·内蒙古府县志辑》第6册，咸丰十年钞本，凤凰出版社2012年影印本，第184页。

② 民国《山西省志》，《山西旧志二种·附录》（任根珠点校），据民国九年刊本点校，中华书局2006年版，第281页。

西北地区的皮毛销往内地都要在包头转运。包头繁荣的皮毛贸易，使从事皮毛生意的大商号在商业中占有举足轻重的地位。①

表5—2　　　　　　清末民初归绥皮毛牲畜商品运销情况表②

类别	名称	来源	销路
皮张类	猞猁皮、狼皮	新、甘、宁、青	北平、天津
	沙狐皮	本省	北平、天津
	灰鼠皮、狸子皮、狗皮、兔猻皮、獭皮、扫雪皮、貂皮、包瘦皮、夜猴皮	新、甘	北平、天津
	黄羊皮、山老羊皮、猾子皮、马皮、驼皮、狐皮、狐腿皮、羔腿皮、羔子皮、牛皮、盘羊皮	新、甘及本省	北平、天津
绒毛类	羊毛、驼毛、羊绒、马尾子	新、甘及本省	北平、天津
牲畜类	牛、羊、驼、马、骡	蒙古地	晋、冀
	猪、驴	省内各县	晋、冀

包头的皮毛来自青海、宁夏、甘肃及五原、临河等地。当皮毛运到包头毛店时，因皮毛是不洁之物，毛店毛匠要打开原包，清理皮毛上的沙土再打包交易。就货物销售地来看，"驼、羊毛绒销往天津，山羊、老羊皮销往大同，羔皮、狐皮、狼皮销往北京，狗皮、牛、羊、驴皮销往天津"③。

2. 基层专门性皮毛牲畜市场

区别于州县城牲畜交易市，这类皮毛牲畜市场更具专门性，有固定的商号从事皮毛牲畜交易生意，而非仅仅以牙人身份充当交易中介。此类市场多分布于边外皮毛牲畜交易频繁的厅治，也多成为

---

① 参见拙著《民国时期包头同业公会研究》，吉林大学出版社2016年版，第21页。

② 绥远通志馆编纂：《绥远通志稿》卷二十七《商业》，内蒙古人民出版社2007年版，第3册，第638—639页。

③ 《包头市志》卷九《工商志》，选自《包头地方文献丛书》，内蒙古大学出版社2008年版，第239页。

市集。丰镇厅的皮毛牲畜市场称为马桥，位于县城内马桥街和隆盛庄马桥街，每日都有牲畜交易，交易牲畜以牛、马、驴、骡为主，遇见大型交易，特设专门会场进行交易。① 萨拉齐厅的皮毛牲畜交易市场，称为牲畜市，位于城内同衢，每日上午牲畜交易种类以牛、马、驴、骡、骆驼为主。② 托克托厅、和林格尔厅、宁远厅、武川厅等均有专门性皮毛牲畜交易市场，其集期和交易品种大致与之相似。这些专门性皮毛牲畜市场，一方面满足本地居民的生产生活资料所需，另一方面也承担部分市场转销功能。

此外，边墙以南地区也存在两处基层专门性皮毛牲畜市场，即大同和浑源。清代大同和浑源均是牲畜皮毛的生产地，城内设有专门交易的牲畜市场。正因为两地牲畜交易活动较为活跃，官府征收牲畜税。据实业部调查，民国初年，大同与浑源均是皮毛大宗输出地。③

3. 区域自给性牲畜市场

牲畜，对于边外牧民而言，更多发挥的是食用作用，而对于农耕汉民而言，主要是生产资料，作为农耕畜力或运输畜力来使用。相较而言，边墙以南地区牲畜需求是以牛、马、骡、驴为主，其交易量有限。因此，边墙以南各州县虽有牲畜交易活动，但牲畜市场多是附属性，交易活动仅仅满足区域居民生产资料所需。这类市场分布于朔州、怀仁、山阴、应州等农业为主的州县境内。

清代晋蒙交界区存在上述三类牲畜皮毛交易市场，各自承担市场本身的运销功能，共同构建了晋蒙交界区皮毛牲畜运销体系。从微观上看，无论是区域自给性牲畜市场，还是基层专门性

---

① 绥远通志馆编纂：《绥远通志稿》卷二十七《商业》，内蒙古人民出版社 2007 年版，第 3 册，第 831 页。

② 同上书，第 839 页。

③ （民国）实业部国际贸易局：《中国实业志·山西省》第二编《山西经济之鸟瞰》，实业部国际贸易局，民国二十六年（1937），第 25 页。

市场，甚至是大宗交易市场，都是各自区域牲畜皮毛的来源地。从宏观上看，基层专门性市场，尤其是大宗交易市场承担了区域之间皮毛牲畜的转运功能，归化城和包头镇是整个西北皮毛牲畜转运中心。明清时期，晋蒙交界区皮毛牲畜运销体系发生了很大变化。明代，马市是区域内皮毛牲畜运销的集散中心，清代被边外归化城和包头替代。与明代相比，清代皮毛牲畜运销的显著变化不仅体现在运销中心的转变上，而且体现在运销方向的变化上。据表5—2，归化城的皮毛牲畜运销呈现"西货东销"的特征，包头与大同情况与之相同。这一特征，随着清末京津与归绥通达性加强而愈加显著。

第三节　粮食商品的运销特征

粮食，作为蒙汉居民不可或缺的生活基本物资，需求量随着人口的增多而增大。晋蒙交界区，由于人文环境的差异，导致明代边墙南北粮食生产规模相差悬殊，清代在大规模人口流动背景下粮食产地分布发生重大变动。正因为粮食生产的地域差异，才给商品粮运销提供了前提。在不同的历史环境背景下，明清晋蒙交界区粮食商品运销呈现不同的特征。

一　明代"南粮北运"

明代，晋蒙交界区长期分属明朝与蒙古两大政权辖境，双方大致以外边墙为界，蒙古居北，明朝守南。蒙古人以牧业为生，不善粮食种植，尽管招徕一些出边汉民开垦农田，但粮食产量十分有限，基本是自给性质，许多蒙古人食用粮食依赖明朝。[①] 边墙以南

---

① 明代边墙以北粮食生产的论述，详见第一章第二节中"明代粮食生产及其自给性"。

的大同府境内情况与之相反，汉族以农耕为生，粮食生产是必备营生技能，大同镇军事性粮食消费的增加，促使大同府粮食生产空前发展，大同府官民掀起土地垦殖浪潮。①

边墙南北粮食生产的巨大差异，为粮食运销提供了前提。显然，粮食流通的主流方向是自南向北，称之为"南粮北运"。晋蒙交界区的"南粮北运"有历史性的两层含义，一是明代前期，大同镇粮饷之民运粮的运输方向自南向北；二是以马市为交易媒介的粮食运销方向自南向北。

大同镇是明朝在沿边构建的军事性防御体系之一，粮饷是其存在的物质基础，因此明朝十分重视其供应。民运粮是粮饷结构中主要的组成部分。嘉靖年间魏焕所撰的《皇明九边考》较为详细地记载了大同镇民运粮的情况。

> 大同镇，本镇岁如粮料、布花，本镇屯粮屯草及京运年例通共银七十七万五千一百八十八两七钱五分。山西布政司起运，夏税秋粮料二十九万一千四百七十五石，每石折银一两；夏秋税粮折布一十八万二千五百匹，每匹折银叁钱；绵花绒八万，每斤折银八分；马草二百四十四万四千八百五十束，每束折银八分。河南布政司起运，小麦九万六千石，每石折银四钱。本镇屯粮一十二万七千七百二十一石，大约每石折银八钱。②

以上史料至少可以反映两个历史事实，一是民运粮的确是粮食供应结构中的重要部分，是大同屯粮两倍之多；二是大同镇粮食的供应主要由山西布政司和河南布政司承担。虽然史料所载有折银情

---

① 明代边墙以南粮食生产的论述，详见第一章第一节中"明代军事消费和互市带动下商品粮生产"。

② （明）魏焕：《皇明九边考》卷五《大同考》，嘉靖年间刻本，台湾华文书局1968年版，第249页。

况，但基本是明中期之后的事情，明代前期民运粮仍是征解实物为主。由此，不难看出，每年都有大量粮食从山西、河南运往大同镇。从地理上看，河南的民运粮自太行陉或白陉，入山西泽潞，沿官道北上，中经太原府，到达大同镇境内；山西的民运粮基本沿太原—大同官道，北上至大同粮仓。由此可见，明前期粮食运销呈现"南粮北运"特征。

必须指出的是，民运粮的"南粮北运"现象，在明中后期随着纳粮征银而逐渐消失。粮食物资较重，运输困难，且成本较大，早在明前期就有官员上奏市米上纳的方式。宣德年间，山西布政司奏请"转输事宜"，其中规定"山西岁纳大同、宣府之粮，宜征民间所产有，度边境所宜，若布、绢、棉布、茶、盐、农器等物，估其时值，十分减二，运赴边上，令掌收粮官，辨验酌量，市米上仓"①。但此类方式只是偶尔之事，推广实行的前提是大同镇各市场有足够的商品粮可供交易，否则粮价飞涨，粮食供应仍是问题。明中期以后，在粮食交易巨大利润的刺激下，官商都设法扩大粮食生产，大同府境内粮食市场活跃。② 这才让民运粮纳银得以推行，如《皇明九边考》所载大同镇民运粮折银现象。

"南粮北运"鲜明地反映在明蒙互市上。粮食是蒙古人不可或缺的物资，他们通过定期马市尽可能地获得粮食。嘉靖三十年（1551），蒙古贵族脱脱请求明朝允许以蒙古牛羊交换明朝粮食，即菽和粟。③ 隆庆年间，明蒙双方达成的封贡，开设马市交易，布帛和粮食是交易的大宗商品，甚至立市法"止许布货食物相售"。④

---

① 《明宣宗实录》卷七十一，宣德五年十月癸酉，上海书店 1982 年影印本，第 1660 页。

② 详见第一章第一节中"明代军事消费和互市带动下商品粮生产"。

③ 《明世宗实录》卷三百七十六，嘉靖三十年八月壬戌，上海书店 1982 年影印本，第 6690 页。

④ （明）王士琦：《三云筹俎考》卷二《封贡考》，万历年间刻本，台湾华文书局 1968 年影印本，第 259 页。

可见，明朝官市交易中，粮食是销往蒙古的大宗商品之一。大同镇沿边开设的较小的马市，也承担了粮食运销的媒介功能。"一牛易米豆石余。一羊易杂粮数斗。无畜者或驮盐数斗，易米豆一二斗，挑柴一担，易米二三升。或解脱皮衣，或执皮张马尾，各易杂粮充食。"①

二　清代"北粮南运"和"西粮东销"

清代，随着边内外政治经济环境的改变，边墙南北粮食生产发生巨大变化。边墙以南地区，清初因战乱各州县农业经济虽有所萧条，但清中期逐渐得以恢复，尤其是马铃薯高产作物的引进，各州县粮食产量有很大提高，一些州县仍是余粮外销区。② 与明代相比，边墙以南地区粮食产量整体上有所削弱。与之发展趋势相反的是边墙以北地区。边外宜农宜牧地区，清代随着口内汉人的移入，农业垦殖规模进一步扩大，粮食总量大大增加，演变成为口外商品粮重要输出地。③

清代晋蒙交界区粮食产区的变动，导致区域内外粮食运销的重大调整，整体上呈现"北粮南运"和"西粮东销"的特征。晋蒙交界区的北粮南运体现在两个方面，一是大同粮食南销山西中部各州县，二是归绥粮食南销山西各州县。

清代大同城，位于桑干河支流御河与十里河交汇地带，水源充足，地势平坦，粮食生产环境较其他州县优越许多。因此，历史时期大同城周边是晋北粮食富足区。清代，大同、天镇、阳高、蔚州产量较多，外销直隶和晋中各州县。康熙三十年（1691），大同、

① 王崇古：《酌许虏王请乞四事疏》，选自《皇明经世文编》卷三百十八，中华书局 1962 年影印本，第 4 册，第 3376—3379 页上。
② 详细论述参见第一章第一节"清代马铃薯的种植与商品粮结构"和第三章第三节中"边墙之南商贸市场的恢复与发展"。
③ 详细论述参见第一章第二节中"清代农业垦殖与商品粮输出地的形成"。

五台、蔚州等地储量过多，直隶和晋中等地为防备灾荒歉收年份，从大同等地购买粮食入仓，孝义"领银四千两，买贮粟谷一万石，而仓储始裕"。① 大同销往晋中州县的粮食，是沿着大同—太原官道运输的，中经山阴、应州、朔州、雁门等地，这也是南北沟通的陆路主干道。

清代归绥地区是粮食富足区，早在清初，"归化城土默特地方，年来五谷丰登，米价甚贱"②。归绥地区的粮食市场十分繁荣，归化城厅、萨拉齐厅、和林格尔厅等都有粮食市场，销往外地的粮食皆在可可以力更生、托克托城之河口、萨拉齐之包头镇汇集。"口外蒙古，厂地宽阔，人物繁庶，粮粟采粜较别务尤急，除各厅粟店行开设外，如归化城之毕齐可齐山后'可可以力更生'等村，托克托城之河口、萨拉奇之包头镇等处，皆米粟总汇，居民就近粜卖。"③ 清前中期，黄河水运商道的开通，极大地便利了口外与山西中部各州县的经济往来。康熙年间，清朝曾在归绥采买粮食，沿黄河顺利而下，运至保德州。④ 乾隆年间，"牛皮混沌"和"羊皮筏子"等运输工具的使用，更加适应了黄河特殊的运输环境，极大地减少了商业运输的成本。⑤ 由于黄河险滩限制，永宁之碛口是水运的终点，此后不得不走陆路，运至山西中部各州县。如，孝义县，"人多土瘠，虽丰年亦不赡一邑之食"，粮食不足自给，"多藉外来商贩自延榆、归化等处，木筏装载，由黄河而下，至永宁之碛口，复陆运，

---

① 乾隆《孝义县志》卷三，《中国地方志集成·山西府县志辑》第 25 册，乾隆年刊本，凤凰出版社 2005 年版，第 484 页。

② 《清世宗实录》卷三十四，雍正三年七月癸亥条。中华书局 1985 年影印本，第 523 页上。

③ 咸丰《古丰识略》卷二十《市集》，《中国边疆史志集成·内蒙古史志》（第 27 册），全国图书馆文献缩微复制中心，咸丰十年钞本，2002 年影印本，第 184—185 页。

④ 《清圣祖实录》卷一百八十三，康熙三十六年四月甲戌条，中华书局 1985 年影印本，第 958 页下。

⑤ 详细论述见第二章第二节中"官道拓展与商路新发展"。

经宁乡至孝，商贩多止孝义，汾、介又自孝义买去。"① 乾隆以后，大宗商品粮从归绥地区常年不断地运往山西。正因为粮食是运销的大宗商品之一，学者将其命名为"晋蒙粮油故道"。②

"西粮东销"也是清代晋蒙交界区粮食运销的一大特征。从地缘上看，边墙以南的大同、天镇、阳高等余粮区，距离直隶京师较近，两者也有官道相通。因此，清代大同、天镇、阳高等粮食东销是一种必然趋势。鸦片战争以后，中国封闭的大门被打开，天津开放通商口岸成为华北最大的进出口贸易窗口。晋蒙交界区的粮食出口国外，必须运往天津。从民国时期调查的山西进出口商品来看，大同、天镇、阳高是大宗粮食出口地，运往的地点正是天津商埠。③边外归绥粮食输出地与之类似。

"北粮南运"是随着黄河水运的开通而逐渐发展起来的，其最大的优势是成本远远小于陆路。清后期，随着归绥与京津地区交通的便利，尤其是京张铁路的修建，归绥粮食东销趋势加强，并逐渐成为商品运销的主流。如果说"北粮南运"是清前中期的显著特征，那么清后期的粮食运销主要特征则是"西粮东销"。

最后，需要指出的是，清代晋蒙交界区粮食运销的总体特征是"北粮南运"和"西粮东销"，并不说明没有其他方向的粮食运销。其实，晋蒙交界区小规模的粮食运销方向比较复杂，大体上是从归绥等地分销各县或邻省，或从大同、天镇等地销往各缺粮州县。如清代左云县，"境内中油荞麦者居多，粟谷一项不过带种十之一二，现在年终各乡入城贸易者大率皆以卖谷为完粮还债之用。多则不过二三石，少则四五斗，从来概无大宗"，"粮行使用之谷皆自大同、

① 乾隆《孝义县志》卷四，《中国地方志集成·山西府县志辑》第 25 册，乾隆年刊本，凤凰出版社 2005 年版，第 504 页。
② 张世满：《逝去的繁荣：晋蒙粮油故道研究》，山西人民出版社 2008 年版，第 1 页。
③ （民国）实业部国际贸易局：《中国实业志·山西省》第二编《山西经济之鸟瞰》，实业部国际贸易局，民国二十六年（1937），第 109 页。

丰镇采运而来"，光绪年间知县奉命筹办仓粮之事，"转赴大同丰镇产谷之区通商采买"。[①]

从宏观上分析，明清两代，晋蒙交界区大宗商品运销呈现出前后不同的特征。明代，受政治经济环境的影响，布帛、皮毛牲畜和粮食的运销皆以马市为主要载体，形成以南北向运销模式。清代，随着边外经济的成长，粮食产区的增加，全国布帛产区的更替，布帛、皮毛牲畜的运销模式以东西向为主，粮食运销由"北粮南运"逐渐转向"西粮东运"。整体而言，明清晋蒙交界区大宗商品运销模式由"南北运销"过渡到"东西运销"。清末民初，这种运销模式随着天津开埠和京包铁路的开通，而最终稳定。这基本代表了晋蒙交界区其余商品运销模式的转变趋势。清末民初，"山西省所需的进口及外地商品大部分经天津中转，运往山西北部的商品，经北京、张家口，由京绥铁路起运至大同，再分发至各地市场。"[②] 民国时期，平绥铁路竣工，"其七点丰台连接平汉、北宁两路，藉以东通关外……其终点包头，为西北水路要埠，有黄河可通船筏，以达宁夏、兰州，举凡西北出产之杂粮、皮毛、牲畜、药材、盐碱，以及内地之茶、糖、布匹、杂货，均可由此路转输"[③]。

① 光绪《左云县志》卷四，选自《中国地方志集成·山西府县志辑》第10册，光绪七年增修嘉庆本，凤凰出版社2005年影印本，第228页

② 民国《山西省志》，《山西旧志二种·附录》（任根珠点校），据民国九年刊本点校，中华书局2006年版，第689页。

③ 绥远通志馆编纂：《绥远通志稿》卷七十八《铁路》，内蒙古人民出版社2007年版，第10册，第7页。

结　　语

　　明清晋蒙交界区，有别于内陆行政单元，是一个十分特殊的地带。它既是黄土高原向蒙古高原过渡带，又是多种人文要素汇集的混合地带，如民族交错带、政权交界区等。显然，无论是自然环境，还是人文环境，该区域都与同质性相差甚远。在这种特殊的区域环境下，明清时期所呈现的商业地理现象颇有特点。

　　明清时期晋蒙交界区的自然环境以积温偏低、降水偏少为显著特征，这很大程度上限制了种植业的发展。如，水稻、小麦等粮食作物亩产量偏低，棉花等经济作物几乎没有。边地种植业商品以粮食为主，牧业商品以牛羊马等大型牲畜为主。明代晋蒙交界区手工业生产技术的落后，尤其是纺织技术的缺乏，导致该区域商品结构比较单一，基本是原料型商品。清代随着区域经济的发展，此种状况有所改观，边外土默特各城镇皮毛加工业的发展很大程度上改变了单一的商品结构，半成品及成品化的皮毛产品成为流通的大宗商品。煤炭是晋蒙交界区特殊的资源型商品，产量很大程度上受到开采技术和管理制度的限制。总体而言，受自然人文环境的制约，明清晋蒙交界区的商品生产力偏低。

　　作为明朝边疆地带，晋蒙交界区最为显著的特征无疑是军事前沿地带，区域社会经济的形成在军事体系构建下完成，这使商业地理现象无不呈现出军事性影响的痕迹。就商路分布而言，军事性官道构建了区域交通的基本框架，在大同镇军事消费和明蒙互市带动下，官道商业利用的现象十分明显，由此形成的商路网络格局与军事性官道体系密切相关。商贸市场的发展受军事性影响更为显著。明代，在蒙汉政权南北对峙的背景下，形成了马市、卫所城镇市场和州县城镇市场等三类主要商业中心。马市原本就是明朝与蒙古双方对抗后相互妥协的产物，马市交易的规定和地址的选择都有很强的军事性色彩，不仅大马市位于明朝参将驻扎地附近，而且明朝在交易期间皆派兵弹压。卫所城镇是明代大同军事防御体系的核心实体，明朝十分重视其建设，通过强制性政策补给军户，利用拨发和商运等方式供应各项物资。在巨大商业利润的诱使下，商人、官僚皆是商业活动中的活跃者，军事城镇的商业机能日益增长。这意味着此类商贸市场皆依赖于军事城镇的发展。

虽然晋蒙交界区的商品生产力偏低，但边墙南北农牧产品需求量却十分庞大。这很大程度上取决于该区域地理位置的优势。如果将全国划分为农耕经济与牧业经济两种主要形式，那晋蒙交界区则属于两大经济区交汇地带，是彼此商品互通有无的前沿地带，交界区的商品需求量很大程度上意味着两大经济区的交易量。曾经繁荣一时的马市、大同城以及后来崛起的归化城与其说是区域内商业中心，倒不如说是区域间转运贸易中心，因为它们更多地承担了西北及北部与广大内地之间的商业功能。在以转运贸易为主的商业活动带动下，明清晋蒙交界区形成了规模较大的商贸市场。换而言之，晋蒙交界区的地理位置优势为规模较大的商贸市场的形成提供了有利条件。

与内陆区域不同，明清政权更迭所导致的区域政治经济环境的变动，在这个边疆性的晋蒙交界区体现得尤为突出。明代蒙汉以边墙为界南北对峙，边墙以南构建起军事性的农耕经济社会，边墙以北则以粗放型牧业经济为主。清代边墙内外统一，不仅边墙沿线军事性特征随之消亡，而且边外社会经济在移民浪潮和清朝统一政局的影响下得到空前发展。就本书研究的商品生产、商路、商贸市场及商品流通等要素来看，这种区域人文环境的剧烈变动给商业活动带来很大影响。以粮食、煤炭及牧业产品为代表的商品生产无论在地域分布上，还是时段特征上都有较大变化，如明清时期边墙南北商品粮输出地的转变是商品生产的显著特征之一。明代商路是在军事性官道基础上形成的，自然环境因素只是提供基础平台，商路具体走向深受人文要素的影响。在经济发展的推动下，黄河商路渐渐兴起，这不仅成为清代商路发展的新特征，而且彰显出商路摆脱官道体系制约的趋势。明代在蒙汉政权对峙背景下形成的马市、卫所城镇市场和州县城镇市场等三类主要商业中心，在地理环境变动下呈现出截然不同的发展轨迹。曾经兴盛的马市销声匿迹，卫所城镇市场和州县市场在清初战乱的冲击下也曾一度萧条。与之相反，边外诸多市场渐渐兴起，归化城在经济、政治和宗教等因素作用下迅速成长起来，发展成为边外最大的商贸中心。布帛、皮毛牲畜及粮食等大宗商品流通呈现出根本性变化，其运销模式总体上由“南北运销”过渡到“东西运销”，清末民国这种运销模式随着天津开埠和京包铁路的开通而最终稳定。

　　商业地理区，是在商品生产、商品流通和商品交换基础上自然形成的地理单元，是商业经济发展成熟的空间表现形式。稳定的商业地理区形成的条件既要有发达的商品经济奠定基础，又需要区域商品生产力、市场商业职能、商业运输条件以及区域商品消费力做支撑。[①] 明清晋蒙交界区，既是环境脆弱带，又是边缘地带，无论是商品生产力，还是区域商品消费力都普遍偏低，茶叶、布帛、皮毛等大宗商品的生产及消费皆依赖其他地域，这极大地阻碍了该区

---

　　① 张萍：《区域历史商业地理学的理论与实践——明清陕西的个案考察》，三秦出版社2014 年版，第 458 页。

域商业地理区的形成。因而，该区域商业地理区的形成很大程度上受到全国商贸格局变动的影响。

与明代相比，清代疆域辽阔，全国各区域之间保持着直接或间接的商业往来。在长期的商品流通中，全国逐渐形成东南、西南、华中、华北、西北、东北、蒙古等多个商贸区，其中，东南商贸区最为发达。西北商贸区通过陕西这一桥梁和纽带，与东南商贸区进行频繁的商业往来，陕西是名副其实的西北商贸经济的东大门。[①]鸦片战争后，中国的大门被打开，被直接拽入世界市场经济体系中，广州、上海、天津开埠，成为中国沟通世界的三个主要窗口。这与明代以来以东南商贸为主的贸易格局相比有了很大的变化。天津依托其港口的优势，发展为北方广大地区的经济中心。[②] 西北商贸区、华北商贸区皆与天津进行商业往来，而晋蒙交界区则处于它们往来的枢纽地带。如果说，陕西是西北商贸区面向东南的商业窗口，那么晋蒙交界区则是西北商贸区、蒙古商贸区联系华北的重要商业窗口。

历史商业地理学，以研究历史时期地球表面人类商业活动与各种地理环境要素相互关系为旨趣。[③] 弄清商业地理区是历史商业地理学进行区域性研究的关键性目的。历史时期地域环境的差异，导致各地商业地理区的形成进程和表现特征各不相同。明清时期，陕西形成了突破行政界线的陕北、关中、陕南三个商业地理区。晋蒙交界区因地理环境的制约，区域商品生产力和消费力偏低，致使商业地理区易受影响而迟迟难以稳定，这或许是这个特殊地带商业地

---

① 张萍：《区域历史商业地理学的理论与实践——明清陕西的个案考察》，三秦出版社2014年版，第459页。

② 樊如森：《天津港口与腹地外向型经济发展（1860—1937）》，博士学位论文，复旦大学，2004年，第40页。

③ 张萍：《区域历史商业地理学的理论与实践——明清陕西的个案考察》，三秦出版社2014年版，第3页。

理区的显著特征。

在本书的最后，笔者就研究的交界区补充探讨区域历史商业地理中有关区域的含义。区域，作为地理学上一种方法论意义上的取向，其应用已经十分普遍，区域研究是一切研究的基础，系统的地理研究必须依赖区域研究。为此，地理学对区域的选择有诸多原则，核心是要保证区域的完整性，尤其是自然环境的完整性。中国历史地理学从属于地理学，其研究思路也遵从地理学区域化研究，因而有如《中国区域历史地理——地缘政治、区域经济开发和文化景观》① 这样的代表性成果。虽然区域化研究是学界共识，但是历史地理学界或历史学界，对区域的划定并未紧跟地理学的原则，而大多是以政区为依据。学者提出，将地理意义上的空间范围与学术概念区分开来，便于理解学术界区域选择的主观性现象②。这固然很好地解释了学术研究中区域选择的问题，但仍旧未解决区域的本质问题。其实，区域并非只是地区范围，而是一个综合的地理概念，具体来说，区域并非是供研究圈定范围的手段，而是地域政治经济文化等某一方面整合的动态过程。就晋蒙交界区来说，明代存在商业地理区形成的趋势，但清代随着域外经济环境的影响，这一商业地理区最终未能形成。严格意义上说，本书所选择的晋蒙交界区仅仅是一个学术概念，并非业已形成的商业地理区。因此，区域历史商业地理的区域有两种取向，一种是作为学术概念的区域，其选择紧紧依据学术研究问题而定，通常具有多样性和主观性；另一种是作为理解历史商业地理的区域，其划分则必须要以客观存在的商业地理区为依据。

---

① 李孝聪：《中国区域历史地理——地缘政治、区域经济开发和文化景观》，北京大学出版社 2004 年版。

② 陆敏珍：《唐宋时期明州区域社会经济研究》，上海古籍出版社 2007 年版，第 10 页。

参考文献

一 历史资料

（一）档案、调查资料

《甘肃布政使蔡廷衡为划定吉兰泰盐池界址并筹弁兵衙署事宜奏折》，《嘉庆十二年河东盐务改归商运档案史料选刊》，《历史档案》1990 年第 2 期。

《山西巡抚刘于义为筹划将口外之米以牛皮混沌运入内地事奏折》，《乾隆朝米粮买卖史料（上）》，《民国档案》1990 年第 3 期。

《钦差大臣英和等奏会商河东盐务应禁止口盐水运并招商承办潞引折》，《清嘉庆十一年河东盐务改归商业档案史料选辑》，《盐业史研究》1990 年第 1 期。

《署陕甘总督方维甸奏奉旨查问阿拉善吉兰泰盐池贩运情形折》，《清嘉庆十一年河东盐务改归商业档案史料选辑》，《盐业史研究》1990 年第 1 期。

人民大学历史系、中国第一历史档案馆合编：《清代农民战争史资料选编》第 1 册下，中国人民大学出版社 1984 年版。

《乾隆朝米粮买卖史料（上）》，《历史档案》1990 年第 3 期。

《山西巡抚石麟奏覆杀虎口无庸更设关门暨将看守关门官兵俱拨木栅关口缘由折》，《雍正朝汉文朱批奏折汇编》（中国第一历史档案馆编）第 11 册，江苏古籍出版社 1991 年版。

中国历史第一档案馆辽宁省档案馆编：《明朝档案总汇》第 10 册，
　广西师范大学出版社 2001 年版。

张书才主编：《雍正朝汉文朱批奏折汇编》第 40 册，江苏古籍出版
　社 1989 年版。

第一历史档案馆编：《清代档案史料丛编》第 14 册，中华书局
　1990 年版。

第一历史档案馆编：《嘉庆朝上谕档》第 25 册，广西师范大学出版
　社 2000 年版。

（民国）实业部国际贸易局：《中国实业志·山西省》第二编《山
　西经济之鸟瞰》，实业部国际贸易局，民国二十六年（1937）。

（民国）实业部国际贸易局：《中国实业志·山西省》第三编，《都
　市商埠及重要市镇》，实业部国际贸易局，民国二十六年
　（1937）。

（民国）实业部国际贸易局：《中国实业志·山西省》第四编《农
　林畜牧》，实业部国际贸易局，民国二十六年（1937）。

故宫博物院编：《宫中档雍正朝奏折》第 17 册，台北故宫博物院，
　1978 年。

高凤山等编：《三晋石刻大全·大同市灵丘卷》，三晋出版社 2010
　年版。

刘泽民等编：《三晋石刻大全·大同市左云县卷》，三晋出版社
　2012 年版。

李玉明等编：《三晋石刻大全·大同市大同县卷》，三晋出版社
　2014 年版。

　　（二）正史、别史、杂史、政书

《明史》三百三十六卷，中华书局 1974 年版。

《明实录》，台湾中央研究院历史语言研究所校勘本，上海书店
　1982 年影印本。

万历《大明会典》二百二十八卷,《续修四库全书》史部,第789
册,万历内府刻本,上海古籍出版社2002年影印本。

《清实录》,中华书局1985年影印本。

《清史稿》五百三十六卷,中华书局(内部发行)1976年版。

(明)朱国祯:《皇明大政记》三十六卷,《四库全书存目丛书》史
部第16册,齐鲁书社1996年影印本。

《皇明条法事类纂》五十卷,《中国珍稀法律典籍集成(乙编)》
(刘海年等主编)第4册,科学出版社1994年版。

《清朝文献通考》三百卷,商务印书馆1936年版。

乾隆《大清会典则例》一百八十卷,《钦定四库全书》史部,文渊
阁四库本,台湾:商务印书馆1983年影印本。

(明)王圻:《续文献通考》二百五十四卷,文渊阁四库本,商务
印书馆1936年影印本。

(明)瞿九思撰,薄音湖点校:《万历武功录》十四卷,《明代蒙古
汉籍史料汇编》第4辑,内蒙古大学出版社2007年点校本。

(明)魏焕:《皇明九边考》十卷,嘉靖年间刻本,台湾:华文书
局1968年版。

(明)王士琦:《三云筹俎考》四卷,万历年间刻本,台湾:华文
书局1968年影印本。

(明)杨时宁:《宣大山西三镇图说》三卷,《玄览堂丛书》(初辑
第四册),万历刊本,"中央图书馆"出版,1981年影印本。

乾隆《理藩院则例·柔远清吏前司上》,中国藏学出版社2006年内
府抄本点校本。

乾隆《理藩院则例·嘉庆〈大清会典〉理藩院资料》,中国藏学出
版社2006年内附抄本点校本。

光绪《钦定大清会典事例》一千二百二十卷,《续修四库全书》第
811册,光绪年间石印本,上海古籍出版社2002年影印本。

（三）全国总志及地方志

明初《寰宇通衢》一卷，选自杨正泰撰《明代驿站考（增订本）》附，上海古籍出版社 2006 年版。

嘉庆《大清一统志》五百六十卷，上海书店 1984 年影印本。

顾祖禹撰，贺次君、施和金点校：《读史方舆纪要》一百三十卷，中华书局 2005 年版。

嘉靖《两镇三关通志》十三卷，嘉靖年间刻本，美国国会图书馆藏。

成化《山西通志》十七卷，《四库全书存目丛书》史部第 174 册，成化十一年刻本，齐鲁书社 1996 年影印本。

万历《山西通志》三十卷，《稀见中国地方志汇刊》第 4 册，崇祯二年刻本，中国书店 2012 年影印本。

康熙《山西通志》三十二卷，康熙二十一年刻本。

雍正《山西通志》二百三十卷，《钦定四库全书》第 543 册，文渊阁四库本，台湾：商务印书馆 1983 年影印本。

光绪《山西通志》一百八十四卷首一卷，据光绪十八年刊本点校本，中华书局 1990 年版。

民国《山西风土记》，选自《山西旧志二种》（任根珠点校），据民国稿本点校本，中华书局 2006 年版。

山西省史志研究院：《山西通志》第二卷《地理志》，中华书局 1996 年版。

内蒙古自治区气象局编：《内蒙古自治区志·气象志》，气象出版社 2005 年版。

正德《大同府志》十八卷，《四库全书存目丛书》史部，第 186 册，正德刻嘉靖增修本，齐鲁书社 1997 年影印本。

顺治《云中郡志》十二卷，大同市地方志办，据顺治九年刻本重印点校注释本，1988 年。

乾隆《大同府志》三十卷,《中国地方志集成·山西府县志辑》第4册,乾隆四十七年重校刻本,凤凰出版社2005年影印本。

雍正《朔平府志》十二卷,《中国地方志集成·山西府县志辑》第9册,雍正十三年刻本,凤凰出版社2005年影印本。

道光《大同县志》二十卷首一卷尾一卷,《中国地方志集成·山西府县志辑》第5册,道光十年刻本,凤凰出版社2005年影印本。

万历《应州志》六卷,应县县志办重印出版,万历二十七年刻本重印点校本,1984年。

崇祯《山阴县志》六卷,《中国地方志集成》第6册,崇祯二年钞本,凤凰出版社2005年影印本。

光绪《怀仁县新志》十二卷首一卷续刻一卷,《中国地方志集成·山西府县志辑》第6册,光绪三十一年刻本,凤凰出版社2005年影印本。

民国《马邑县志》四卷,《中国地方志集成·山西府县志辑》第10册,民国七年铅印本,凤凰出版社2005年影印本。

雍正《朔州志》十二卷,《中国地方志集成·山西府县志辑》第10册,雍正十三年刻本,凤凰出版社2005年影印本。

顺治《浑源州志》上下卷,《中国地方志集成·山西府县志辑》第7册,顺治十八年刻本,凤凰出版社2005年影印本。

乾隆《浑源州志》十卷,《中国地方志集成·山西府县志辑》第7册,乾隆二十八年刻本,凤凰出版社2005年影印本。

光绪《续修浑源州志》十卷,《中国地方志集成·山西府县志辑》第7册,光绪七年刻本,凤凰出版社2005年影印本。

乾隆《广灵县志》十卷首一卷末一卷,《中国地方志集成·山西府县志辑》第8册,乾隆十九年刻本,2005年影印本。

光绪《广灵县补志》十卷首一卷末一卷,《中国地方志集成·山西府县志辑》第8册,光绪七年刻本,凤凰出版社2005年影印本。

康熙《灵丘县志》四卷，《中国地方志集成·山西府县志辑》第 6 册，康熙二十三年刻本，凤凰出版社 2005 年影印本。

光绪《灵丘县补志》十卷，《中国地方志集成·山西府县志辑》第 6 册，光绪七年刻本，凤凰出版社 2005 年影印本。

乾隆《天镇县志》八卷，《稀见中国地方志汇刊》第 4 册，乾隆四年刻本，中国书店 2012 年影印本。

光绪《天镇县志》四卷首一卷，《中国地方志集成·山西府县志辑》第 5 册，民国二十四年铅印本，凤凰出版社 2005 年影印本。

光绪《左云县志》十卷，《中国地方志集成·山西府县志辑》第 10 册，光绪七年增修嘉庆本，凤凰出版社 2005 年影印本。

雍正《阳高县志》六卷，《中国地方志集成·山西府县志辑》第 7 册，民国铅印本，凤凰出版社 2005 年影印本。

绥远通志馆编纂：《绥远通志稿》一百卷，内蒙古人民出版社 2007 年版。

咸丰《古丰识略》四十卷，《中国地方志集成·内蒙古府县志辑》第 6 册，咸丰十一年钞本，凤凰出版社 2012 年影印本。

光绪《归绥道志》四十卷首一卷，《中国地方志集成·内蒙古府县志辑》第 8 册，民国钞本，凤凰出版社 2012 年影印本。

光绪《绥远志》十卷首一卷，《中国地方志集成·内蒙古府县志辑》第 3 册，光绪三十四年刻本，2012 年影印本。

光绪《蒙古志》三卷，《中国地方志集成·内蒙古府县志辑》第 1 册，光绪三十三年铅印本，凤凰出版社 2012 年影印本。

民国《绥远志略》二十一章，《中国地方志集成·内蒙古府县志辑》第 5 册，民国二十六年铅印本，2012 年影印本。

民国《绥乘》十一卷，《中国地方志集成·内蒙古府县志辑》第 5 册，民国十年铅印本，2012 年影印本。

光绪《归绥识略》三十六卷，《中国地方志集成·内蒙古府县志辑》第 10 册，光绪年间刻本，2012 年影印本。

乾隆《口北三厅志》十六卷首一卷，《中国方志丛书·塞北地方》第 36 号，乾隆二十三年刊本，台湾：成文出版社 1968 年影印本。

光绪《土默特旗志》十卷，《中国地方志集成·内蒙古府县志辑》第 3 册，光绪三十四年刻本，2012 年影印本。

光绪《归化城厅志》二十一卷，《中国地方志集成·内蒙古府县志辑》第 3 册，光绪年间抄本，凤凰出版社 2012 年影印本。

民国《归绥县志》不分卷，《中国地方志集成·内蒙古府县志辑》第 10 册，民国二十三年铅印本，2012 年影印本。

光绪《新修清水河厅志》二十卷，《中国地方志集成·内蒙古府县志辑》第 11 册，光绪九年钞本，凤凰出版社 2012 年影印本。

咸丰《和林格尔厅志》四卷，《中国地方志集成·内蒙古府县志辑》第 14 册，咸丰二年活字本，2012 年影印本。

同治《和林格尔厅志略》不分卷，《中国地方志集成·内蒙古府县志辑》第 14 册，同治十年油印本，凤凰出版社 2012 年影印本。

民国《和林格尔县志草》八卷首一卷末一卷，《中国地方志集成·内蒙古府县志辑》第 14 册，民国二十三年钞本，凤凰出版社 2012 年影印本。

民国《武川县志略》十四部分，《中国地方志集成·内蒙古府县志辑》第 13 册，民国二十九年铅印本，凤凰出版社 2012 年影印本。

民国《萨拉齐县志》十六卷，《中国地方志集成·内蒙古府县志辑》第 12 册，民国三十年铅印本，凤凰出版社 2012 年影印本。

光绪《丰镇厅志》八卷首一卷末一卷，《中国地方志集成·内蒙古府县志辑》第 12 册，民国五年铅印本，凤凰出版社 2012 年影印本。

民国《集宁县志》四卷,《中国地方志集成·内蒙古府县志辑》第10册,民国十三年钞本,2012年影印本。

《乌里雅苏台志略》不分卷,《中国方志丛书·塞北地方》第39号,台北:成文出版社,1968年影印本。

《科布多事宜》不分卷,《中国方志丛书·塞北地方》第42号,道光年间钞本,台北:成文出版社1970年影印本。

民国《包头市志》十卷,选自《包头地方文献丛书》,内蒙古大学出版社2008年版。

乾隆《潞安府志》四十卷首一卷,《中国地方志集成·山西府县志辑》第30册,乾隆三十五年刻本,凤凰出版社2005年影印本。

嘉庆《松江府志》二十六卷,《中国方志丛书·华中地方》第10号,嘉庆二十二年刊本,台湾:成文出版社1970年影印本。

正德《松江府志》三十二卷,《中国方志丛书·华中地方》第55号,正德七年刊本,台湾:成文出版社1983年影印本。

乾隆《孝义县志》二十卷,《中国地方志集成·山西府县志辑》第25册,乾隆三十五年刻本,凤凰出版社2005年影印本。

同治《榆次县志》十六卷,《中国地方志集成·山西府县志辑》第16册,同治二年刻本,凤凰出版社2005年影印本。

同治《栾城县志》十四卷首一卷末一卷,《中国方志丛书·华中地方》第50号,同治十一年刊本,台湾:成文出版社1976年影印本。

崇祯《元氏县志》六卷图一卷,《元氏县志(五志合刊)》(李英辰等整理),中国文史出版社2007年版。

乾隆《元氏县志》八卷末一卷,《元氏县志(五志合刊)》(李英辰等整理),中国文史出版社2007年版。

同治《元氏县志》十四卷末一卷,《元氏县志(五志合刊)》(李英辰等整理),中国文史出版社2007年版。

乾隆《孟县志》十卷，乾隆五十五年刊本。

乾隆《杭州府志》一百一十卷首五卷，民国十五年铅印本，中华书局 2008 年重印本。

雍正《泽州府志》五十二卷，《中国地方志集成·山西府县志辑》第 32 册，雍正十三年刻本，凤凰出版社 2005 年影印本。

　（四）笔记、文集及史料丛刊

（明）谢肇淛：《五杂俎》，《续修四库全书》第 1130 册，万历四十四年刻本，上海古籍出版社 2002 年影印本。

（明）陈继儒：《布税议》，《陈眉公先生全集》卷五十九，明崇祯年间刻本。

（明）赵炳然：《题为条陈边务以俾安攘事》，《明经世文编》卷二百五十二，中华书局 1962 年影印本。

（明）胡松：《陈愚忠效末议以保万世治安事》，《明经世文编》卷二百四十六，中华书局 1962 年影印本。

（清）张鹏翮：《奉使俄罗斯日记》，《中国近代内乱外祸历史故事丛书》，广文书局 1967 年影印本。

钱良择：《出塞纪略》，《昭代丛书·辛集》卷二十三，世楷同堂藏影印本。

张正明、薛惠林：《明清晋商资料选编》，山西人民出版社 1989 年版。

（清）纪昀：《乌鲁木齐杂记》，《小方壶斋舆地丛抄》（第二帙），上海著易堂铅印本 1891 年版。

叶梦珠撰，来新夏点校：《阅世编》，上海古籍出版社 1981 年版。

（明）王崇古：《酌许虏王请乞四事疏》，《明经世文编》卷三百十八，中华书局 1962 年影印本。

（明）李杰：《论西北备边事宜三》，《明经世文编》卷九十，中华书局 1962 年影印本。

（明）梅国祯：《梅客生奏疏》，《明经世文编》卷四百五十二，中华书局 1962 年影印本。

（明）王琼：《北虏事迹》，《中国西北文献丛书》第三辑《西北史地文献》第 28 卷，兰州古籍书店 1990 年影印本。

（明）黄汴《一统路程图记》，杨正泰《明代驿站考（增订本）》附录，上海古籍出版社 2006 年版。

（清）安颐等纂修：《晋政辑要》，《续修四库全书》史部，第 883 册，光绪年刻本，上海古籍出版社 2002 年影印本。

（明）吕坤：《忧危疏》，选自《中国古代赋税史辑要·言论篇（下册）》，中国税务出版社 2004 年版。

（明）顾炎武：《天下郡国利病书》，上海古籍出版社 2012 年版。

二　今人论著

（一）中文著作

史念海：《河山集》，生活·读书·新知三联书店 1963 年版。

谭其骧主编：《中国历史地图集》，中国地图出版社 1982 年版。

田方、陈一筠：《中国移民史略》，知识出版社 1986 年版。

赵文林、谢淑君：《中国人口史》，人民出版社 1988 年版。

樊树志：《明清江南市镇探微》，复旦大学出版社 1990 年版。

石方：《中国人口迁移史稿》，黑龙江人民出版社 1990 年版。

刘海源：《内蒙古垦务研究》，内蒙古人民出版社 1990 年版。

范金民、金文：《江南丝绸史研究》，农业出版社 1993 年版。

周清澍等主编：《内蒙古历史地理》，内蒙古大学出版社 1994 年版。

黄丽生：《从军事征掠到城市贸易：内蒙古归绥地区的社会经济变迁》，台湾师范大学研究所印 1995 年版。

葛剑雄等编著：《中国移民史》，福建人民出版社 1997 年版。

李正华：《乡村集市与近代社会：20 世纪前半期华北乡村集市研

究》，当代中国出版社 1998 年版。

克里斯塔勒：《德国南部中心地原理》，常正文等译，商务印书馆 1998 年版。

色音：《蒙古游牧社会变迁》，内蒙古人民出版社 1998 年版。

许檀：《明清时期山东商品经济的发展》，中国社会科学出版社 1998 年版。

单强：《江南区域市场研究》，人民出版社 1999 年版。

安介生：《山西移民史》，山西人民出版社 1999 年版。

牛敬忠：《近代绥远地区的社会变迁》，内蒙古大学出版社 2001 年版。

中国军事史编写组：《中国历代战争年表》上下册，解放军出版社 2003 年版。

李孝聪：《中国区域历史地理——地缘政治、区域经济开发和文化 景观》，北京大学出版社 2004 年版。

闫天灵：《汉族移民与近代内蒙古社会变迁研究》，民族出版社 2004 年版。

陈志华编著：《古镇碛口》，中国建筑工业出版社 2004 年版。

吴松弟：《港口—腹地和中国现代化进程》，齐鲁书社 2005 年版。

张萍：《地域环境与市场空间——明清陕西区域市场的历史地理学 研究》，商务印书馆 2006 年版。

国家文物局编：《中国文物地图集·山西分册中》，中国地图出版社 2006 年版。

国家文物局编：《中国文物地图集·山西分册下》，中国地图出版社 2006 年版。

吴松弟：《中国百年经济拼图：港口城市及其腹地与中国现代化》， 山东画报出版社 2006 年版。

杨正泰：《明代驿站考（增订本）》，上海古籍出版社 2006 年版。

王卫东:《融汇与建构:1648—1937 年绥远地区移民与社会变迁》,华东师范大学出版社 2007 年版。

许檀:《明清时期山东商品经济的发展》,中国社会科学出版社 2007 年版。

樊如森:《天津与北方经济现代 (1860—1937)》,东方出版中心 2007 年版。

郭红、靳润成:《中国行政区划通史·明代卷》,复旦大学出版社 2007 年版。

陆敏珍:《唐宋时期明州区域社会经济研究》,上海古籍出版社 2007 年版。

张世满:《逝去的繁荣:晋蒙粮油故道研究》,山西人民出版社 2008 年版。

吴慧主编:《中国商业通史》第四卷,中国财政经济出版社 2008 年版。

张正明、张舒:《晋商兴衰史》,山西经济出版社 2010 年版。

牟乃夏等编著:《ArcGIS10 地理信息系统教程——从初学到精通》,测绘出版社 2012 年版。

汤国安、杨昕:《Arcgis 地理信息系统空间分析实验教程》,科学出版社 2012 年版。

张萍等:《黄土高原村镇市场的发展及近代转型 (1860—1949)》,中国社会科学出版社 2013 年版。

傅林祥等:《中国行政区划通史·清代卷》,复旦大学出版社 2013 年版。

吴晓煜:《中国煤矿史读本》,煤炭工业出版社 2013 年版。

张萍:《区域历史商业地理学的理论与实践——明清陕西的个案考察》,三秦出版社 2014 年版。

杨宽:《中国古代冶铁技术发展史》,上海人民出版社 2014 年版。

张伟然等：《历史与现代的对接：中国历史地理学最新研究进展》，
　　商务印书馆 2016 年版。

拙著《民国时期包头同业公会研究》，吉林大学出版社 2016 年版。

　　（二）译著

［俄］波兹德涅耶夫：《蒙古及蒙古人》第二卷，刘汉明等人译，
　　内蒙古人民出版社 1983 年版。

［日］寺田隆信：《山西商人研究》，张全明等译，山西人民出版社
　　1986 年版。

［法］古伯察：《鞑靼西藏旅行记》，耿升译，中国藏学出版社 1991
　　年版。

（清）萨囊彻辰撰，道润梯布译校：《新译校注〈蒙古源流〉》，内蒙
　　古人民出版社 2007 年版。

　　（三）期刊、集刊及会议论文

侯仁之：《明代宣大山西三镇马市考》，《燕京学报》1938 年第
　　23 期。

彭泽益：《清代前期江南织造的研究》，《历史研究》1963 年第
　　4 期。

黄时鉴：《论清末清政府对内蒙古的"移民实边"政策》，《内蒙古
　　大学学报》（哲社版）1964 年第 2 期。

阿萨拉图：《明代蒙古地区和中原间的贸易关系》，《中国民族》
　　1964 年第 1 期。

金峰：《清代内蒙古五路驿站》，《内蒙古师范学院学报》（哲学社
　　会科学版）1979 年第 1 期。

杨余练：《明代后期的辽东马市与女真族的兴起》，《民族研究》
　　1980 年第 5 期。

林延清：《明代辽东马市性质的演变》，《南开史学》1981 年第
　　2 期。

韩儒林：《清代内蒙古驿站的方位》，选自《穹庐集——元史及西北民族史研究》，上海人民出版社 1982 年版。

林延清：《论明代辽东马市从官市到民市的转变》，《民族研究》1983 年第 4 期。

李漪云：《从马市中几类商品看明中后期江南与塞北的经济联系及其作用》，《内蒙古师大学报》1984 年第 4 期。

陈祺：《明代辽东马市及其历史影响》，《东北师大学报》（哲社版）1987 年第 1 期。

白拉都格其：《关于清末对蒙新政同移民实边的关系问题》，《内蒙古大学学报》1988 年第 2 期。

牛国桢、梁学诚：《张库商道及旅蒙商述略》，《河北大学学报》1988 年第 2 期。

汪炳明：《是"放垦蒙地"还是"移民实边"》，《蒙古史研究》1989 年第 1 期。

高松凡：《历史上北京城市场变迁及其区位研究》，《地理学报》1989 年第 2 期。

袁森坡：《论清代前期的北疆贸易》，《中国经济史研究》1990 年第 2 期。

华国樑：《论雍正年间的政区变动》，《苏州大学学报》（哲社版）1991 年第 3 期。

庄虔友：《清代内蒙古移民概述》，《蒙古学信息》1992 年第 2 期。

乔志强：《近代华北集市变迁略论》，《山西大学学报》1993 年第 4 期。

李辅斌：《清代直隶山西口外农垦述略》，《中国历史地理论丛》1994 年第 1 期。

葛贤慧：《清代山西商人和边地贸易》，《山西财经学院学报》1994 年第 2 期。

姚继荣：《明代西北马市述略》，《青海民族学院学报》（社会科学版）1995 年第 2 期。

余同元：《明代马市市场的设置与分布》，《第六届明史学术论文讨论会论文集》1995 年。

余同元：《明后期长城沿线的民族贸易市场》，《历史研究》1995 年第 5 期。

鲁西奇：《历史地理研究中的"区域"问题》，《武汉大学学报》（哲学社会科学版）1996 年第 6 期。

李辅斌：《清代直隶山西棉花种植和蚕桑业的变化及分布》，《中国历史地理论丛》1996 年第 4 期。

张利民：《论近代华北商品市场的演变与市场体例的形成》，《中国社会经济史研究》1996 年第 1 期。

慈鸿飞：《近代中国镇、集发展的数量分析》，《中国社会科学》1996 年第 2 期。

慈鸿飞：《二十世纪前期华北地区农村商品市场与资本市场》，《中国社会科学》1998 年第 1 期。

余同元：《明代马市市场考》，《民族研究》1998 年第 1 期。

张永江：《论清代漠南蒙古地区的二元管理体制》，《清史研究》1998 年第 2 期。

吕美泉：《明朝马市研究》，《求是学刊》1999 年第 5 期。

邵继勇：《明清时代边地贸易与对外贸易中的晋商》，《南开学报》1999 年第 3 期。

乌云格日勒：《略论清代蒙古的厅》，《清史研究》1999 年第 3 期。

梁四宝、武芳梅：《明清时期山西人口迁徙与晋商的兴起》，《中国社会经济史研究》2001 年第 2 期。

邓辉：《试论区域历史地理的理论和方法——兼论北方农牧交错带地区的历史地理综合研究》，《北京大学学报》（哲学社会科学版）2001 年第 1 期。

任放：《二十世纪明清市镇经济研究》，《历史研究》2001 年第 5 期。

赵哈林、赵学勇、张铜会、周瑞莲：《北方农牧交错带的地理界定及其生态问题》，《地球科学进展》2002 年第 5 期。

李峰：《明〈大同府志〉点校本析误》，《中国地方志》2003 年第 5 期。

师悦菊：《明代大同镇长城的马市遗址》，《文物世界》2003 年第 1 期。

张萍：《明代陕北蒙汉边界区军事城镇的商业化》，《民族研究》2003 年第 6 期。

何勇：《清代漠南地区的商业重镇归化城》，《城市史研究》2006 年第 24 辑。

李孝聪：《孔道与平台：杀虎口在历史上的地位与作用》，《山西大学学报》（哲社版）2007 年第 2 期。

吴凤美：《清代的杀虎口税关》，《山西大学学报》（哲社版）2007 年第 2 期。

乌云格日勒：《口外诸厅的变迁与蒙古社会》，《山西大学学报》（哲社版）2007 年第 2 期。

丰若非、刘建生：《清代杀虎口的实征关税与北路贸易》，《中国经济史研究》2009 年第 2 期。

许檀：《清代山西归化城的商业》，《文史哲》2009 年第 4 期。

许檀：《清代山西归化城的商业》，《中国经济史研究》2010 年第 1 期。

吴瑞娟：《人口迁徙在明清晋商发展中的作用》，《菏泽学院学报》2010 年第 1 期。

田宓：《清代归化城土默特土地开发与村落形成》，《民族研究》

2012 年第 6 期。

张萍:《历史商业地理学的理论与方法及其研究意义》,《陕西师范
　　大学学报》(哲学社会科学版) 2012 年第 4 期。

张萍:《城墙内的商业景观:明清西北城镇市场形态及城镇格局的
　　演变》,《民族研究》2013 年第 3 期。

李大海:《清代伊克昭盟长城沿线"禁留地"诸概念考释》,《中国
　　历史地理论丛》2013 年第 2 期。

张青瑶:《马铃薯引种山西及相关社会经济影响》,《历史地理》
　　2013 年第 27 辑。

牛淑贞:《明末归化城商贸地位的形成及其发展》,《内蒙古大学学
　　报》(哲学社会科学版) 2013 年第 4 期。

曹迎春等:《基于 GIS 的明代长城边防图集地图道路复原——以大
　　同镇为例》,《河北农业大学学报》2014 年第 2 期。

　　(四) 学位论文

李辅斌:《清代河北山西农业地理研究》,博士学位论文,陕西师范
　　大学,1992 年。

李心纯:《明代山西河北农业地理研究》,博士学位论文,陕西师范
　　大学,1998 年。

张萍:　《明清陕西商业地理》,博士学位论文,陕西师范大学,
　　2004 年。

樊如森:《天津港口与腹地外向型经济发展 (1860—1937)》,博士
　　学位论文,复旦大学,2004 年。

张青瑶:《清代晋北地区土地利用及驱动因素研究》,博士学位论
　　文,陕西师范大学,2012 年。

陈海龙:《清朝—哈萨克汗国贸易研究》,博士学位论文,陕西师范
　　大学,2014 年。

杨蕊:《清代山西食盐产销问题研究》,博士学位论文,陕西师范大

学，2014 年。

张宪功:《明清山西交通地理研究——以驿道、铺路为中心》，博士
学位论文，陕西师范大学，2014 年。

三　数据资料

中国地理空间数据云（http：//www. gscloud. cn/sources/? cdataid =
302&pdataid = 10）

中国历史地理信息系统（http：//yugong. fudan. edu. cn/views/chgis_
download. php）

谷歌地球在线（http：//www. earthol. com/）